經學研究叢書・經學史研究叢刊

日月胤征六論

王家歆　著

目次

月亮神話研究

一　前言

　　本文研究和月亮有關的神話，具體而言，就是研究吳剛、桂樹、玉兔、蟾蜍、天狗、月宮六種神話。嫦娥奔月神話，已另撰專文，不在本文研究範圍。

　　就月亮神話分析，月亮上有一人物（吳剛）、一種植物（桂樹）、三種動物（玉兔、蟾蜍、天狗）、一棟虛擬建築（月宮）。這些就是本文研究對象，根據現存資料之多寡，有些探討較多，有些因資料闕疑，較難深入研究。

　　本文主要是根據共同點理論、神話思維理論，來研究月亮神話。這兩個理論，是我在閱讀神話書籍時，獲得啟發，歸納出來的，應該算是本文的獨特見解。用這兩個理論，來解釋月亮神話，尚能解決一些疑問，有點收獲。

　　共同點理論，亦可稱之關連點理論。月亮神話提到月中有兔子、蟾蜍，為何兔子、蟾蜍和月亮有關係？簡單的說，月亮和兔子、月亮和蟾蜍之間，有某些共同點，才會連在一起，並不是無緣無故連在一起，這就是「共同點」理論。換句話說，月亮神話中的所有神話，和月亮之間，都有某種共同點，才會和月亮連結在一起。否則，那麼多的動物，為何只有兔子、蟾蜍和月亮有關？只是後人不瞭解其中的關係，才會覺得疑惑不解。試著用這理論，去研究月亮神話，發現月亮中種種動物、植物，確實和月亮有共同點。

神話思維理論，是說神話自有神話的思維，和一般邏輯不同。[1]
我認為，神話思維可以是種跳躍思維。一般思維的方式，是由 A 到
B，由 B 到 C。而神話思維則是直接由 A 跳躍到 C，不需要經過 B。

比如月亮上需要一建築，供嫦娥居住（A），照正常邏輯，應該
有設計師、建築師、工人、材料，才能蓋出宮殿。而這些人、物，必
須有某種交通工具運送到月亮上。這些人有衣食住行的需求，必須設
法用交通工具，送到月亮上，供應所需（B），最後才能蓋出月宮
（C）。而就神話思維言，這些都不需要。既然月亮上有嫦娥，自是需
要一住所（A）。而嫦娥身分尊貴，居住宮殿最恰當。於是，月亮上
就出現了月宮（C），從（A）直接跳到（C），省掉（B）。這是虛
擬、想像的、無中生有的，合乎神話思維，不需合乎正常邏輯。

用共同點理論，來研究桂樹（第三節）、玉兔（第四節）、蟾蜍
（第五節）、天狗（第六節），發現這些植物、動物和月亮之間，確實
有些共同點，使這些植物、動物和月亮之間產生某種關係。用神話思
維理論，來研究吳剛（第二節）、月宮（第七節），發現吳剛在月亮
上，月亮上有月宮，和神話思維有關，無法用正常邏輯去解釋。

二　論吳剛

月亮上有兩個人，一位是嫦娥，另一位是吳剛，正好一男一女。
嫦娥是偷竊不死藥，吃了不死藥奔月的。那吳剛又為何在月亮上？吳
剛在月亮上做些什麼事？這都是值得研究的問題。月中有伐樹人吳
剛，最早見段成式《酉陽雜俎》。段氏說：

1　李維史陀認為「原始神話正表現出這種非理性邏輯」。見艾德蒙・李區著，黃道琳
　　譯：《結構主義之父──李維史陀》（臺北市：桂冠圖書股份有限公司，1990年），
　　頁67。李維史陀以為神話自有神話邏輯，於1964年至1971年出版《神話邏輯》四
　　卷。見前揭書，頁9。本文本擬用「神話邏輯」一詞，後發覺「神話邏輯」易與一
　　般邏輯混淆，故採用「神話思維」來解釋神話。

舊言月中有桂，有蟾蜍。故異書言，月桂高五百丈，下有一人常斫之，樹創隨合。人姓吳名剛，西河人，學仙有過，謫令伐樹。[2]

段氏引異書之言，提到吳剛，敘述太簡單了，只說吳剛是西河人，因為學仙有過，被謫令伐樹。西河，在今陝西省合陽縣。不知吳剛學仙時，犯了何種過錯要被處罰？處罰方式有多種，為何會被貶謫到月亮上？為何罰吳剛伐桂？這些都沒有答案。也有人認為《酉陽雜俎》的記載荒唐。如〔明〕周琦說：

吳剛何等人也？抑何從而入於月邪？《酉陽雜俎》荒唐孰甚。世人附會其說，使助詞章之什，同為荒唐也，孰甚哉！[3]

從一般邏輯的角度來看，吳剛在月亮伐桂之說，當然是荒唐無比。但從神話思維的角度來看，既然嫦娥可奔月，吳剛為何不能在月亮上？

桂樹不只高大，而且樹創隨合。桂樹永遠砍不斷，吳剛何時才能離開月亮？這種懲罰，永無釋放之期。王孝廉說：

吳剛伐桂的神話傳說極類似於西方西斯弗斯推巨石上山的神話故事，都是指一種永劫的回歸，其中「樹創隨合」，是隱喻著月亮的不死與再生。[4]

2　〔唐〕段成式：《酉陽雜俎》（臺北市：臺灣商務印書館，1986年，《景印文淵閣四庫全書》），第1047冊，卷1，〈天咫〉，頁328。

3　〔明〕周琦：《東溪日談錄》（臺北市：臺灣商務印書館，1986年，《景印文淵閣四庫全書》），第714冊，卷18，「闢異談」條，頁271。

4　王孝廉：《中國的神話與傳說》（臺北市：聯經出版事業公司，1983年），頁38-39。

王氏說法，簡單說明了吳剛伐桂的深層意義。桂樹的神奇現象，也隱喻月亮不死的神奇特質。

　　仔細推敲，吳剛的生平、身世，都是謎團。除了他的籍貫和曾經學仙犯過外，對吳剛生平，我們幾乎一無所知。既然是學仙有過被罰，那就是沒有學成，並不是神仙。

　　有件事，要注意一下。段成式是晚唐人，他所引的異書，應該是晚唐前的書，也就是說，這種傳說，發生在晚唐之前。而吳剛是學仙有過，我們知道神仙是道教最終理想，這種傳說，應該和道教有關。道教起源於東漢，那這種說法，似乎是發生在東漢到晚唐之間。受謫令伐樹處分的，大概只有吳剛一人，書上沒提到吳剛有同伴。唐以後資料，也沒記載其他人學仙有過被罰到月亮上伐桂樹。

　　嫦娥是吃不死藥後，奔月的。吳剛被謫到月亮伐桂樹，那他用何種交通工具到月亮上的？段氏書中，語焉不詳，沒提到吳剛到月亮的方法。從神話思維的角度，這件事可以理解，吳剛根本不需要任何方法，只要被謫令伐樹（A），他就自然而然在月亮上了（C），由 A 直接跳躍到 C。

　　吳剛、吳質問題。〔唐〕李賀〈李憑箜篌引〉中有：「吳質不眠倚桂樹，露腳斜飛溼寒兔。」[5]兩句詩。或謂吳剛字質，[6]故李詩稱吳質。考李賀生存年代為西元七九〇年至八一六年，段成式生存年代約為西元八三四年至八六二年，而《酉陽雜俎》為段氏致仕後所寫，成書當在段氏晚年。李賀死時，段成式尚未出生，《酉陽雜俎》亦未成

5　〔唐〕李賀：《昌谷集》（臺北市：臺灣商務印書館，1986年，《景印文淵閣四庫全書》），第1078冊，卷1，頁440。

6　《名疑》載：「世傳月中斫桂吳剛，字質，故李賀云：吳質。一作罡。」〔明〕陳士元：《名疑》（臺北市：臺灣商務印書館，1986年，《景印文淵閣四庫全書》），第952冊，卷4，頁676。《少室山房筆叢》引《名疑》：「吳剛字質，一作罡。」〔明〕胡應麟：《少室山房筆叢》（臺北市：臺灣商務印書館，1986年，《景印文淵閣四庫全書》），第886冊，正集，卷27，頁463。

書，李賀不可能看到《酉陽雜俎》。那李賀詩中提到吳質，應當另有所本。

詩云：「吳質不眠倚桂樹。」此句中有兩點可探討：1、吳質可能是原名，吳剛可能是弄錯了，也就是說李賀詩中的吳質是正確的，段成式《酉陽雜俎》中的吳剛是弄錯名字了。不過，也有人認為李賀詩用字，多替換字面，[7]那吳剛或許應該是原名。有人見到李賀詩中是「吳質」，《酉陽雜俎》中是「吳剛」，名字不同，遂謂吳剛字質，此種說法並無根據。2、詩中只說「不眠倚桂樹」，並未提到伐桂之事，亦沒說「樹創隨合」，或許原來只是「不眠倚桂樹」，到段成式才變成「月桂高五百丈，下有一人常斫之」，有了伐桂傳說。吳剛資料太少，只能做以上推論。

吳剛、吳權問題。或謂吳剛即《山海經》〈海內經〉中的吳權。[8]《酉陽雜俎》中所謂「異書」，即《山海經》。《山海經》〈海內經〉中有關吳權記載如下：

> 炎帝之孫伯陵，伯陵同吳權之妻阿女緣婦，緣婦孕三年，是生鼓、延、殳。始為侯，鼓、延是始為鍾，為樂風。[9]

這段記載很短，主要是說吳權妻與炎帝孫私通，生下三個孩子，這三個孩子有音樂天分，發明了些樂器。郭璞註提到吳權是人姓名。仔細看這記載，並未提到學仙有過之事，也沒提到桂樹、月亮。迦菜文章中，因音韻的關係，就將吳剛和吳權連在一起，並說吳剛被炎帝貶謫

7　《徐氏筆精》載：「李長吉詩本奇峭，而用字多替換字面，如吳剛曰吳質。」〔明〕徐燉：《徐氏筆精》（臺北市：臺灣商務印書館，1986年，《景印文淵閣四庫全書》），第856冊，卷5，「長吉詩用事」條，頁529。

8　見迦菜：〈MOON、月宮傳說〉（http://comic.book.sina.com.cn/380.html）。

9　袁珂：《山海經校注》（臺北市：里仁書局，1982年），頁464。

到月亮，有點牽強。認為「異書」即《山海經》，也只是猜測，並無
證據。

　　還有種說法，認為吳剛伐桂神話原型出自《神異經》〈東荒經〉。[10]
但《神異經》〈東荒經〉中，提到的樹木是豫章，並不是桂樹。伐樹
的是「九力士」。伐樹原因是「占九州吉凶」。唯一相同點，是「斫
復」。這兩個故事，未必有傳承關係。而且《神異經》為託名東方朔
的偽書，所載未必可信。

三　論桂樹

　　月亮中有一種植物桂樹，桂樹成了月樹，甚至因而月亮稱「桂
魄」，月宮稱「桂宮」。許多民族都有月樹信仰。但為何會是桂樹呢？
和地球上桂樹有何不同？有何神奇之處？月中有桂樹說法，最早見於
晉人虞喜《安天論》。虞氏說：「俗傳月中仙人桂樹，今視其初生，見
仙人之足，漸已成形，桂樹後生焉。」[11]一般認為月中有桂樹的原
因，是月中陰影像桂樹。如段芝就說：

> 還有傳說月中長有桂樹，住著蟾蜍、野兔；這可能由於月中光
> 線的明明暗暗，有些地方像桂樹，有些地方像兔子，而使人發
> 生聯想，產生種種解釋蟾蜍、桂樹、兔與月之間關係的神話與
> 傳說。[12]

---

10 何新：《諸神的起源》（臺北市：木鐸出版社，1987年），頁64。〔漢〕東方朔：《神
　　異經》（臺北市：臺灣商務印書館，1986年，《景印文淵閣四庫全書》），第1042冊，
　　頁266。

11 〔宋〕李昉等撰：《太平御覽》（臺北市：臺灣商務印書館，1986年，《景印文淵閣
　　四庫全書》），第893冊，卷4，頁202。

12 段芝：《中國神話》（臺北市：地球出版社，1994年），頁170。

段芝從月中光線的角度，去解釋月中桂樹、蟾蜍、玉兔，似乎是比較合理的一種解釋。朱天順也有同樣看法，朱氏說：

> 月中存在白兔或蟾蜍的傳說是出於古人的任意想像，是偶然的產物，因為當時沒有望遠鏡，對月中模糊的黑斑，人們容易根據自己的想像構圖，而一旦將其幻想的構圖傳播開來，也容易使人相信。[13]

朱氏沒有提到桂樹，但桂樹也應該同樣出自對黑斑的想像。當然我們已經無從得知古人的真正想法，只能用比較合乎邏輯的方法，去做比較合理的解釋。但是再深入探索之後，我發現，其實還有別種解釋。段成式說：

> 舊言月中有桂，有蟾蜍。故異書言，月桂高五百丈，下有一人常斫之，樹創隨合。人姓吳名剛，西河人，學仙有過，謫令伐樹。釋氏書言，須彌山南面，有閻扶樹，月過，樹影入月中。或言月中蟾、桂，地影也；空處，水影也。此語差近。[14]

上節討論吳剛時，已引過一部分文字，此處討論桂樹，所引較完整。段氏這段話中，引用異書、釋氏書。但段氏並未說清楚書名，無法得知究竟是什麼書。異書既然提到吳剛學仙，可能是道教的書。

段氏提到異書中，說桂樹高五百丈，這不但比一般桂樹高，甚至

---

13 朱天順：《中國古代宗教初探》（臺北市：谷風出版社，1986年），頁22。王孝廉看法相同。見王孝廉：《神話與小說》（臺北市：時報文化出版企業有限公司，1986年），頁24。

14 〔唐〕段成式：《酉陽雜俎》，《景印文淵閣四庫全書》，第1047冊，卷1，〈天咫〉，頁328。

比一般樹都高，我只能說，這是仙桂，在地球上找不到那麼高的樹。高，是月中桂樹的第一神奇處。另一神奇是「樹創隨合」，能自行治癒傷口，是砍不倒的樹，世間沒這種樹。

　　桂樹又和閻扶樹有關，閻扶樹資料太少，無法得知閻扶樹是什麼樹，但可確認和佛教有關。為何樹影會入月中呢？更是不得而知。不過，既然是釋氏書所載，那閻扶樹或許是長在印度的樹，這個神話或許是印度神話。如果桂樹真和佛教的閻扶樹有關，那月中有桂樹之說，應該不能早於東漢。[15]

　　再從共同點的理論來看，中秋節是傳統有名的節日，時間是陰曆的八月十五日。桂樹約在氣溫十五度至二十八度時開花，這正好是大陸北方秋天的溫度。桂花在秋天綻放，吐露芬芳，可說是秋天的樹，甚至八月被稱為桂月。就時間而言，彼此之間有共同點，這或許是月亮上有桂樹的原因。

　　月中只有桂樹，沒有其他植物嗎？其實，還有八樹之說，食樹葉，可成玉仙。《雲笈七籤》載：

> 月中樹名騫樹，一名藥王，凡有八樹在月中也。得食其葉者，為玉仙。玉仙之身，洞徹如水精瑠璃焉。[16]

《雲笈七籤》為道教之書，玉仙之說，應該是道教的傳說。和閻扶樹之說，或許同為想像。

---

15 蕭兵說：「中國至遲在戰國就有『月中桂樹』神話。」但蕭兵未舉出證據。蕭兵：《神話學引論》（臺北市：文津出版社有限公司，2001年），頁208。

16 〔宋〕張君房：《雲笈七籤》（臺北市：臺灣商務印書館，1986年，《景印文淵閣四庫全書》），第1060冊，卷8，頁71。

四　論玉兔

　　一般相傳月中有兩種動物，玉兔與蟾蜍。[17]玉兔之說，見於《楚辭》〈天問〉，記載很簡單，只有十七字。記載如下：「夜光何德，死則又育？厥利維何，而顧菟在腹？」[18]歷來註家，都認為「顧菟」的「顧」，是顧望的意思，「顧菟」就是「顧望之兔」。可是到了近代，聞一多卻有不同看法。聞氏舉出十一條證據，分成四類，想要證明「顧菟」不是兔子，而是蟾蜍。其言曰：

> 竊謂古無稱兔為顧菟者，顧菟當即蟾蜍之異名。此則可於二字之音似中求之。……顧菟即科斗，而科斗與蟾蜍二名通稱，則顧菟亦即蟾蜍矣。[19]

聞氏主要是從音韻上，找出各種證據，想要證明「顧菟」即蟾蜍。不過，聞氏自己也知道，這十一條證據，都是些間接證據，較少直接證據。聞氏說：「既無術以起屈子於九泉之下以為吾質，則吾說雖辯，其終不免徒勞乎？」[20]關於聞氏「顧菟」為「蟾蜍」之說，有贊成者，有反對者。贊成者，如袁珂認為此說「無可移易」。袁氏說：

> 惟近人聞一多在他的〈天問釋天〉一文裏列舉了十一證來證明「顧菟」並非「顧望之兔」，而是蟾蜍的音轉，其說甚辯，的

17　緯書中有些蟾蜍、月兔資料，多不可解。如：《詩推度災》（或作《乾鑿度》）曰：
　　「月三日成魄，八日成光，蟾蜍體就，穴鼻時萌。」宋均注曰：「穴，決也。決
　　鼻，兔也。」〔宋〕李昉等撰：《太平御覽》，《景印文淵閣四庫全書》，第893冊，卷
　　4，頁199。據此，似乎月中先有蟾蜍，後有兔，其餘則不可曉。
18　〔宋〕洪興祖：《楚辭補注》（北京市：中華書局，2002年），天問章句第三，頁88。
19　聞一多：〈天問釋天〉，《古典新義》（臺北市：九思出版社，1978年），頁328-330。
20　同上註，頁332。

確是無可移易。這就是月中有蟾蜍見於先秦古籍的唯一的明確
記載。[21]

袁珂外，贊成者，有何根海，何氏認為聞氏「斯說至確」。[22]聞氏之
說，並非完全「無可移易」、「其說至確」，其中尚有疑義。此說亦有
反對者，如臺靜農以為此說非確然可信，臺氏曰：

> 聞匡齋〈天問釋天〉於此一問題，舉出十一說，凡聲音近似者
> 與「顧菟」「蟾蠩」比附之，最後證明「顧菟」即「蟾蠩」，其
> 說瞻博可喜，然亦非墫然可信者。蓋月中陰影無定形，觀者亦
> 因之而不同；且音聲又有時地之歧異，未可今以為近似者便是
> 一物；況南蠻鴃舌之音，究竟如何，更不可知。[23]

聞匡齋，就是聞一多。臺氏亦是從音聲方面，認為聞氏之說，雖瞻博
可喜，然非定論。我認為月中有蟾蜍，和「顧菟」即「蟾蜍」，是不
同的兩件事。從漢代的一些畫像磚，可以看到月中有蟾蜍。[24]月中有
蟾蜍，這一點是沒問題的。而「顧菟」即「蟾蜍」之說，是很讓人懷
疑的。如果這種說法成立，那月中只有蟾蜍一種動物，而非有兩種動
物。其實，在聞氏所舉出的證據中，就可發現一些不合理之處。聞氏
曾說：

> 諸說之起，驗之漢代諸書，蟾蜍最先而兔最後，屈子生當漢

---

21 見袁珂：《神話論文集》（臺北市：漢京文化事業有限公司，1987年），頁138。
22 何根海：〈月亮神話與中秋拜月的原始意涵〉，《歷史月刊》第104期（1999年9月），
　　頁55。
23 臺靜農：《楚辭天問新箋》（新北市：藝文印書館，1972年），頁11-12。
24 參看胡萬川：〈嫦娥奔月神話源流〉，《歷史月刊》第104期（1999年9月），頁49，四
　　川新都出土的漢代月神羽人畫像磚；頁50，河南南陽出土的漢代畫像磚。

前，是〈天問〉之「顧菟」必謂蟾蜍，不謂兔也。[25]

聞氏以為月中陰影，漢代諸書記載，蟾蜍比兔先。在屈子生存的戰國時代，應該有蟾蜍這種動物，也有兔子。如果月亮中有蟾蜍比有兔子先，那《楚辭》〈天問〉中，為何不乾脆直接說：「蟾蜍在腹」？或用蟾蜍其他稱呼，直接說「詹諸在腹」、「居諸在腹」，這樣豈不是更清楚嗎？何必說「顧菟在腹」？害得聞氏數千年之後，要花這麼多精神、時間，來作考證。不說「蟾蜍在腹」、「詹諸在腹」、「居諸在腹」，而說「顧菟在腹」，就可以看出「顧菟」非「蟾蜍」。

近人湯炳正另有新解，認為「顧菟」為「於菟」，就是老虎。[26]何新贊同此說，何氏說：

> 月中有虎的傳說，乃是由於上古神話中的月神是死神，而司鬼之神又是虎神，由此結合形成了月中有虎神的傳說。……屈原〈天問〉中所說的「顧菟」，肯定是虎神。後來虎演變為兔，而兔又演變為蟾蜍，最後更演變為月中既有蟾蜍又有兔。而虎作為白虎，卻被漢人歸入二十八宿的系統中了。[27]

此種說法雖新奇，證據仍嫌不足。月中有兔之說，比較合理，容易解釋。月中有虎，虎變兔，兔變蟾蜍，如果和張衡《靈憲》所記載嫦娥變蟾蜍之說結合，那豈不是說嫦娥奔月後，變成老虎？實在很難置信。至於月神是死神，虎神是司鬼之神，恐怕不是出自中國古代神話。

還有個問題，玉兔和月亮，有何關係？為何是玉兔，而不是其他動物？關於這問題歷來也有種種不同說法。一些學者認為月中有兔，

---

25 聞一多：〈天問釋天〉，《古典新義》，頁331。
26 何新：《諸神的起源》，頁246。
27 同上註，頁246。

是不可解之謎，存而不論。如茅盾說：

> 言月中有兔，確是中國特有的神話，並且很費解。後人有許多
> 的解釋；如《古今註》云「兔口有缺」，是從形狀上解釋月與
> 兔的關係；《博物志》謂「兔望月而孕，自吐其子」，更是從原
> 始的生理學來加以解釋了。然而這都是等于不解釋。這月中有
> 兔的神話竟和日中有烏一樣是不可解的謎，只得存而不論了。[28]

也有學者認為，月中有兔的傳說源於印度。王孝廉說：

> 月中有兔的傳說或許不是中國原有的神話而是源於印度，梵文
> 把月亮叫做 SARA，兔子也叫 SARA，可知中國之前印度神話
> 中已有月中有兔的傳說。[29]

王氏用「或許」二字，並非肯定之詞。月亮、兔子同樣叫做 SARA，
這只能說，印度神話中有月中有兔傳說，並無法證明中國傳說月中有
兔是源自印度。事實上月兔神話，並非印度、中國特有，其他民族也
有類似神話。林惠祥說：

> 月面上的兔形斑紋曾引起了許多民族的想像，如日耳曼人、墨
> 西哥人、非洲霍屯督人、錫蘭僧伽黎人（Singhalese）、中國人
> 等都有這種神話。[30]

---

28 茅盾：《中國神話研究初探》（上海市：上海古籍出版社，2005年），頁73。

29 王孝廉：《中國的神話與傳說》，頁37。按：王氏後更改其說。王氏說：「月中有兔
的思想在中國雖然很古以前就有，但其他的民族也常有月中有兔的思想。」下舉印
度、墨西哥、Zululand神話為例。王孝廉：《神話與小說》，頁24。

30 林惠祥：《神話論》（臺北市：臺灣商務印書館，1995年），頁28-29。

可見這是個較普遍的神話，未必一定是源自印度。除了存而不論外，還是有些學者試圖來解開這謎團。最常見的是陰影說。如臺靜農曰：

> 月中有菟之神話，至今猶流行民間，其源即出於〈天問〉，以先秦古籍言月中有菟者莫先於〈天問〉故爾。月中何以有菟，殆視月中陰影有類菟形，於是輾轉流傳，成為神話。[31]

初民看到月中陰影像兔形，就認為月中有兔。這種說法，只對了一半。我的想法是，初民觀察月亮時，只能靠肉眼遠望，無法借助望遠鏡等儀器觀測。所以，他們或許可以看到月亮中有陰影，發現陰影像某種小動物，在第三節中，提到朱天順也有同樣看法。但是，小動物很多，為何是兔子，而不是其他小動物呢？也可能是小貓、小狗，或其他小動物。陰影之所以是兔子的原因，這是因為兔子、月亮之間，有某些共同點。

仔細研究之後，我發現月亮和兔子的關係，一是有表面共同點，月有圓缺，兔唇有缺口。洪興祖《楚辭補注》，「厥利維何，而顧菟在腹？」句，註語引書云：「《古今注》云：『兔口有缺。』《博物志》云：『兔望月而孕，自吐其子。』」[32]兔子口有缺，這是兔子明顯特徵，人所共見。月亮也是由圓而缺，由缺而圓，這是月亮和兔子的表面共同點。因為這些表面共同點，初民在觀察到月中陰影像小動物時，自然會聯想到兔子，以為月中陰影，就是兔子。

二是有兔子望月而孕的傳說，使人們更加認定月中陰影是兔子。兔子「望月而孕」，見《博物志》卷四，原文是：「兔舐毫望月而孕，

---

31 臺靜農：《楚辭天問新箋》，頁11。
32 〔宋〕洪興祖：《楚辭補注》（北京市：中華書局，2002年），天問章句第三，頁88。前引茅盾說法，應該是來自洪興祖注。

口中吐子，舊有此說，余目所未見也。」[33]這種說法，當然是因觀察不夠仔細，產生誤解。多年前，我曾經養過兔子，有點經驗。我認為，所謂望月，應該是兔子在晚上有月亮的時候，偶然會直立，前雙腳縮在胸前，似乎在望月而拜，初民誤以為兔子望月。口中吐子，我認為，是因母兔生子之後，用口清除小兔身上胞衣。許多動物生子時，都會用口清除胞衣。但一般動物較大，清除胞衣動作，看得比較清楚。兔子較小，初生小兔更小，母兔在用唇幫小兔清除胞衣動作，看不清楚，被誤認為口中吐子。王充也說：「兔吮毫而懷子，及其子生，從口而出。」[34]這是同樣的誤會。這種兔子望月而孕的說法，更使得兔子和月亮，有了相互關係。就因為口缺、望月，使初民認為月中陰影，就是兔子。兔子和月亮關係，應該建立在外在的觀察，也就是兔唇和望月而孕上。

五 論蟾蜍

　　如同玉兔的問題，我也要問：蟾蜍由何而來？為何是蟾蜍，而不是其他動物？蟾蜍和月亮，有何關係？蟾蜍和月亮，有何共同點？

　　月亮神話傳說中，有嫦娥化為蟾蜍的說法。嫦娥是極美之女，蟾蜍是極醜之物，為何極美之女會變成極醜之物？張衡《靈憲》記載：「姮娥遂託身于月，是為蟾蠩。」[35]袁珂認為嫦娥由極美之人，化為

---

33 〔晉〕張華：《博物志》（臺北市：臺灣商務印書館，1986年，《景印文淵閣四庫全書》），第1047冊，卷4，頁587。

34 〔漢〕王充：《論衡》（臺北市：臺灣商務印書館，1986年，《景印文淵閣四庫全書》），第862冊，卷3，「奇怪篇」，頁45，

35 〔清〕嚴可均：《全上古三代秦漢三國六朝文・全後漢文》（臺北市：世界書局，1982年），卷55。《漢魏六朝百三家集》所輯張衡《靈憲》作：「恒娥遂託身於月，是為蟾蜍。」〔明〕張溥：《漢魏六朝百三家集》（臺北市：臺灣商務印書館，1986年，《景印文淵閣四庫全書》），第1412冊，卷14，頁346。袁珂謂古本《淮南子》亦有此說，今本脫去。袁珂：《神話論文集》，頁134。

極醜之物，必定有譴責的意思。袁珂說：

> 嫦娥是古今同譽的美人（《靈憲》已云：「翩翩歸妹」），而卻化
> 為這種醜惡的動物，推想起來，必定是有譴責的意思存於其
> 中。譴責的緣由，當然和她盜竊服食不死藥的事件有關，故奔
> 入月中變形為蟾蜍之後，猶被罰做搗不死藥的苦工。[36]

在傳統男尊女卑的社會裡，這種看法，是很正常。不過，並無確實證
據，只是想像推測之詞。

其實，嫦娥變形神話，並非表面的單純，並非只是譴責而已，另
有其他複雜的含意。變形必然有某種原因，要解決某些問題。樂蘅軍
說：

> 嫦娥偷了不死藥，奔月化為蟾蜍的變形，既含有企圖否定死
> 亡，也含有逃避危機困境的寓意。它表現的心理是相當微妙而
> 複雜的。……嫦娥進退於生死維谷中，而生命正在分秒地消失；
> 所以嫦娥的恐懼，不是在害怕不能向羿交代，甚至向羿對抗，
> 而是這一對生命不停逝去而終無以遏止的恐懼。除非逃到另一
> 個世界，除非把這一個正逐漸死去的軀體掩飾起來，嫦娥將忍
> 受赤裸暴露在死亡前的痛苦。於是嫦娥只有奔月變形了。[37]

樂氏的分析相當精闢。嫦娥變形是在吃了不死藥，奔月之後，這種變
形需求，自然和不死有關。人最大的恐懼就是死亡，而死亡又是人註
定的命運，透過變形成蟾蜍，改變生命形態，才能永恆的存在。除了

---

36 袁珂：《神話論文集》，頁143。
37 樂蘅軍：〈中國原始變形神話試探〉，陳慧樺、古添洪編著：《從比較神話到文學》
　　（臺北市：東大圖書有限公司，1983年），頁179-181。

變形，似乎沒有第二種選擇。正如游佩娟所說：

> 英雄神羿求取不死藥，是原始神話的母題，不死藥的追求是人
> 們祈求不死的神話意圖。嫦娥變形為蟾蜍，是透過變形的過程
> 是將死亡的恐懼，轉變為再生的希望。[38]

變形之後，當然可能再生或是長生不老。有這種變形神話，代表著人
類的希冀與夢幻，也能減輕對死亡的恐懼，有其實際功能。

除了上述變形原因外，我認為還有一種解釋。我們很容易就會注
意到，月亮神話傳說中，一直有月兔或蟾蜍搗藥的說法。月兔、蟾蜍
搗藥給誰吃？或許嫦娥吃了不死藥，只能奔月，想要繼續維持不死，
就要不停吃不死藥。不死藥也有藥效期限。就像要產生幻覺，必須不
停吃迷幻藥。再進一步推論，嫦娥要永遠不死，必須嫦娥與不死藥合
一，那就可以長生不老。而月兔、蟾蜍正好等同不死藥，或是說在製
造不死藥。嫦娥與不死藥合一，就成了嫦娥變形成月兔、蟾蜍。這是
說，嫦娥變形的原因，可能和不死藥有關。

月中有蟾蜍之說，見於《淮南子》。《淮南子》載：「日中有踆
鳥，而月中有蟾蜍。」[39]這記載很簡單，日月對舉，其中都有某種動
物，但《淮南子》並沒有解釋為何月中會有蟾蜍。我認為蟾蜍會和月
亮有關，有月中蟾蜍的神話，應該是蟾蜍和月亮之間有某種連結關
係。這種關係，主要有下面幾種說法：

月中陰影說，和月中有玉兔相同。當我們觀察月亮時，除了月亮
的明亮外，很容易發現月亮表面，有許多陰影，像某些小型動物。或

---

38 游佩娟：《嫦娥奔月神話研究》（桃園縣：國立中央大學中國文學研究所碩士論文，
2001年），頁67。

39 見〔漢〕劉安撰，〔漢〕高誘注：《淮南鴻烈解》〈精神訓〉（臺北市：臺灣商務印書
館，1986年，《景印文淵閣四庫全書》），第848冊，卷7，頁575。

許有些初民就認為這陰影像蟾蜍，這是蟾蜍和月亮陰影，外形明顯的共同點，所以蟾蜍就和月亮連在一起，有了月中蟾蜍的神話。

表面凹凸說。舉頭望明月時，很容易發現月亮表面，有許多坑坑洞洞，並不光滑，好像有些疤痕。而觀察蟾蜍的皮膚，也是凹凹凸凸，好像有許多的坑坑洞洞，和月亮表面一樣。這是蟾蜍和月亮，明顯的共同點。就因為這個共同點，才會把月亮和蟾蜍連在一起。蕭兵說：

> 因為其有凹凸或斑點（月中陰影），本身也被暗喻為蟾蜍，例如緯書《詩推度災》說：「月，二日成魄，八日成光，蟾蜍體就，穴鼻（兔）始萌。」暗示：月亮八日成光以後，逐漸長成蟾蜍之體，而仙兔的形象也隱約萌現。[40]

蕭氏這段話，不只認為月中陰影像蟾蜍皮膚，甚至以為月亮被暗喻為蟾蜍。也就是說，並不只是月中有蟾蜍，甚至月亮本體就是蟾蜍。另外，蟾蜍和月亮還有些共同點：月亮晚上出來，蟾蜍也是夜間出現。月亮滿月時，天上一輪圓月，蟾蜍肚子也圓滾滾的。

蟾蜍食月說。這種說法認為月蝕是蟾蜍食月。何根海引《史記》、《淮南子》的記載，認為月中陰影似蟾蜍，簡單比附為蟾蜍食月。何氏說：

> 《史記》〈龜策列傳〉云：「月為刑而相佐，見食于蛤蟆。」。
> 《淮南子》〈說林訓〉云：「月照天下，蝕于詹諸。」謂詹諸為食（蝕）月之凶物，顯然是基於月中陰影似蟾蜍形象的簡單比

---

40 蕭兵：《神話學引論》，頁83。按：〔宋〕李昉等撰：《太平御覽》，《景印文淵閣四庫全書》，第893冊，卷4引《詩推度災》，作「三日成魄」。

附。[41]

　　民間傳說，月蝕是天狗食月，而《史記》、《淮南子》記載是蟾蜍食
月，兩者不同。我認為，就動物體積而言，顯然狗要大於蟾蜍，天狗
食月，應該比較合理。或許早期的傳說，是蟾蜍食月，後來轉成天狗
食月。詳見下節討論。

　　蟾蜍長壽說。《抱朴子》〈內外篇〉說：「蟾蜍壽三千歲。」[42]蟾蜍
有三千歲壽命，超出其他動物，[43]當然這只是想像的，無法證實。甚
至吃蟾蜍，能有千歲壽命。〔晉〕郭璞《玄中記》說：「蟾蜍頭生角，
得而食之，壽千歲。」[44]那麼長的壽命，幾乎近於不死，這和月亮的
不死，有了某些共同點。

　　由上面四種說法，可以發現蟾蜍和月亮的共同點不少，這可能就
是月中有蟾蜍的原因。

六　論天狗食月

　　月中為何有天狗？天狗為何是凶神？天狗為何要食月？如何才能
讓天狗吐出月亮？這些問題，是本節探討的重點。《晉書》中，已提
到「天狗星」，後人有認為月中有凶神天狗，並認為月蝕是「天狗噬
月」。李秀娥文章中，曾提到此事。李氏說：

---

41 何根海：〈月亮神話與中秋拜月的原始意涵〉，《歷史月刊》第104期（1999年9月），
　　頁57。

42 〔晉〕葛洪：《抱朴子》〈內外篇〉（臺北市：臺灣商務印書館，1986年，《景印文淵
　　閣四庫全書》），第1059冊，內篇卷1，頁11。

43 屠本畯也說：「蟾蜍絕壽，有至千歲者。」見〔明〕屠本畯：《閩中海錯疏》（臺北
　　市：臺灣商務印書館，1986年，《景印文淵閣四庫全書》），第590冊，卷中，頁
　　514。

44 〔宋〕李昉等撰：《太平御覽》，《景印文淵閣四庫全書》，第901冊，卷949，頁435。

後來民間傳說月蝕的原因是因為月被月中凶神「天狗」所食，
《晉書》〈天文志〉即記載遇天狗星出現時，國家將有兵禍。
又據《協紀辨方》卷四引《樞要曆》：「天狗者，月中凶神也。
其日忌禱祀鬼神，祈求福願。」因古人相信月中有凶神天狗的
存在，故有「天狗噬月」之說。凡遇此時，官員與老百姓便敬
獻供品祈禱，眾人並努力敲鑼打鼓，震響天際，希望以熱烈的
鑼鼓敲擊聲響，嚇跑天狗怪獸，並將月亮從口中吐出來。[45]

據這些記載，似乎天狗星出現，是不吉祥的事，國家將有戰爭。如
《天中記》所載：

漢文帝後二年八月，天狗下梁壄。景帝三年七月，天狗下。天
狗所降，以戒守禦。其年，吳楚反，攻梁。梁堅城守，遂伏尸
流血其下。〈大象賦〉：「狗過梁，而千里流血。」[46]

後來，才演變成天狗食月，使天狗和月亮有了關連，天狗星也變成了
天狗。這當然是因為初民不瞭解月蝕原因，才有這種牽強附會的說
法。「天狗噬月」可能是因狗吠，而產生的傳說。月蝕是少見的天文
景觀，月蝕時，狗少見多怪，亂吠一通。月蝕和狗吠之間，就有了關
連。再一演變，就由月蝕時狗吠，成了「天狗噬月」。狗吠時很凶
惡，天狗也就成了凶神，變成怪獸。

在這裡，需要探討一下月蝕時間。西元二○○七年八月二十八日

---

45 李秀娥：〈中國的月神傳說與信仰〉，《歷史月刊》第104期（1999年9月），頁73。
46 〔明〕陳耀文：《天中記》（臺北市：臺灣商務印書館，1986年，《景印文淵閣四庫
全書》），第965冊，「中秋」條，頁62。按：〈大象賦〉，即〔唐〕李播〈天文大象
賦〉。

夜有月全蝕，且為月出帶蝕形式。[47]《天文年鑑2007》，記載有八月二十八日月全食，其說明如下：

> 本次月全食最大食分1.481，月球在寶瓶座。由初虧到復圓共歷時3小時32分54秒。月球完全位於地球本影內的時間約1小時30分42秒。[48]

《天文年鑑2007》也記載民國九十六年三月三日至三月四日月全食，共歷時三小時四十一分四十二秒。[49]由該書記載可見月蝕全部過程，確實四小時左右。

月蝕既然四小時左右，那如果敲鑼打鼓的時間能有四小時，那月蝕過去，月亮將回復明亮。初民或許誤認為真的是敲鑼打鼓趕走天狗的。以後每次遇到月蝕，可能又會重複驅趕天狗的儀式。

再深入探討，發現在《山海經》中有天狗記載，亦有天犬記載。《山海經》〈西山經〉中說：

> 又西三百里，曰陰山。濁浴之水出焉，而南流注于蕃澤，其中多文貝。有獸焉，其狀如狸而白首，名曰天狗，其音如榴榴，可以禦凶。[50]

《山海經》〈大荒西經〉中說：

---

47 月全蝕過程分為初虧、食既、食甚、生光、復圓五個步驟。此次月全蝕情況是月出的時候，已經是月全蝕了，因此名為「月出帶蝕」。

48 王永川等編：《天文年鑑2007》（臺北市：臺北市立天文科學教育館，2006年），頁168。

49 同上註，頁164。

50 袁珂：《山海經校注》（臺北市：里仁書局，1982年），頁53。

　　有巫山者。有鄑山者。有金門之山，有人名曰黃姬之尸。有比
　　翼之鳥，有白鳥青翼，黃尾，玄喙。有赤犬，名曰天犬，其所
　　下者有兵。[51]

這兩則記載，都很簡單，天狗記載較天犬多幾字。經文中提到天狗形
狀、聲音，還可以禳凶，不像是凶神。而天犬則是紅色的狗，「有
兵」似乎和戰爭有關。比較起來，天犬較像會食月的狗。但也可能食
月的天狗，和山海經的記載無關。在日本也有天狗神話，把天狗視之
為妖怪。

　　其他民族，亦有月亮被大狗或其他動物吞吃之說，可見各民族在
見到月蝕異常天文景象時，都有不同解釋。林惠祥說：

　　日月蝕在不明天文學的民族看來，常當作奇異的災禍，故有許
　　多神話說明他。如南美奇岐托人（Chiquitos）說月蝕是因為月
　　被大狗所咬噬，其紅光便是流出的血，人們須大聲喊叫射箭天
　　空方能趕走大狗。同洲的卡立勃人（Caribs）和秘魯土人都有
　　相類的神話。[52]

這三個民族都有月被大狗咬噬神話，和中國天狗食月相同。另外，有
些民族認為月蝕是月被老虎、狼、灰熊、青蛙、烏鴉、魚等動物[53]或
怪物吃掉，這些神話因和天狗研究無關，不贅敘。

　　除了天狗食月外，還有一種說法，是詹諸食月。詹諸就是蟾蜍。
這種說法見於《淮南子》。原文是：

---

51 袁珂：《山海經校注》，頁406-407。
52 林惠祥：《神話論》（臺北市：臺灣商務印書館，1995年），頁45。
53 高福進：《太陽崇拜與太陽神話》（上海市：上海人民出版社，2002年），頁217。

月照天下，蝕於詹諸；騰蛇游霧，而殆於蛆蝍；烏力勝日，而服於雛禮，能有脩短也。[54]

許慎注說：「詹諸，月中蝦蟇，食月，故曰食於詹諸。」[55]可能是因蟾蜍的大腹便便，而有蟾蜍食月之說。似乎只有中國古代有這種說法。蟾蜍食月，是凶兆，會引起天下大亂。[56]

不管是天狗食月，或蟾蜍食月，在初民看來，都是不祥的事情。因此，月蝕的時候，必須採取某些儀式，趕走天狗或蟾蜍，救回月亮。前面李秀娥文章提到「眾人並努力敲鑼打鼓，震響天際」，這是用敲鑼打鼓的方式；林惠祥文章提到南美奇岐托人（Chiquitos）認為「須大聲喊叫射箭天空方能趕走大狗」，這是用喊叫射箭方法。在中國古籍中，也記載一些月蝕時用的方法。如《周禮》〈秋官司寇〉記載：「庭氏掌射國中之夭鳥。若不見其鳥獸，則以救日之弓與救月之矢夜射之。」[57]鄭玄注說：「日月之食，陰陽相勝之變也。於日食，則射太陰；月食，則射太陽。」[58]這和南美土人一樣用弓箭射天，有所謂救月之矢。救月之矢，真的就能救月嗎？張載說：

如《周禮》救日之弓，救月之矢。豈不知無益於救，但不可坐視其薄蝕而不救，意不安也。[59]

---

54 見〔漢〕劉安撰，〔漢〕高誘注：《淮南鴻烈解》〈說林訓〉（臺北市：臺灣商務印書館，1986年，《景印文淵閣四庫全書》），第848冊，卷17，頁701。

55 見〔漢〕劉安撰，〔漢〕高誘注：《淮南鴻烈解》〈精神訓〉，《景印文淵閣四庫全書》，第848冊，卷7，頁575。

56 《河圖》曰：「蟾蜍去月，天下大亂。」〔宋〕李昉等撰：《太平御覽》，《景印文淵閣四庫全書》，第901冊，卷949，頁435。

57 〔漢〕鄭玄注，〔唐〕賈公彥疏，陸德明音義：《周禮注疏》（臺北市：臺灣商務印書館，1986年，《景印文淵閣四庫全書》），第90冊，卷37，頁669。

58 同上註。

59 〔宋〕張載：《張子全書》（臺北市：臺灣商務印書館，1986年，《景印文淵閣四庫全書》），第697冊，頁177-178。

張氏很明白救月之矢，其實是無用的，但不救會心不安，只好射射看。除了這種方法外，還有擊鼓救月之說。《周禮》〈地官司徒〉，鼓人「救日月則詔王鼓」。[60]鄭玄注：「救日月食，王必親擊鼓者，聲大異。」[61]到了唐代，又有「擊鑑救月」之說。王仁裕說：「長安城中，每月蝕時，即士女取鑑，向月擊之，滿郭如是。蓋云：救月蝕也。」[62]

宋代某些地區，有鳴鉦救月。如家鉉翁作詩，詩題是「中秋月蝕，邦人鳴鉦救月，不約而齊。中原舊俗，猶有存者。感而有作。」[63]遂賦七言絕句兩首。宋朝還有個奇怪的救月方法，刳蟆救月蝕。見孫覿〈侍郎唐公挽詞〉：「但見刳蟆救月蝕，孰知煉石補天空。」[64]這可能和蟾蜍食月有關。元代胡助「月食遇雨詩」：「小兒救月敲銅盆，街市鬧喧喧。」[65]明代凌義渠〈中秋月食時舟泊濟上〉：「敲銅救月迥含愁，舫泊依然古渡頭。」[66]都是敲銅器，製造聲響來救月。以上方法雖然不同，除了射月之外，大概都是敲擊某種東西，發出巨大聲響，想要驅除食月天狗，讓月亮恢復正常。

---

60 〔漢〕鄭玄注，〔唐〕賈公彥疏，陸德明音義：《周禮注疏》，《景印文淵閣四庫全書》，第90冊，卷12，頁230。

61 同上註。

62 〔五代〕王仁裕：《開元天寶遺事》（臺北市：臺灣商務印書館，1986年，《景印文淵閣四庫全書》），第1035冊，卷4，頁361。

63 〔宋〕家鉉翁：《則堂集》（臺北市：臺灣商務印書館，1986年，《景印文淵閣四庫全書》），第第1189冊，頁358。

64 〔宋〕孫覿：《鴻慶居士集》（臺北市：臺灣商務印書館，1986年，《景印文淵閣四庫全書》），第1135冊，頁77。

65 〔宋〕胡助：《純白齋類稿》（臺北市：臺灣商務印書館，1986年，《景印文淵閣四庫全書》），第1214冊，頁585。

66 〔明〕凌義渠：《凌忠介公集》（臺北市：臺灣商務印書館，1986年，《景印文淵閣四庫全書》），第1297冊，頁398。

七 論月宮

　　月宮傳說大概是月亮神話中，最晚發生的，我們放在最後討論。講到月宮，就會想到唐明皇遊月宮，也會想到著名的霓裳羽衣曲。關於月宮，我們想問三個問題：1. 月宮說法起於何時？2. 誰去過月宮？3. 在月宮見到什麼？或聽到什麼？接著就來探討這三個問題。首先探討，月宮說法，起於何時。偽託漢人東方朔的《海內十洲記》，序中記載：

　　　　（東方朔）曾隨師主履行：比至朱陵、扶桑、蜃海，冥夜之
　　　　丘、純陽之陵，始青之下、月宮之間，內遊七丘，中旋十洲。
　　　　踐赤縣而遨五嶽，行陂澤而息名山。[67]

此書雖為偽託，但《隋書》〈經籍志〉已著錄，故《四庫全書總目》認為是六朝時人所依託。[68]那麼「月宮」一詞，在六朝時，應該已出現，唐玄宗遊月宮後，遂廣為流傳。

　　唐明皇遊月宮，是根據〈龍城錄〉的記載。以下先探討這件事的真假。〔宋〕王銍撰，託名柳宗元的〈龍城錄〉[69]中，記載了唐玄宗夢遊月宮的故事。這故事的標題是「明皇夢遊廣寒宮」，內容如下：

　　　　開元六年，上皇與申天師、道士鴻都客，八月望日夜，因天師
　　　　作術，三人同在雲上遊月。中過一大門，在玉光中，飛浮宮

---

67 〔漢〕東方朔：《海內十洲記》（臺北市：臺灣商務印書館，1986年，《景印文淵閣
　　四庫全書》），第1042冊，頁274。
68 見《海內十洲記》提要。紀昀：《四庫全書總目》（新北市：藝文印書館，1974
　　年），頁2787。
69 見《龍城錄》提要。紀昀：《四庫全書總目》，頁2835。

殿，往來無定。寒氣逼人，露濡衣袖皆濕。頃見一大宮府，榜
曰「廣寒清虛之府」。其守門兵衛甚嚴，白刃粲然，望之如凝
雪。時三人皆止其下，不得入。天師引上皇起躍身，如在煙霧
中。下視王城崔峨，但聞清香靄鬱，下若萬里琉璃之田。其間
見有仙人、道士，乘雲駕鶴往來，若遊戲。少焉，步向前，覺
翠色冷光，相射目眩，極寒不可進。下見有素娥十餘人，皆皓
衣，乘白鸞往來，笑舞於廣陵大桂樹之下。又聽樂音嘈雜，亦
甚清麗。上皇素解音律，熟覽而意已傳。頃，天師亟欲歸，三
人下若旋風，忽悟若醉中夢迴爾。次夜，上皇欲再求往，天師
但笑謝而不允。上皇因想素娥風中飛舞袖被，編律成音，製
「霓裳羽衣曲」。自古洎今，清麗無復加于是矣。[70]

「忽悟若醉中夢迴爾」，可見應該是夢遊月宮。至於〈龍城錄〉，雖是
偽託，但唐明皇夢遊月宮一事，卻是真事，應該可信。也就是說，書
偽，事不偽。詳見下文考證。

　　文中既然屢稱唐玄宗為「上皇」，可見不是開元六年，當時所
記，而是後來追記的。開元六年時，唐玄宗還是皇帝，不得稱「上
皇」，「上皇」是指皇帝的父親。據《舊唐書》〈肅宗本紀〉[71]所載，天
寶十五載七月，唐肅宗在靈武即皇帝位，並即日奏稱帝事於上皇。同
年八月，「上皇遜位稱誥」。天寶十五載，是西元七五六年，這年起，
唐玄宗被尊稱為「上皇」。又據《舊唐書》〈玄宗本紀〉[72]所載，唐玄
宗於肅宗上元二年四月崩。唐玄宗崩後，不得稱「上皇」。上元二

---

70 柳宗元：《五百家註柳先生集》〈龍城錄〉（臺北市：臺灣商務印書館，1986年，《景
　　印文淵閣四庫全書》），第1077冊，卷上，頁284，「明皇夢遊廣寒宮」條。

71 〔後晉〕劉昫等撰：《新校本舊唐書》（臺北市：鼎文書局，1978年），卷10，頁242-
　　243。

72 同上註，卷9，頁235。

年，即西元七六一年。故可知，西元七五六年，到西元七六一年間，唐玄宗被稱為「上皇」。此文中，既然稱唐玄宗為「上皇」，可推知此事是唐人所記載，記載的時間是，西元七六一年到西元七五六年間，當時唐玄宗還沒崩逝。如果是宋人追記此事，就不應該稱唐玄宗為「上皇」。由以上考證，可知記載此事時，唐玄宗尚在世。然則，此事應該可信，總不至於在唐玄宗還活的時候，就虛構此事。另外，〔唐〕鄭綮的《開天傳信記》中，也提到唐玄宗夢遊月宮事。而且，是夢遊月宮後，隔日的記載。鄭氏說：

> 上嘗坐朝，以手指上下按其腹。退朝，高力士進曰：「陛下向來數以手指按其腹，豈非聖體小不安耶？」上曰：「非也。吾昨夜夢遊月宮，諸僊娛予以上清之樂，寥亮清越，殆非人間所聞也。酣醉久之，合奏諸樂，以送吾歸。其曲淒楚動人，杳杳在耳。吾回，以玉笛尋之，盡得之矣。坐朝之際，慮忽遺忘，故懷玉笛時，以手指上下尋，非不安。」力士再拜，賀曰：「非常之事也。願陛下為臣一奏之。」其聲寥寥然，不可名狀也。力士又再拜，且請其名。上笑言：「此曲名紫雲回。」遂載於樂章，今太常刻石在焉。[73]

此一記載，雖然沒有記載遊月宮詳情，但就語氣來看，是夢遊月宮隔日的記載，不是追記。比〈龍城錄〉的記載，更為可信。夢遊月宮，當然有此可能。如果，說是法師作術，在雲上遊月，就成了荒唐無稽之說，不可信。又〈龍城錄〉所載樂曲名為「霓裳羽衣曲」，《開天傳信記》所載樂曲名為「紫雲回」，兩者不同。或許是初名「紫雲回」，後改名為「霓裳羽衣曲」。

---

73 〔唐〕鄭綮：《開天傳信記》（臺北市：臺灣商務印書館，1986年，《景印文淵閣四庫全書》），第1042冊，頁844。

　　在《雲笈七籤》中，還有個記載，同樣是八月十五日，同樣是遊月宮，但陪同遊月宮的不是申天師、鴻都客，而是羅公遠。登月的方式，很離奇，是拄杖化為大橋。原文如下：

> 羅公遠八月十五日，夜侍明皇於宮中翫月。公遠曰：「陛下莫要月宮中看否？」帝唯之。乃以拄杖向空擲之，化為大橋，橋道如銀。與明皇昇橋行若十數里。精光奪目，寒氣侵人，遂至大城。公遠曰：「此月宮也。」見仙女數百，皆素練霓衣，舞於廣庭上。上問其曲名，曰「霓裳羽衣也」。乃密記其聲調。旋為冷氣所逼，遂復躡銀橋迴返，顧銀橋隨步而滅。明日，召樂工，依其調作霓裳羽衣曲，遂行於世。[74]

這個傳說，可真特殊。杖化大橋，[75]就已奇特。先是說：「遂至大城。」又說：「見仙女數百。」月宮成了大城，仙女不只是嫦娥，而有數百。還說：「寒氣侵人」、「為冷氣所逼」，想像月宮很冷，高處不勝寒，〈龍城錄〉也有同樣記載。《雲笈七籤》同條還記載，羅公遠為箭斃，後棺中無屍，唯見一草鞋，成了神跡。除《雲笈七籤》外，

74　〔宋〕張君房：《雲笈七籤》（臺北市：臺灣商務印書館，1986年，《景印文淵閣四庫全書》），第1060冊，卷112，頁303-304。按：《天中記》也記載羅公遠與唐玄宗遊月事，和《雲笈七籤》所載，只有幾個字不同。文末有小字，註明出自「唐逸史」，可見另有出處，並非鈔襲《雲笈七籤》。〔明〕陳耀文：《天中記》，《景印文淵閣四庫全書》），第956冊，「中秋」條，頁218-219。

75　或謂取桂枝化為橋。《逸史》云：「羅公遠，天寶初侍玄宗。八月十五夜，宮中翫月。曰：『陛下能從臣月中遊乎？』乃取一枝桂，向空擲之，化為一橋，其色如銀，請上同登。」〔宋〕樂史：《楊太真外傳》，卷上引《逸史》。見〔元〕陶宗儀：《說郛》（臺北市：臺灣商務印書館，1986年，《景印文淵閣四庫全書》），第882冊，卷111，頁424引。又見〔清〕吳景旭：《歷代詩話》（臺北市：臺灣商務印書館，1986年，《景印文淵閣四庫全書》），第1483冊，卷49，頁435引《逸史》。文字較簡，錄於下：《逸史》云：「羅公遠，八月十五夜，取一枝桂，向空擲之，化為橋，請上同登。」

《近事會元》也記載玄宗遊月事，錄原文如下：

> 唐野史云：「明皇開元中，道人葉法善，引上入月宮。時秋。
> 上苦淒冷，不能久留。回於天半，尚聞仙樂。及歸，但記其半
> 曲，遂□中寫之。（家歆按：《歷代詩話》引鄭嵎〈津陽門詩〉
> 注，作「遂於笛中寫之」。）……又小說云：「術士羅公遠導明
> 皇入月宮。」聞之尤甚怪誕，不足為證。上交（家歆按：《近
> 事會元》作者李上交。）嘗聞明皇洞曉音律，必欲神其曲，謂
> 得於天上也，或夢寐所成，亦非異事。若云形體升天，殆欺人
> 也。[76]

《雲笈七籤》記載未註明出處，《近事會元》記載葉法善和玄宗遊月
宮，[77]出自唐野史；羅公遠和玄宗遊月宮月宮，是小說所云。野史、
小說所載，極可能是附會之說。如果說唐玄宗夢中與道士，同遊月
宮，當然可信，但這只是尋常之事。

為了故意神化其事，編造出實際遊月宮，正如李上交說的「殆欺
人也」。[78]一般人大概不會相信。

為何會有月宮傳說呢？我們知道，嫦娥奔月之後，就停留在月亮
上。既然嫦娥在月亮上，月亮上就應該有棟建築，讓嫦娥能有個棲身
之處。這應該就是月上有月宮的背景，月宮就是嫦娥的住所，嫦娥一
個人孤孤單單的住在裡面。可以說月宮完全是想像的產物，是虛擬出

---

76 〔宋〕李上交：《近事會元》（臺北市：臺灣商務印書館，1986年，《景印文淵閣四
庫全書》），第850冊，頁282。

77 《高道傳》亦載：「（葉法善）又中秋夜與上遊月宮，聞天樂。」〔宋〕賈善翔：《高
道傳》，卷2，「葉法善」條。見嚴一萍編：《道教研究資料第一輯》（新北市：藝文
印書館，1974年），頁40。

78 王灼亦云：「月宮事荒誕。」〔宋〕王灼：《碧雞漫志》（臺北市：臺灣商務印書館，
1986年，《景印文淵閣四庫全書》），第1494冊，頁512。

來的。所以，月宮不需要建築師，也不需要材料，我們也不要問月宮
是何時所建，何人所建，材料是如何運到月亮上去的。就神話思維而
言，月宮根本就是無中生有的東西，完全是想像出來的。而且，我們
發現，唐玄宗是和天師、道士遊月宮，可見月宮傳說和道教有關。本
來，神仙之說，就是道教的中心思想。

八 結論

本文探討了和月亮有關的神話，包含了吳剛、桂樹、玉兔、蟾
蜍、天狗、月宮，共六種。除了嫦娥奔月外，大概已經包括所有的月
亮神話。以神話思維、共同點理論，去解釋這些神話，大部分尚能自
圓其說。神話思維、共同點理論，可說是本文的一些創見。

關於這些神話，有一點要特別注意的。在月亮神話中，嫦娥是不
死的，桂樹樹創隨合，也是不死的。除此之外，吳剛、玉兔、蟾蜍、
天狗也都是不死的。月宮永不毀壞的。也就是說，月亮神話裡的所有
人、植物、動物、建築，都是永恆存在的。這些神話產生之後，就永
遠不會消失。這很可能是因為月亮由圓而缺，由缺而圓，使初民認為
月亮是不死或能再生的，這種思維也影響到月亮上所有生物、非生
物，都永遠不死、不毀壞。

另外還要補充一點，在古代中國的動物神話中，主要崇拜對象是
豬、馬、牛、羊、犬和虎、豹、蛇，[79]或是四靈：龍、鳳、麟、龜。
除了月亮神話傳說外，幾乎很少崇拜兔子、蟾蜍，或是有其他兔子、
蟾蜍的動物神話。甚至圖騰崇拜，也都沒有兔子、蟾蜍。看來兔子、
蟾蜍離不開月亮，和月亮神話連在一起，只要提到月亮，就會想到兔
子、蟾蜍。

---

79 朱天順：《中國古代宗教初探》（臺北市：谷風出版社，1986年），頁97。

　　本文是以月亮神話為主，至於天子在秋分「夕月」等祭月儀式，因和神話無關，不在本文討論範圍。另外，月中還有仙人宋無忌（亦作宋毋忌）。但宋無忌的記載，僅見《史記》〈封禪書〉索隱，[80]資料太少，來歷不明，只知宋無忌為燕人，故本文未研究宋無忌。除宋無忌外，還有些零星資料，如：〈結璘七聖記〉、〈上清紫文〉（《名疑》作〈上清紫微文〉）說的「結璘，奔月之仙。」；[81]月御曰望舒，見淮南子；[82]女子纖阿，躍入月中，見《史記》〈司馬相如列傳〉索隱；[83]吳牛見月而喘，見《世說新語》〈言語第二〉。[84]這些記載資料都太少，很難深入研究。

────────────

80 索隱原文是：「樂產引《老子戒經》云：『月中仙人宋無忌。』《白澤圖》云：『火之精曰宋無忌。』，蓋其人火仙也。」〔漢〕司馬遷：《新校本史記三家注并附編二種》（臺北市：鼎文書局，1978年），卷28，頁1369。據《白澤圖》，宋無忌是火仙，不知火仙為何會在月亮上？

81 《錦繡萬花谷》載：「〈結璘七聖記〉：結璘奔月之仙，故曰結璘黃文與月同居。」見〔宋〕不著撰人：《錦繡萬花谷》（臺北市：臺灣商務印書館，1986年，《景印文淵閣四庫全書》），第924冊，前集卷1，頁8。〈上清紫文〉，見〔明〕徐應秋：《玉芝堂談薈》（臺北市：臺灣商務印書館，1986年，《景印文淵閣四庫全書》），第883冊，卷18，頁426，「結璘嫦娥」條引，同條亦引〈七聖記〉，當即〈結璘七聖記〉。同書「日月二星」條又載：「今言月中有嫦娥，大謬。蓋月中自有主者，乃結璘非嫦娥也。」同上，頁427。陳士元曰：「《黃庭經》云：『高奔日月吾上道，鬱儀結璘善相保。』注引〈上清紫微文〉云：『鬱儀，奔日之仙；結璘，奔月之仙。』此語亦見《雞跖集》。結璘，《韻府》作結儀。竊疑姮娥、結儀之說俱妄，或因尚儀占月而訛也。」（〔明〕陳士元：《名疑》《景印文淵閣四庫全書》），第952冊，卷4，頁677）。按：「高奔日月吾上道，鬱儀結璘善相保。」出自《黃庭經》〈內景經〉高奔章第20。

82 見〔漢〕劉安撰，〔漢〕高誘注：《淮南鴻烈解》〈精神訓〉，《景印文淵閣四庫全書》，第848冊，卷7，頁200。

83 樂產曰：「纖阿，山名，有女子處其巖，月歷巖度，躍入月中，因名月御也。」〔漢〕司馬遷：《新校本史記三家注并附編二種》（臺北市：鼎文書局，1978年），卷117，頁3010。

84 《世說新語》〈言語第二〉：「滿奮畏風，在晉武帝坐；北窗作琉璃屏風，實密似疎，奮有難色。帝笑之。奮答曰：『臣猶吳牛，見月而喘。』」楊勇：《世說新語校箋》（臺北市：樂天出版社，1973年），頁62。

　　本文嘗試解答這些月亮神話問題。雖然廣泛搜集資料，並參考古今學者的研究，但並不是所有問題，都能解答，都有答案。就算有答案，不一定完全正確。主要關鍵在時代久遠，文獻不足徵，找證據困難。這種困境，很難突破。本文主要是一種嘗試，根據資料，做出一些假設和推論，而這些假設推論，有些或許能探驪得珠，有些只是揣測。

　　至於杜而未認為鳳凰是月鳥，梧桐是月樹，甚至說鳳麟龜龍都是月亮神話。[85]杜氏係採用太陰學派說法，用月亮神話來解釋中國神話。杜氏找了很多資料，舉出很多證據，但其推論可疑，本論文不討論杜氏之說。

徵引文獻

一　古籍

〔漢〕司馬遷　《新校本史記三家注并附編二種》　臺北市　鼎文書局　1978年

〔漢〕東方朔　《海內十洲記》　臺北市　臺灣商務印書館　1986年　《景印文淵閣四庫全書》　第1042冊

〔漢〕東方朔　《神異經》　臺北市　臺灣商務印書館　1986年　《景印文淵閣四庫全書》　第1042冊

〔漢〕鄭玄注　〔唐〕賈公彥疏　陸德明音義　《周禮注疏》　臺北市　臺灣商務印書館　1986年　《景印文淵閣四庫全書》　第90冊

〔晉〕張華　《博物志》　臺北市　臺灣商務印書館　1986年　《景印文淵閣四庫全書》　第1047冊

---

85 杜而未：《鳳麟龜龍考釋》（臺北市：臺灣商務印書館，1996年），頁165。

〔晉〕葛洪　《抱朴子內外篇》　臺北市　臺灣商務印書館　1986年
　　《景印文淵閣四庫全書》　第1059冊

〔唐〕鄭綮　《開天傳信記》　臺北市　臺灣商務印書館　1986年
　　《景印文淵閣四庫全書》　第1042冊

〔唐〕柳宗元　《五百家註柳先生集》　臺北市　臺灣商務印書館
　　1986年　《景印文淵閣四庫全書》　第1077冊

〔唐〕段成式　《酉陽雜俎》　臺北市　臺灣商務印書館　1986年
　　《景印文淵閣四庫全書》　第1047冊

〔唐〕李賀　《昌谷集》　臺北市　臺灣商務印書館　1986年　《景
　　印文淵閣四庫全書》　第1078冊

〔五代〕王仁裕　《開元天寶遺事》　臺北市　臺灣商務印書館
　　1986年　《景印文淵閣四庫全書》　第1035冊

〔後晉〕劉昫等撰　《新校本舊唐書》　臺北市　鼎文書局　1978年

〔宋〕賈善翔　《高道傳》嚴一萍編　《道教研究資料第一輯》收錄
　　新北市　藝文印書館　1974年

〔宋〕李上交　《近事會元》　臺北市　臺灣商務印書館　1986年
　　《景印文淵閣四庫全書》　第850冊

〔宋〕李昉等撰　《太平御覽》　臺北市　臺灣商務印書館　1986年
　　《景印文淵閣四庫全書》　第893、901冊

〔宋〕洪興祖　《楚辭補注》　北京市　中華書局　2002年

〔宋〕朱熹　《楚辭集註》臺北市　弘道文化事業有限公司　1971年

〔宋〕張載　《張子全書》　臺北市　臺灣商務印書館　1986年
　　《景印文淵閣四庫全書》　第697冊

〔宋〕張君房　《雲笈七籤》　臺北市　臺灣商務印書館　1986年
　　《景印文淵閣四庫全書》　第1060 冊

〔宋〕孫覿　《鴻慶居士集》　臺北市　臺灣商務印書館　1986年
　　《景印文淵閣四庫全書》　第1135冊

〔宋〕家鉉翁　《則堂集》　臺北市　臺灣商務印書館　1986年　《景印文淵閣四庫全書》　第1189冊

〔宋〕王灼　《碧雞漫志》　臺北市　臺灣商務印書館　1986年　《景印文淵閣四庫全書》　第1494冊

〔宋〕胡助　《純白齋類稿》　臺北市　臺灣商務印書館　1986年　《景印文淵閣四庫全書》　第1214冊

〔明〕徐𤊹　《徐氏筆精》　臺北市　臺灣商務印書館　1986年　《景印文淵閣四庫全書》　第856冊

〔明〕徐應秋　《玉芝堂談薈》　臺北市　臺灣商務印書館　1986年　《景印文淵閣四庫全書》　第883冊

〔明〕胡應麟　《少室山房筆叢》　臺北市　臺灣商務印書館　1986年　《景印文淵閣四庫全書》　第886冊

〔明〕陳士元　《名疑》　臺北市　臺灣商務印書館　1986年　《景印文淵閣四庫全書》　第952冊

〔明〕陳耀文　《天中記》　臺北市　臺灣商務印書館　1986年　《景印文淵閣四庫全書》　第965冊

〔明〕凌義渠　《凌忠介公集》　臺北市　臺灣商務印書館　1986年　《景印文淵閣四庫全書》　第1297冊

〔清〕紀昀　《四庫全書總目》　新北市　藝文印書館　1974年

二　專書

臺靜農　《楚辭天問新箋》　新北市　藝文印書館　1972年

楊　勇　《世說新語校箋》　臺北市　樂天出版社　1973年

聞一多　《古典新義》　臺北市　九思出版社　1978年

袁　珂　《山海經校注》　臺北市　里仁書局　1982年

樂蘅軍　《中國原始變形神話試探》　陳慧樺、古添洪編著　《從比較神話到文學》　臺北市　東大圖書有限公司　1983年

王孝廉　《中國的神話與傳說》　臺北市　聯經出版事業公司　1983年

王孝廉 《神話與小說》 臺北市 時報文化出版企業有限公司 1986年

朱天順 《中國古代宗教初探》 臺北市 谷風出版社 1986年

袁　珂 《神話論文集》 臺北市 漢京文化事業有限公司 1987年

何　新 《諸神的起源》 臺北市 木鐸出版社 1987年

林惠祥 《神話論》 臺北市 臺灣商務印書館 1995年

杜而未 《鳳麟龜龍考釋》 臺北市 臺灣商務印書館 1996年

袁　珂 《中國神話傳說》 臺北市 里仁書局 2000年

蕭　兵 《神話學引論》 臺北市 文津出版社有限公司 2001年

高福進 《太陽崇拜與太陽神話》 上海市 上海人民出版社 2002年

茅　盾 《中國神話研究初探》 上海市 上海古籍出版社 2005年

艾德蒙‧李區著 黃道琳譯 《結構主義之父——李維史陀》 臺北市 桂冠圖書股份有限公司 1990年

王永川等編 《天文年鑑2007》 臺北市 臺北市立天文科學教育館 2006年

三　論文

胡萬川 〈嫦娥奔月神話源流〉 《歷史月刊》第104期（1999年9月）

何根海 〈月亮神話與中秋拜月的原始意涵〉 《歷史月刊》第104期（1999年9月）

李秀娥 〈中國的月神傳說與信仰〉 《歷史月刊》第104期（1999年9月）

游佩娟 《嫦娥奔月神話研究》 桃園縣 國立中央大學中國文學研究所碩士論文 2001年

（本文刊於《國立臺中技術學院通識教育學報》第1期（96年12月））

結璘奔月研究

一 前言

　　嫦娥奔月人所熟知，結璘奔月尠為人知。我在研究月亮神話時，注意到結璘奔月。深入追查後，發現結璘奔月和道教有關，在道教經典中，有不少相關資料。

　　《黃庭內景經》中已經出現結璘一詞，為確定結璘一詞出現的時代，必須研究《黃庭內景經》成書時代。結璘奔月最早出現在《上清太上帝君九真中經》，又要探討《上清太上帝君九真中經》。這些工作都很繁瑣，需要搜尋相關資料，分析歸納。

　　結璘既然出自《黃庭內景經》，而《黃庭經》又是本講存思（亦可說存想、存神、觀想）的書，因此在研究時，也從《雲笈七籤》、《道藏》等書中搜集到一些存思日月的資料。在本文中對存思日月，會做深入介紹。至於《黃庭內景經》所講的各類神名及存思身內神，因和本論文無關，就不贅言了。

　　《上清太上帝君九真中經》中有〈太上玉晨結璘奔月黃景玉章〉，提到存思與月中五帝夫人同乘龍車奔月。結璘奔月其實就是存思奔月，最早可能就出現在〈太上玉晨結璘奔月黃景玉章〉，這是道教的一種修煉方法，和嫦娥奔月神話不同。

　　嫦娥奔月神話，最早出現於《歸藏》一書。王家臺15號秦墓已發現《歸藏》，其成書當在西周末期到春秋初期。這表示最遲在這時候，已有嫦娥奔月神話。結璘奔月出現在魏晉，時代較晚。

　　本文將先討論《黃庭經》成書時代，以明結璘詞彙出現的時間，

繼而由道教存思奔月，討論結璘奔月，最後再探討結璘奔月和嫦娥奔月的爭議。

筆者曾經寫過〈羿與嫦娥神話研究〉，發表在《國立臺中技術學院學報》第八期第一冊（2007年1月）；又寫過〈月亮神話研究〉，發表在《國立臺中技術學院通識教育學報》創刊號（2007年12月）。這兩篇論文中，已經深入研究嫦娥奔月神話的相關問題。因此，本論文只討論嫦娥奔月和結璘奔月的爭議，不再探討嫦娥奔月神話。

以下先解釋結璘字義。結璘，或作結鄰，或作結鱗，[1]或作結麟，或作結儀。結，許慎《說文解字》：「結，締也。从糸。吉聲。」[2]締，許慎《說文解字》：「締，結不解也。从糸。帝聲。」[3]此結字，有凝聚之意，應作凝結解較妥，如「結冰」之結。

璘，《說文解字》無璘字。〔漢〕張平子〈西京賦〉：「珊瑚琳碧，瓀瑶璘彬。」薛綜注：「璘彬，玉光色雜也。」[4]〔梁〕顧野王《玉篇》玉部：「璘，玉色光彩。」[5]當从玉，粦聲。鄰，許慎《說文解字》：「鄰，五家為鄰。从邑。粦聲。」[6]鱗，許慎《說文解字》：「鱗，魚甲也。从魚。粦聲。」[7]麟，許慎《說文解字》：「麟，大牡

1　〔宋〕王應麟：《玉海》：「《長安志》：『（結鄰樓）在東內大明宮。』李肇，韋執誼所記書為結鱗。」（臺北市：臺灣商務印書館，1986年，《景印文淵閣四庫全書》），第947冊，卷164，「唐鬱儀結鄰樓」條，頁289。

2　〔漢〕許慎撰，〔清〕段玉裁注，王瓊珊編寫：《段注說文解字》（臺北市：廣文書局，1969年），第13篇上，頁653。

3　同上註，第13篇上，頁654。

4　〔漢〕張平子，〈西京賦〉，〔梁〕昭明太子編，〔唐〕李善註：《文選註》（臺北市：臺灣商務印書館，1986年，《景印文淵閣四庫全書》），第1329冊，卷1，頁29。按：張衡，字平子。

5　〔梁〕顧野王撰，〔唐〕孫強增補，〔宋〕陳彭年等重修，《重修玉篇》（臺北市：臺灣商務印書館，1986年，《景印文淵閣四庫全書》），第224冊，卷1，頁18。

6　〔漢〕許慎撰，〔清〕段玉裁注，王瓊珊編寫：《段注說文解字》，第6篇下，頁286。

7　同上註，第11篇下，頁585。

鹿也。从鹿。粦聲。」[8]

　　以上四字，均為形聲字。其中最妥當的字，應該是璘字，因為璘是玉的顏色光彩，可用來比喻月亮的光芒。其餘各字，就字義而言，較不適合。結璘，應是玉光彩的凝聚，用來指月亮。〔宋〕李思聰《洞淵集》說：「月魄常泛十華之彩，光瑩萬國，月名結璘。」[9]顯然結璘是和月亮光華有關。另外三個字，可能是因音同而誤字。

　　或作結儀，可能是因日神鬱儀或是尚儀作占月，[10]而產生的錯誤，也可能只是鈔錄、刊印時錯字。最正確的是結璘，這也是最早出現的詞。

　　結璘，一般解釋成月神或奔月之仙，除此之外，可以做樓名、閣名。唐代大明宮內有麟德殿，[11]其東廊有鬱儀樓，西廊有結璘樓。[12]結璘樓西邊有學士院。[13]〔宋〕劉筠〈直夜〉有「金波先上結璘樓」

8　〔漢〕許慎撰，〔清〕段玉裁注，王瓊珊編寫：《段注說文解字》，第10篇上，頁474。

9　〔宋〕李思聰：《洞淵集》，白雲觀長春真人編纂：《正統道藏》（臺北市：新文豐出版公司，1977年），第40冊，太玄部和字號，頁233。

10　〔秦〕呂不韋撰，〔漢〕高誘註，《呂氏春秋》（臺北市：臺灣商務印書館，1986年，《景印文淵閣四庫全書》），第848冊，卷17，頁417：「……尚儀作占月……此二十官者，聖人之所以治天下也。」

11　〔唐〕張久齡等撰，李林甫等註：《唐六典》（臺北市：臺灣商務印書館，1986年，《景印文淵閣四庫全書》），第681冊，卷10，頁136註云：「其內又有……麟德……等殿。」

12　〔宋〕宋敏求：《長安志》（臺北市：臺灣商務印書館，1986年，《景印文淵閣四庫全書》），第587冊，卷6，頁117：「麟德殿，此殿三面，南有閣，東西皆有樓。」〔宋〕王應麟《玉海》，《景印文淵閣四庫全書》，第947冊，卷160，頁180：「三殿者，麟德殿也。一殿而有三面故名，亦曰『三院』。結隣、鬱儀樓，即三殿之東西廊也。」〔清〕畢沅：《關中勝蹟圖志》（臺北市：臺灣商務印書館，1986年，《景印文淵閣四庫全書》），第588冊，卷5，頁559引《雍錄》：「結璘樓，即三殿之西廊也；鬱儀樓，即三殿之東廊也。」

13　〔宋〕王應麟：《玉海》，《景印文淵閣四庫全書》，第947冊，卷164，「唐鬱儀結鄰樓」條，頁289：「麟德殿東廊有鬱儀樓，西廊有結儀（按：當作「鄰」，「儀」為筆誤。）樓。學士院即在西樓重廊之外。」

句，[14]這座結璘樓，就是麟德殿西廊的結璘樓。

　　另外「結璘」也可以做山名，別號名。在雲南姚安有結璘山，清初的雲南大儒、第五十二代世襲土官高𦶎映避亂隱居於此，別號結璘山叟。[15]高氏並在結璘山開辦學館，作育英才。結璘山有「結璘青靄」美稱。[16]

二　「結璘」與《黃庭經》出現的時代

　　結璘，最早可能見於《黃庭內景經》。在《黃庭內景經》〈高奔章〉第二十六，有「高奔日月吾上道，鬱儀結璘善相保」。[17]一般認為《黃庭內景經》出自魏晉之間，〈高奔章〉中既然已有結璘記載，可見在魏晉之間已出現結璘一詞。

　　不過《黃庭內景經》的時代有很多爭議，要先確定其年代，才能掌握結璘的出現時間。因此，本節要先對《黃庭經》出現時間做一簡單考證，然後再研究《黃庭內景經》成書時間。

（一）《黃庭經》問世的時代

　　《黃庭經》，是道教上清派的重要經典。《黃庭經》分《外景經》、《內景經》、《中景經》。[18]《中景經》最晚出，內容繁雜。[19]一般

14　〔宋〕楊億編：《西崑酬唱集》（臺北市：臺灣商務印書館，1986年，《景印文淵閣四庫全書》），第1344冊，卷下，頁518。

15　高𦶎映，清順治四年（1647年）生，康熙四十六年（1707年）卒，年六十。字雪君，亦字元廓，別號結璘山叟、問米居士。

16　饒雲華：〈姚安史話四則〉，《楚州今古》2007年2期（總第93期）（2007年8月）。

17　〔唐〕梁丘子註：《黃庭內景玉經註》，白雲觀長春真人編纂：《正統道藏》（臺北市：新文豐出版公司，1977年），第11冊，洞玄部玉訣類推字號，頁220。

18　《黃庭經》〈內景經〉〈上清章〉第1有：「是曰玉書可精研。」〈沐浴章〉第36有：「金書玉景乃可宣。」故或加「玉」字，稱為《黃庭外景玉經》、《黃庭內景玉經》。

19　〔宋〕歐陽脩：《集古錄》：「流俗又有一篇名曰《中景》者，尤為煩雜，鄙俚之所

說《黃庭經》，是指《外景經》、《內景經》，將《中景經》排除在外，不列入《黃庭經》。

《黃庭經》出現的時代，各家說法不同。有些學者只談到《黃庭經》出現時代，有些學者則分別探討《外景經》、《內景經》出現時代。龔鵬程說：

> 《黃庭經》出現於晉朝，但在漢末可能已有草本流傳，其後經上清道大力提倡，而流傳廣遠。[20]

龔氏此處並未分開說明《外景經》、《內景經》出現時間，只是籠統說《黃庭經》出現時間，沒指出確定時間。

劉向《列仙傳》卷下「朱璜」條有：「與老君《黃庭經》，令日讀三過，通之能思其義。」[21]似乎在劉向時，已經出現《黃庭經》。但《列仙傳》可能只是託名劉向，並非劉向所著。[22]尤其此條出現「老君」二字，張金嶺《新譯列仙傳》「朱璜」條註五：「老君，即『老子』。其名稱最早見於《後漢書》〈孔融傳〉。」[23]則「朱璜」條，不得

傳也。」（臺北市：臺灣商務印書館，1986年，《景印文淵閣四庫全書》），第681冊，卷10，頁136。

20 龔鵬程：〈《黃庭經》論要（一）〉，《書目季刊》第31卷第1期（1997年6月），頁66。

21 〔漢〕劉向：《列仙傳》（臺北市：臺灣商務印書館，1986年，《景印文淵閣四庫全書》），第1058冊，卷下，頁505。

22 《四庫全書總目提要》：「或魏晉間方士為之，託名于向耶。」但袁珂認為：「然東漢王逸注《楚辭》、應劭《漢書音義》已引《列仙傳》文字，則向作亦有可能。」見張金嶺：《新譯列仙傳》（臺北市：三民書局有限公司，1997年），頁4引。

23 張金嶺：《新譯列仙傳》，頁214。《後漢書》〈孔融傳〉：「融曰：『然。先君孔子與君先人李老君同德比義，而相師友，則融與君累世通家。』」〔南朝宋〕范曄撰、〔唐〕李賢等注：《後漢書》（臺北市：鼎文書局，1977年），卷70，頁2261。按：張金嶺註當本此。又：王叔岷《列仙傳校箋》頁153「朱璜」註2引〔清〕王照圓云：「《太平御覽》〈人事部〉引君做子，此誤。」（臺北市：中央研究院中國文史研究所，1995年）。或許是《太平御覽》引文有錯，未必一定是《列仙傳》錯。

早於孔融之前，此條當非劉向所寫，或為後人增補，《黃庭經》並非
出現於劉向時。

（二）論《黃庭外景經》、《黃庭內景經》成書先後問題

至於《外景經》、《內景經》出現先後，聚訟已久，各家都有不同
看法。歷代有不少研究者認為《內景經》先出現，後來才有《外景
經》。早期研究道教的學者，如王明也認為《內景經》先出現。王明
在〈《黃庭經》考〉中說：「《內景經》先出，《外景經》後出。」[24]許
抗生也認為《內景經》先出現。[25]另外，徐兆仁認為《外景經》文字
比《內景經》簡明，[26]徐氏雖然沒明言，但照他的說法，應該是《內
景經》先出。

有些古代學者認為《外景經》先出。〔宋〕歐陽脩說：「世傳《黃
庭經》者，魏晉間道士養生之書也。」[27]認為其書出於魏晉間。歐陽
氏以為《外景經》先出，《內景經》後出。歐陽脩說：「蓋內景者，乃
此一篇之義疏爾。」[28]以《內景經》為《外景經》之義疏。

最近幾年研究道教的學者，如陳攖寧、王偉業、任繼愈大都認為
《外景經》先寫成出現，早於《內景經》。[29]如李養正說：

---

24 王明：〈《黃庭經》考〉，《道家和道教思想研究》（北京市：中國社會科學出版社，
　1984年），頁326。此篇原載《中央研究院歷史語言研究所集刊》第20本上，1948
　年，頁539-576。

25 許抗生：〈《黃庭經》淺析〉，《中國道教》1990年第3期（1990年），頁21。

26 徐兆仁：〈道教的重要經典——《黃庭經》〉，《文史知識》1998年第12期（1998
　年），頁99。

27 〔宋〕歐陽脩：〈刪正《黃庭經》序〉，《文忠集》（臺北市：臺灣商務印書館，1986
　年，《景印文淵閣四庫全書》），第1102冊，卷65，頁516。

28 〔宋〕歐陽脩：《集古錄》，《景印文淵閣四庫全書》，第681冊，卷10，頁136。

29 參見虞萬里：〈《黃庭經》用韻時代新考〉，註2。中國聲韻學學會、輔仁大學中國文
　學系／所主編：《聲韻論叢》（臺北市：臺灣學生書局，2001年），第10輯，頁210。

我認為，《黃庭外景經》是東漢末至曹魏時方術之士所撰作的五斗米道秘典。魏華存為五斗米道女祭酒，她據有這書的傳本，以後經她加以義疏，申演而為兼及女子修煉之法的《黃庭內景經》，到東晉又經楊羲增飾，遂成為茅山上清派道教的主要經典，而魏夫人亦被茅山宗尊崇為開創的第一代宗師。[30]

李氏認為《黃庭外景經》最先行世。龔鵬程也認為《外景經》較早，他說：「(《外景經》) 縱使不是漢代作品，至遲也是魏晉間物。」[31]又說：「恐怕《外景》才是原作或較接近原作，《內景經》則是據原作增補改作的本子。」[32]到了近幾年，虞萬里考證《黃庭經》，有了比較確定年代。虞氏認為：

> 《外景》早於《內景》，《外景》流傳於東漢，而定本或不出於張魯及一幫祭酒的範圍，《內景》之作者當是魏夫人。[33]

魏夫人是指上清派第一代太師魏華存，生於魏齊王嘉平三年（西元251年），卒於晉成帝咸和九年（西元334年）。《黃庭經》是七言韻語，押韻。虞氏又撰〈《黃庭經》用韻時代新考〉，詳盡整理《黃庭經》用韻，從用韻考證《外景經》、《內景經》時代。最後結論是：

> 《外景經》之韻例似比《內景經》更古更早；《外景經》韻例

---

30 李養正：〈魏華存與《黃庭經》〉，《中國道教》1988年第1期（1988年），頁40。

31 龔鵬程：〈《黃庭經》論要（一）〉，《書目季刊》第31卷第1期（1997年6月），頁72。

32 同上註，頁74-75。

33 虞萬里：〈《黃庭經》用韻時代新考〉引，中國聲韻學學會、輔仁大學中國文學系／所主編：《聲韻論叢》（臺北市：臺灣學生書局，2001年），第10輯。此為虞萬里：〈《黃庭經》新證〉的考證結論。虞萬里：〈《黃庭經》新證〉，《文史》（北京市：中華書局，1988年）。

可早到西漢，晚不過三國，而以東漢最有可能；《內景經》韻
例與東漢魏晉詩文用韻相合，而以魏晉尤為可能。[34]

又說：「《內景經》應是魏夫人所作或經其加工潤飾而流傳下來的。」[35]
總之，虞氏認為《內景經》應是魏夫人所作。另外，楊福程考證後說：

> 《外景》產生于東漢中期或晚期，約于《太平經》同時或稍
> 後，作者已不可考；《內景》產生于西晉太康九年（288），作
> 者是魏華存。[36]

經現代學者努力，從用韻、相關文獻、兩經文字差異，各方面考證，
已經可以確定《黃庭外景經》先出，《黃庭內景經》後出。早期的研
究者，如王明等人，看法是需要修正的。《黃庭內景經》出現的時
間，大約在太康九年。詹石窗說：

> 按照《茅山志》卷十的記載，魏夫人是在晉太康九年得到景林
> 真人王君降授「寶經」的，這部「寶經」指的就是《黃庭內景
> 經》。[37]

晉武帝太康九年，即西元二八八年，是年魏華存三十七歲。翻查劉大
彬《茅山志》卷十，記載：

---

34 虞萬里：〈《黃庭經》用韻時代新考〉，中國聲韻學學會、輔仁大學中國文學系／所
　　主編：《聲韻論叢》，第10輯，頁231。
35 同上註，頁232。
36 楊福程：〈《黃庭》內外二景考〉，《世界宗教研究》1995年第3期（1995年），頁76。
37 詹石窗：〈《黃庭經》的由來及其與易學的關係〉，《古籍研究整理學刊》2000年第4
　　期（2000年），頁3。

以太康九年戊申歲十二月十六日，夜半，感太極真人、青童道
君、搏桑暘谷王景林真人、清虛真人來降，……遂出太上寶文
《八素隱書》《大洞真經》《高仙羽玄》等書三十一卷。手授元
君曰：「此書昔授之西城總真君，今以付子。」且語以存思指
歸行事口訣，迺去。元君時年三十七。[38]

元君指「領南嶽上真司命高元神照紫虛至道元君」，簡稱「紫虛元
君」，也就是魏華存、魏夫人。[39]這段記載中，並沒有「寶經」兩個
字，也沒提到《黃庭內景經》。〈魏夫人傳〉中則提到：「於是景林又
授夫人《黃庭內景經》。」[40]也就是說，除了重要的三十一卷上清經
典，景林真人另外又授魏夫人《黃庭內景經》。[41]另據《茅山志》卷

---

38 〔元〕劉大彬：《茅山志》，白雲觀長春真人編纂：《正統道藏》，第9冊，洞真部記
   傳類龍字號，卷10，頁168。
39 《茅山志》卷十及相關書籍記載，魏華存二十四歲時，父母逼迫嫁給劉乂（字幼
   彥。或作劉文），生有二子，然則，依世俗稱呼慣例，應該稱為劉夫人，而非魏夫
   人。周冶〈南嶽夫人魏華存新考〉據南京象山出土墓誌，判定「魏夫人為一真實的
   歷史人物」。《世界宗教研究》2006年第2期（2006年），頁67。
40 〔宋〕李昉等奉敕撰：《太平廣記》（臺北市：臺灣商務印書館，1986年，《景印文
   淵閣四庫全書》），第1043冊，卷58，頁290。按：〈魏夫人傳〉或作〈南嶽魏夫人
   傳〉，或作〈南岳魏夫人傳〉。常見傳本有《太平廣記》，「女仙三·魏夫人·魏夫
   人」，卷58，頁289-293；〔元〕陶宗儀：《說郛》（臺北市：臺灣商務印書館，1986
   年，《景印文淵閣四庫全書》），卷113下，〈魏夫人傳〉，第882冊，頁514-517；〔明〕
   顧元慶：〈南岳魏夫人傳〉，《顧氏文房小說》（臺北市：新興書局，1960年），頁37-
   40。此三傳本，字句幾乎完全相同，但《顧氏文房小說》的〈南岳魏夫人傳〉錯字
   較多。近人陳國符認為魏華存有范邈、項宗二傳，《顧氏文房小說》所收的〈南岳
   魏夫人傳〉，應該是唐人項宗所撰。見陳國符：《道藏源流考》（臺北市：祥生出版
   社，1975年），頁13。羅寧、武麗霞認為陳說自相矛盾。羅寧、武麗霞說：「《太平
   廣記》這篇文字出於《墉城集仙錄》和《內傳》二書。」《墉城集仙錄》為唐末五
   代的道士杜光庭編著。羅寧、武麗霞：〈《南岳夫人內傳》、《南岳魏夫人傳》考〉，
   《新國學》第5卷（2005年）。
41 如果照〈魏夫人傳〉所言，晉武帝太康九年（西元288年），魏夫人三十七歲時，四
   真人降臨，授魏夫人《八素隱書》等三十一卷書，再加上《黃庭內景經》，共三十

十，魏華存係咸和九年（西元334年）甲午，「用藏景之道託形神劍而化，往陽洛山」，[42]在世八十三年。然後，「以興寧三年乙丑六月二十三日，元君與眾真降楊君家，自是屢降句曲，多從青童清虛三茅君」，[43]這是魏華存死後，降臨楊君家。楊君即楊羲，時年三十六歲。[44]晉成帝咸和九年至晉哀帝興寧三年（西元365年），共三十一年，也就是死後三十一年，才降臨楊羲家。這段記載，最早見於陶隱居（弘景）《真誥》。陶氏說：

> 伏尋《上清真經》出世之源，始於晉哀帝興寧二年太歲甲子，紫虛元君上真司命南嶽魏夫人下降，授弟子瑯琊王司徒公府舍人楊某，使作隸字寫出。……王興先為孔寫，輒復私繕一通。後將還東修學，因濟浙江，便遇風淪漂，唯有《黃庭》一篇得存。[45]

二卷。所謂眾仙降臨云云，荒誕不足信。此三十二卷書，或前有所承，或為魏夫人自撰。如果都是魏夫人自撰，那應該已撰寫多年，而於此年，假借眾仙之手，公諸於世。

42 〔元〕劉大彬：《茅山志》，白雲觀長春真人編纂：《正統道藏》，第9冊，洞真部記傳類龍字號，卷10，頁416。

43 同上註，卷10，頁417。

44 楊羲，生於晉成帝咸和五年，西元三三○年；卒於晉孝武帝太元十一年，西元三八六年。按：《茅山志》作「以太元十一年丙戌歲解駕，年五十七」（卷10，頁169）。〔宋〕張君房：《雲笈七籤》：「《真誥》算以太元十二年丙戌去世。」〔宋〕張君房：《雲笈七籤》（臺北市：臺灣商務印書館，1986年，《景印文淵閣四庫全書》），第1060冊，卷5，〈晉茅山真人楊君〉，頁40。）考丙戌為太元十一年，太元十二年為丁亥。經查《真誥》作「應以太元十一年丙戌去世」（〔梁〕陶弘景，《真誥》（臺北市：臺灣商務印書館，1986年，《景印文淵閣四庫全書》），第1059冊，卷19，頁493。），然則係《雲笈七籤》誤作「太元十二年」，實際上應該是太元十一年。

45 〔梁〕陶弘景：《真誥》，《景印文淵閣四庫全書》，第1059冊，卷19，〈翼真檢〉第1，頁496-497。按：孔，謂魯國孔默，原為晉安太守，後為廣州刺史。王興，為晉安郡吏，能書畫。

兩段記載差一年。據《真誥》所云，當時魏夫人所授，以隸字寫出者，除《上清真經》外，應該還有《黃庭經》。而景林真人所授為《黃庭內景經》，則此《黃庭經》應該是《黃庭內景經》。至於降臨云云，自是託詞。魏夫人有二子，劉璞、劉遐。魏夫人應是先傳長子劉璞，劉璞再傳楊羲。〔元〕劉大彬《茅山志》：「璞後仕至侍中，蒙使傳法于司徒瑯琊王舍人楊君。」[46] 〈魏夫人傳〉：「子璞後至侍中，夫人令璞傳法于司徒瑯邪王舍人楊羲、護軍長史許穆及穆子玉斧，並皆昇仙。」[47] 許穆子玉斧，即許翽。晉穆帝永和六年（西元350年），楊羲曾「從魏夫人長子劉璞傳靈寶五符，時年二十一」，[48] 可見楊羲與魏夫人早有淵源。

為何要用隸字寫出？〈魏夫人傳〉中，提到：「夫人能隸書。」[49] 這或許是用隸字寫出原因，又或許漢代已有隸字本流傳。故陳攖寧說：

> 夫人在世八十三年，晉成帝咸和九年化去。以時代推之，較此尚後三十年，則魏夫人辭世久矣。《真誥》所謂授其弟子者，或是夫人生時諸弟子得其口授，後始筆錄。否則早有隸字寫本秘藏，至興寧二年，方傳于世耳。[50]

王明也說：「竊疑當時有黃庭草本，夫人得之，所謂景林真人授以

---

46 〔元〕劉大彬：《茅山志》，白雲觀長春真人編纂：《正統道藏》，第9冊，洞真部記傳類龍字號，卷10，頁168。

47 〔宋〕李昉等奉敕撰：《太平廣記》，《景印文淵閣四庫全書》，第1043冊，「女仙三·魏夫人·魏夫人」，卷58，頁291。

48 〔元〕劉大彬：《茅山志》，白雲觀長春真人編纂：《正統道藏》，第9冊，洞真部記傳類龍字號，卷10，頁169。

49 〔宋〕李昉等奉敕撰：《太平廣記》，《景印文淵閣四庫全書》，第1043冊，卷58，頁291。

50 胡海牙、武國忠主編：《陳攖寧仙學精要（上）》（北京市：宗教文化出版社，2008年），頁5。

《黄庭内景經》是也。」[51]又說：

> 案黄庭思想，魏晉之際，已漸流行，修道之士，或有秘藏七言
> 韻語之黄庭草篇，夫人得之，詳加研審，撰為定本，並予注
> 述。或有道士口授，夫人記錄，詳加詮次。綜覽黄庭思想之發
> 展，殆非魏夫人始創此經也。[52]

既然是景林真人所授，暗指魏夫人前，已有《黄庭内景經》，並非魏
夫人首創。等到魏夫人得書後，或有所增刪。至於《黄庭内景經》真
正傳世，可能要到興寧二年或三年。

（三）「結璘」詞彙最遲出現在晉哀帝興寧年間

確定了《黄庭内景經》的時代，隨之可以斷定結璘一詞，應該是
出現於晉哀帝興寧之時，在此之前，就目前所看到的資料，各類書籍
中，都無結璘二字。

又許抗生〈《黄庭經》淺析〉，認為葛洪《抱朴子》〈遐覽篇〉最
早著錄《黄庭經》，而〈遐覽篇〉最遲在西元三一七年或三一八年之
前寫定。許氏說：「由此可推知，《黄庭經》成書最晚不得遲于公元三
一七或三一八年，大概產生于西晉時期。」[53]考晉武帝太康九年（西
元288年），景林真人授魏華存《黄庭内景經》，咸和九年（西元334
年）魏華存仙去。然則，《黄庭内景經》應在魏華存死前，已經產
生，並被葛洪《抱朴子》〈遐覽篇〉著錄。

《黄庭經》有〈換鵝帖〉之稱。典故出自王羲之寫小楷《黄庭
經》，換鵝歸家。李白〈送賀賓客歸越〉：「山陰道士如相見，應寫黄

---

51 王明：〈《黄庭經》考〉，《道家和道教思想研究》，頁331。

52 同上註，頁332。

53 許抗生：〈《黄庭經》淺析〉，《中國道教》1990年第3期（1990年），頁21。

庭換白鵝。」[54]即用其事。如果王羲之真的曾寫《黃庭經》，那也可以據之推算《黃庭經》時代。但是，《晉書》王羲之本傳中記載，王羲之寫的是《道德經》。[55]究竟是《道德經》，還是《黃庭經》，各家意見不一，難有定論。王琦詩註詳引昔人之論辨，[56]讀者可參看。今人虞萬里撰〈王羲之與《黃庭經》帖〉，引用諸書，舉出多個證據，詳盡考證王羲之寫《黃庭經》之事，其結論是：「綜上所說，王右軍換鵝所寫的是《黃庭經》，而非《道德經》，似已無庸置疑。」[57]一般認為王羲之所寫係《黃庭外景經》，即使真有此事，也只能推斷《黃庭外景經》出現時代，無法得知《黃庭內景經》何時出現。

三　結璘奔月與存思日月

　　結璘奔月即存思奔月，與道教存思日月關係密切。因此，本節前二小節，先行探討存思日月的方法，包括現代學者的研究，《黃庭內景經》的三種存思方法；後二小節，再論及存思奔月、月中五帝夫人與存思奔月。

（一）現代學者對存思日月方法的研究

　　這種修煉方法種類繁多，主要是存思日月進入體內，上清派最重視這種修煉。韓廷傑、韓建斌說：

54　〔唐〕李白撰，〔清〕王琦注：《李太白集注》（臺北市：臺灣商務印書館，1986年，《景印文淵閣四庫全書》），第1067冊，卷17，頁312。按：賀賓客即賀知章，賀知章曾任太子賓客。

55　〔唐〕房玄齡等撰：《晉書》（臺北市：鼎文書局，1976年），卷80，列傳第50，頁2100。

56　〔唐〕李白撰，〔清〕王琦注：《李太白集注》，《景印文淵閣四庫全書》，第1067冊，卷17，頁311-313。

57　虞萬里：〈王羲之與《黃庭經》帖〉，《社會科學戰線》1991年3期（1991年），頁336。

存思日月法，就是存思日精月魄進入體內，以日月的陰陽之氣
補人體之不足，救陰陽之偏頗。這種方法歷史悠久，最早在南
朝魏晉時上清派道教中最為流行，《上清握中訣》、《上清三真
旨要玉訣》、《真誥》、《上清大洞真經》均有這種功法的記載，
且方法繁多，論述精到。[58]

文中並舉出兩種方法：一、面對太陽、月亮，直接吸取日月精華法；
二、存思日月在身法。[59]這都是常用的方法。

尹志華將道教存思日月方法，分成四類：1. 存思日月在身邊以辟
邪。2. 存思日月在患處以療疾。3. 存服日月的光芒或精氣。4. 鬱儀結
璘奔日月法。[60]第三種、第四種方法，都和《黃庭內景經》有關。尹
志華又說：

日月光芒萬丈，亙古長存。古人認為，服食日月的光芒或精氣，
就能獲得日月特有的性質，使自己像日月一樣長生不老。[61]

所以，存思日月的目的，就是能和日月一樣，可以長生不老。這當然
只是種想像罷了，肉體消失是人的宿命，人終究難免一死，沒有人能
長生不老，也沒有任何方法可以使人長生不老。〔日〕加藤千惠〈《真
誥》中的存服日月法〉，分成六項，來談存服日月法。第六是「鬱儀
結璘奔日月法」，加藤千惠說：

---

58 韓廷傑、韓建斌：《道教與養生》（臺北市：文津出版社，1997年），頁131。

59 同上註，頁132-135。

60 尹志華：〈早期道教的日月崇拜與存思日月法〉，《中國道教》2004年第6期（2004
年）。

61 同上註。

它也叫「奔日月」，基本上和「服日月」一樣，把日月收進體內來成為神仙。看起來，鬱儀結璘法在六朝時代比較流行，但是在《真誥》上幾乎都沒有記述。[62]

「把日月收進體內來成為神仙」，這句話尚需斟酌。鬱儀結璘奔日月，是存思和五帝、五帝夫人奔日、奔月，不完全是「把日月收進體內」。在第三節中，會詳細討論結璘奔月。

在〔宋〕張君房《雲笈七籤》卷之二十三，有多種存思日月的方法。如：〈大方諸宮服日月芒法〉（「恒存日在心中，月在泥丸宮」）、〈太上玄真訣服日月法〉（「存日月在口中，晝存日，夜存月」）、〈服日月氣法〉（「存左目中出日，右目中出月……令一身與日月光合。……又存左目為日，右目為月」）、〈太一遊日服日月法〉（「存兩鼻孔下左有日，右有月」）、〈服日月六氣法〉（「存日如雞子在泥丸中，……佳夜即存月在泥丸中」）、〈存思日月法〉（「凡入山，思日在面前，月在腦後。凡暮臥，思日在面上，月在足後」）、〈雙景翼形隱道〉（「存日月之象在六合之府，日左月右」）。[63]這幾種方法，存思的身體部位不一樣，共同點是同時存思日月，都是道教重要的修煉方法。又有一種存思日月法，如《上清大洞真經》所載：

> 口吸日月一息炁，分三九咽，結作二十七帝君，並紫衣冠。內九帝下入絳宮，穿尾閭穴，上入泥丸。又九帝，亦下穿絳宮，入下關之境。又九帝，入中關之境。令日光使照一身，內徹泥丸，下照五藏，腸胃之中，皆覺洞照於內外。令一身與日月之

---

62 〔日〕加藤千惠：〈《真誥》中的存服日月法〉，《宗教學研究》1997年第3期（1997年），頁44。

63 〔宋〕張君房：《雲笈七籤》，《景印文淵閣四庫全書》，第1060冊，卷23，「日月·總敘日月」頁281-285。

光共合，良久，叩齒，用「嘻」字吐息。[64]

二十七帝分成三組，每九帝為一組，或下入絳宮，或下穿絳宮，或入中關之境，部位不同。文中有「令一身與日月之光共合」，是在存思日月，但就文字敘述而言，比較接近氣功修練。現今氣功學的「六字訣」，就有「嘻」字，[65]這裡似乎把氣的導引和存思日月混在一起。

（二）《黃庭內景經》的三種存思日月方法

而在《黃庭內景經》中，提到的存思日月法大約有三種。第一種，是存思日月光與身體合而為一。如〈上有章第二〉：「出日入月呼吸存。」[66]梁丘子註：「謂常存日月於兩目，使光與身合，則通真矣。」[67]但究竟要如何存日月於兩目呢？梁丘子註中引《九真中經》：

> 夜半生氣，或雞鳴時正坐閉氣，存左目出日，右目出月，兩耳之上為六合高窻，令日月使照一身，內徹泥丸，下照五藏腸胃之中，了了洞見。內徹外合，一身與日月光共合。[68]

要在晚上時間修煉，存思太陽自左眼出，月亮自右眼出，最後是要使太陽光、月亮光與身體合一，這就是出日入月的修煉方法。

第二種，是存思吞食日月精氣。《黃庭內景經》第二十六章：「高奔日月吾上道」，存思方法變成要「高奔日月」。《雲笈七籤》梁丘子註《黃庭內景經》引《上清紫書》：

---

64 《上清大洞真經》，白雲觀長春真人編纂：《正統道藏》，洞真部本文類荒字號，第1冊，卷1，頁795。

65 卿希泰主編：《中國道教史》（臺北市：中華道統出版社，1997年），頁360。

66 〔宋〕張君房：《雲笈七籤》，《景印文淵閣四庫全書》，第1060冊，卷11，頁103。

67 同上註。

68 同上註。

又《上清紫書》有吞月精之法：月初出時，西向叩齒十通，微
呪月魂名，月中五夫人字曰：月魂曖蕭芳豔翳寥婉虛靈蘭鬱華
結翹淳金清瑩炅容素摽。呪呼此二十四字畢，瞑目握固，存月
中五色精光俱入口中；又月光中有黃氣，大如目童，名曰飛
黃，月華玉胞之精也。能修此道，則奔日月而神仙矣。[69]

《正統道藏》梁丘子《黃庭經內景經註》，文字略異。「月中五夫人」
後，無「曰」字；「月魂」作「月魄」；「素摽」作「臺摽」；「瞑目」
作「冥目」；「又月光中」作「又於光中」。

　　考梁丘子註「高奔日月吾上道」，所引《上清紫書》云云，實際
上，是襲用〈太上玉晨鬱儀結璘奔日月圖〉中文字。原文是：

　　《上清紫書》曰：吞月精法：月初出時，西向叩齒十通，微祝
　　月魄名，月中夫人字曰：月魄曖蕭芳豔翳寥婉虛靈蘭鬱華結翹
　　淳金清瑩炅容臺摽。右呪此二十四字畢，瞑目握固，存月中五
　　色精光俱入口中；又月中有黃氣，大如目童，名曰飛黃，玉胞
　　之精。能修此道，則奔日月之仙矣。[70]

---

69 〔宋〕張君房：《雲笈七籤》，《景印文淵閣四庫全書》，第1060冊，卷12，頁132。
　　按：此二十四字，諸家斷句不一。《上清太上帝君九真中經》：「月中夫人之魂精內
　　神名曖蕭臺摽。」（卷下，頁111），《上清洞真天寶大洞三景寶錄》：「又呼曰：月魂
　　精神曖蕭臺摽。」（卷上，頁223），則首四字，當是指月魂名「曖蕭臺摽」，省「臺
　　摽」二字。青帝夫人，字芬豔嬰，「芳豔」當是指青帝夫人。赤帝夫人，諱翳逸
　　寥，字宛延虛（《雲笈七籤》作「婉筵靈」），「翳寥婉虛靈」當是指赤帝夫人。白帝
　　夫人，諱靈素蘭，字鬱連華，「蘭鬱華」當是指白帝夫人。黑帝夫人，諱結連翹，字
　　淳屬金，「結翹淳金」當是指黑帝夫人。黃帝夫人，諱清榮禖，字炅定容，「清瑩炅
　　容」當是指黃帝夫人。「素摽」二字，不知何義，或許是「曖蕭臺摽」的「臺摽」
　　二字，誤移至此處。此二十四字斷句應為：「月魂曖蕭、芳豔、翳寥婉虛靈、蘭鬱
　　華、結翹淳金、清瑩炅容、素摽。」月中五帝夫人諱、字，見〈太上玉晨結璘奔月
　　黃景玉章〉，參看第四節。
70 〈太上玉晨鬱儀結璘奔日月圖〉，白雲觀長春真人編纂：《正統道藏》，第11冊，洞
　　玄部靈圖類國字號，頁475。

此段原文應是最原始文字，梁丘子引《上清紫書》時，文字略有變動、增刪。

吞食月亮精氣，必須在月亮剛出來的時候，面向西方，要先叩齒，再念月魂名，然後才是存思月光入口中，用口來吞食月光。第三種方法，則是要與月中五帝夫人共乘龍車奔月，第四節「月中五帝夫人與存思奔月」，再詳細討論。

（三）結璘奔月即存思奔月

在《道藏》中，除了《黃庭內景經》外，和結璘奔月有關的文章，主要有下列幾篇：〈太上玉晨結璘奔月黃景玉章〉、〈太上玉晨鬱儀結璘奔日月圖〉（有圖、有符）、〈元上三天玉堂正宗高奔內景玉書〉（有圖）。[71]其他經書中，可能也會提到結璘奔月。

這幾篇文章和《黃庭內景經》相比，當以《黃庭內景經》最早出現。其次是〈太上玉晨結璘奔月黃景玉章〉，第三是〈太上玉晨鬱儀結璘奔日月圖〉，[72]〈元上三天玉堂正宗高奔內景玉書〉最晚出現。較晚出的三篇文章，可能都受到《黃庭內景經》的影響。

在《黃庭內景經》〈高奔章〉第二十六，有「高奔日月吾上道，鬱儀結璘善相保」。這兩句中雖然出現結璘一詞，但並未明顯提到結

---

71 〈太上玉晨結璘奔月黃景玉章〉，白雲觀長春真人編纂：《正統道藏》，第57冊，正乙部既字號，頁109-113。〈太上玉晨鬱儀結璘奔日月圖〉，白雲觀長春真人編纂：《正統道藏》，第11冊，洞玄部靈圖類國字號，頁473-481。〈元上三天玉堂正宗高奔內景玉書〉，白雲觀長春真人編纂：《正統道藏》，第6冊，洞真部方法類劍字號，頁529-548。

72 〈太上玉晨鬱儀結璘奔日月圖〉整理者說：「經名：〈太上玉晨鬱儀結璘奔日月圖〉。撰人不詳，約出於南北朝。係摘錄《九真中經》改編而成。」，《中華道藏》，第1冊，頁249。按：此〈太上玉晨鬱儀結璘奔日月圖〉時代比《九真中經》晚，《九真中經》中有〈太上玉晨鬱儀奔日赤景玉文〉、〈太上玉晨結璘奔月黃景玉章〉，〈太上玉晨鬱儀結璘奔日月圖〉即摘錄此二文，原文無圖，〈太上玉晨鬱儀結璘奔日月圖〉加上六圖，其中四圖為存思日月，二圖為乘火龍奔日宮、乘彩鳳入月中。

璘奔月，並未直接將結璘和奔月聯結在一起。

　　結璘奔月真正見之於記載，應該是在《上清太上帝君九真中經》。此經書名中有「上清」二字，為上清派經典，原題太虛真人南嶽上仙赤松子傳，應該比《黃庭內景經》著作時間略晚，[73]曾受到《黃庭內景經》影響。

　　今傳最早的《黃庭經》註本，是〔唐〕梁丘子（本名白履忠）的註。[74]梁丘子註「鬱儀結璘善相保」：「鬱儀，奔日之仙；結璘，奔月之仙。同聲相應，同氣相求，故二仙來相保持也。」[75]梁丘子的註說明為何高奔日月時，二仙要來保持，是因「同聲相應，同氣相求」的關係。

　　《黃庭內景經》重視存思，以存思為修煉成仙的方法。〈脾長章〉第十五所謂「可用存思登虛空」，[76]梁丘子註：「學仙之道。」，[77]即說明存思為學仙的方法。存思除了以存思身中神為主之外，也可以存思身外的日月、星辰、雲霞之象。[78]〈高奔章〉第二十六的「高奔日月

---

73 蕭登福認為此經應是魏夫人所受《八素隱書》等三十一經中的《上清九真中經黃老秘言》，但蕭氏未明言此經作者。見蕭登福，《六朝道教上清派研究》（臺北市：文津出版社有限公司，2005年），頁59。孔志明說：「在今傳本的《正統道藏》第五十六冊中，記載著東晉楊羲所著的《上清太上帝君九真中經》。」孔氏以此經為東晉楊羲著，但不知其根據。見孔志明：〈由抱朴子分析魏晉煉丹之術〉，（http://home.educities. edu.tw/ptming/new_page_112.htm）（2000年3月）。按：《上清九真中經黃老秘言》只有一卷，《上清太上帝君九真中經》有兩卷，卷數不同。《上清太上帝君九真中經》在《正統道藏》第五十七冊，並非第五十六冊。

74 《新校本舊唐書附索引》〈隱逸列傳〉：「白履忠，陳留浚儀人也。博涉文史。嘗隱居于古大梁城，時人號為梁丘子。……註《老子》及《黃庭內景經》。」〔後晉〕劉昫等撰：《新校本舊唐書附索引》（臺北市：鼎文書局，1976年），卷192，頁5124。

75 〔宋〕張君房：《雲笈七籤》，《景印文淵閣四庫全書》，第1060冊，卷12，頁132。

76 同上註，卷11，頁117。

77 同上註。

78 梁丘子註：「景者，象也。外象論，即日月、星辰、雲霞之象。」〔宋〕張君房：《雲笈七籤》，《景印文淵閣四庫全書》，第1060冊，卷11，頁102。

吾上道」，就是指存思奔日、奔月。[79]也有人認為高奔日月，是指日、月相奔。[80]不管如何解釋「高奔日月」，這都只是種存思方法。

這兩句詩仔細分析：「高奔日月」的是「吾」。梁丘子註「吾」是指道君，實際上，應該指的是修煉之士、道士。「善相保」三個字，就上下文語義看來，應該是指上道的「吾」，並不是指「鬱儀」、「結璘」之間善相保。也就是說，當「吾」上道，存思高奔日、月之時，有「鬱儀」、「結璘」善相保，保護「吾」的平安。

再進一步研究，「高奔日月吾上道」，梁丘子註引〈上清紫文吞日氣法〉：「存日中五色流霞來接一身，於是日光流霞俱入口中」，[81]這是服食日氣的修煉方法。梁丘子註中，又引《上清紫書》：「存月中五色精光俱入口中」，[82]這是服食月光的修煉方法。梁丘子註裡面，完全沒提到奔日、奔月，只談到服食日月。事實上，在唐代，〈太上玉晨結璘奔月黃景玉章〉、〈太上玉晨鬱儀結璘奔日月圖〉、〈元上三天玉堂正宗高奔內景玉書〉，這三篇文章都已經出現，不知梁丘子為何不引這三篇文章來註這一句？尤其，《九真中經》中已有〈太上玉晨鬱儀奔日赤景玉文〉、〈太上玉晨結璘奔月黃景玉章〉，談的就是存思奔日、奔月。梁丘子在註〈上有章第二〉「出日入月呼吸存」，曾引用《九真中經》，梁丘子顯然看過《九真中經》。不知梁丘子註這句詩時，為何不引用〈太上玉晨鬱儀奔日赤景玉文〉、〈太上玉晨結璘奔月黃景玉章〉，而要引用〈上清紫文吞日氣法〉、《上清紫書》，實在奇怪。

龔鵬程曾批評梁丘子的注：「梁丘子在許多該注的地方不注，注

---

79 《黃庭經》背後有天人合一思想，《黃庭經》存思奔日、奔月，應該是合理的。
80 〔明〕李一元：《黃庭內景經秘解》：「日月間隔而不奔，則大道無成；日月交併而相奔，則金丹乃生。……月宮之日高奔日度，日度之月退奔月宮，則乾坤體純，坎離用妙。」〔明〕李一元：《黃庭內景經秘解》，文山遯叟蕭天石：《黃庭經秘註兩種》（臺北市：自由出版社，1976年），頁377。
81 〔宋〕張君房：《雲笈七籤》，《景印文淵閣四庫全書》，第1060冊，卷12，頁132。
82 同上註。

又不確，且貪多務雜，不免引用了許多不相干的材料。」[83]龔氏並舉出幾個例子，其中之一和「高奔日月吾上道」有關。龔氏說：

> 經文說修道者若精神不失，則可高奔日月；他就扯上「上清紫文吞日氣法」「上清紫書吞月精法」（二六章）。凡此之類，皆不諦當。[84]

然則，此句是否指吞食日月精氣，還頗有爭議。梁丘子註此句時，引用之書，並不恰當。

姑且從梁丘子的註，來討論「鬱儀結璘善相保」，「鬱儀」可以解釋成日神；「結璘」可以解釋成月神。「吾」存思吞食日、月精氣時，當然可以有日神、月神相保，而且是「善相保」。換言之，將「鬱儀」註成日神，「結璘」註成月神相當合理。但是，梁丘子註成：「鬱儀，奔日之仙，結璘，奔月之仙」，這可能是受到〈太上玉晨結璘奔月黃景玉章〉的影響。

〔宋〕吳淑《事類賦》：「《黃庭經》曰：『鬱儀結鄰善相保。』注云：『鬱儀結鄰，日月之神也。』」[85]吳氏所引的《黃庭經》註，未明言出處，但註成「日月之神也」，比較合理，可見宋朝之前也有這種註釋。

梁丘子將「結璘」註成奔月之仙，吳氏引《黃庭經》的註註成月神，其他註家大都不贊成這種註釋，往往另作解釋。如：〔宋〕劉長生《黃庭內景玉經訣》：「嬰子抱真，鬱母為鄰，母養其子，鍊氣成

---

83 龔鵬程：〈《黃庭經》論要（二）〉，《書目季刊》第31卷第2期（1997年9月），頁16。

84 同上註，頁16。按：梁丘子註中先引〈上清紫文吞日氣法〉，又說：「又《上清紫書》有吞月精之法。」《上清紫書》當為梁丘子引書之書名，龔氏脫「有」字、「之」字，寫成「上清紫書吞月精法」。

85 〔宋〕吳淑撰並註：《事類賦》（臺北市：臺灣商務印書館，1986年，《景印文淵閣四庫全書》），第892冊，卷1「天部、日」條，頁809。

神。」[86]此為修煉口訣。〔明〕冷謙將鬱儀註成天魂，結璘註成地魄。[87]
〔清〕蔣國祚《黃庭內景經注》：

> 此章舊注存想吞日月法，非是。日月從下升高，吾效之、則
> 之。使陰陽之精，上凝於頂，鬱蒸之儀，結成赤璘。善於保
> 守，方得入玉清而堅其體。[88]

蔣氏將「結璘」解釋成「結成赤璘」。蘇普徹《太上黃庭內景玉經》：

> 巫山第七峰玉真真人註曰：「此章云運氣返老也。高奔日月，
> 是遠上陰陽於火功也。吾上道，此上清也。鬱儀，氣之彩色。
> 結璘，光昇而上，緣結天門也。善相保，堅守也。」[89]

各家雖然有不同解釋，但從〈太上玉晨結璘奔月黃景玉章〉、〈太上玉
晨鬱儀結璘奔日月圖〉看來，這兩句確實是存思奔日奔月，梁丘子的
註，能得其義，並沒有註錯。

　　一般研究神話傳說的學者，對結璘奔月是很陌生的。甚至認為唐
代才出現結璘，有關結璘記載是語焉不詳。如王永寬說：

> 古代曾經有一種說法，謂奔入月中的女子是結璘，而不是嫦

---

86 〔宋〕劉長生解，《黃庭內景玉經註》，白雲觀長春真人編纂：《正統道藏》，第11
　　冊，洞玄部玉訣類推字號，頁183。
87 不著撰人：《黃庭經秘義、玄機直指合刊》（臺北市：自由出版社，2003年）中有
　　〔明〕冷謙註《太上黃庭內景玉經》，《黃庭經秘義、玄機直指合刊》（臺北市：自
　　由出版社，2003年），頁85。
88 蔣國祚：《黃庭內景經注》，彭文勤纂輯：《道藏輯要》（臺北市：新文豐出版公司，
　　1986年第2版），冊6，頁2200。
89 蘇普徹：《太上黃庭內景玉經》，《道藏輯要》，第6冊，頁2186。

娥。對此，明代徐應楸《玉芝堂談薈》曾有考辨，他引道家著作〈上清紫文〉中語云「鬱儀奔日之仙，結璘奔月之仙」，謂此說起源甚早。溫庭筠〈錦鞋賦〉云「耀粲織女之束足，孅婉嫦娥之結璘」，可見唐代已出現結璘之名。元代陶宗儀《說郛》指出：「今言月中有嫦娥，大謬，蓋月中自有主者乃結璘，非嫦娥也。」然而結璘究竟為何人，有關記述語焉不詳。[90]

按：「高奔日月吾上道」，梁丘子註中引〈上清紫文吞日氣法〉、《上清紫書》。下句「鬱儀結璘善相保」，梁丘子註：「鬱儀奔日之仙，結璘奔月之仙」，這兩句是梁丘子註語，並非〈上清紫文〉中的話，語意甚明。〔明〕楊慎〈鬱儀結璘日魂月魄〉條：「注引〈上清紫文〉云：『鬱儀奔日之仙，結璘奔月之仙。』」[91]已經弄錯，誤以梁丘子註語為〈上清紫文〉中文字。諸家或未翻檢原文，互相襲用，皆誤。如：〔明〕陳士元《名疑》：「注引〈上清紫微文〉云：『鬱儀，奔日之仙；結璘，奔月之仙。』」[92]不只是沿襲楊慎之誤，還把〈上清紫文〉弄錯成〈上清紫微文〉。〔明〕徐應秋《玉芝堂談薈》，「結璘嫦娥」條，也說：「〈上清紫文〉云：『鬱儀奔日之仙，結璘奔月之仙。』」[93]這幾人除非是真正看到〈上清紫文〉原文，否則大概都是以訛傳訛。

---

90 王永寬：〈嫦娥奔月傳說故事的文化解讀〉，《中州學刊》2008卷第3期（2008年5月）。按：〈錦鞋賦〉，《御定歷代賦彙》卷九十九作〈錦鞵賦〉。〔明〕陶宗儀《說郛》這段文字是引自闕名《三餘帖》，見《說郛》卷32下，明人類書常引用此段文字，其來源即《三餘帖》。《說郛》，《景印文淵閣四庫全書》，第877冊，卷32下，頁725。又按：《玉芝堂談薈》作者為〔明〕徐應秋，並非「徐應楸」。

91 〔明〕楊慎：《升庵集》（臺北市：臺灣商務印書館，1986年，《景印文淵閣四庫全書》），第1270冊，卷74，頁732。

92 〔明〕陳士元：《名疑》（臺北市：臺灣商務印書館，1986年，《景印文淵閣四庫全書》），第952冊，卷4，頁677。

93 〔明〕徐應秋：《玉芝堂談薈》（臺北市：臺灣商務印書館，1986年，《景印文淵閣四庫全書》），第883冊，卷18，「結璘嫦娥」條引，頁426。

在《道藏》中，有不少和結璘有關的文字，其他古籍中，也有結璘資料。只是一般研究神話傳說的學者，大概不會去查《道藏》，才會誤以為結璘資料很少。

（四）月中五帝夫人與存思奔月

《上清太上帝君九真中經》卷下有〈太上玉晨鬱儀奔日黃赤景玉文〉、〈太上玉晨結璘奔月黃景玉章〉兩篇文章，[94]這兩篇文章中，將鬱儀奔日、結璘奔月混在一起談。其中有「太上結璘月中五帝夫人諱字服色」，[95]這月中五帝夫人和結璘奔月有密切關係，錄之如下：

> 月中青帝夫人，諱隱娥珠，字芬豔嬰。衣青華瓊錦帔，翠龍鳳文飛羽裙。月中赤帝夫人，諱翳逸寥，字宛延虛。衣丹蕊玉錦帔，朱華鳳絡飛羽裙。月中白帝夫人，諱靈素蘭，字鬱連華。衣白琳四出龍錦帔，素羽鸞章飛華裙。月中黑帝夫人，諱結連翹，字淳屬金。衣玄琅九道雲錦帔，黑羽龍文飛華裙。月中黃帝夫人，諱清榮襟，字炅定容。衣黃雲山文錦帔，黃羽龍文飛華裙。[96]

在《雲笈七籤》〈太上結璘月中五帝夫人諱字服色〉中文字稍有不

---

94 《上清太上帝君九真中經》，白雲觀長春真人編纂：《正統道藏》，第57冊，正乙部既字號，頁109-113。按：《上清太上帝君九真中經》和《上清太上九真中經绛生神丹訣》中，都有〈太上玉晨鬱儀奔日黃赤景玉文〉、〈太上玉晨結璘奔月黃景玉章〉，但部分文字略異。《上清太上九真中經絳生神丹訣》，白雲觀長春真人編纂：《正統道藏》，第57冊，正乙部既字號，頁129-132。

95 《上清太上帝君九真中經》，白雲觀長春真人編纂：《正統道藏》，第57冊，正乙部既字號，頁111。

96 同上註。

同。[97]「翳逸寥」《雲笈七籤》作「逸寥無」；「宛延虛」作「婉筵靈」；「衣白琳」作「衣白珠」；「朱華鳳絡」作「硃華鳳落」；「淳屬金」作「淳厲金」；「清榮襟」作「清營襟」；「黃羽龍文飛華裙」作「綠羽鳳華繡帬」。月中黃帝夫人的「黃羽龍文飛華裙」，和月中黑帝夫人「黑羽龍文飛華裙」，只有一個字不一樣，其中可能有錯。《雲笈七籤》作「綠羽鳳華繡帬」，似乎比較正確，但「綠」字和月中青帝夫人的「翠」字重覆，比照其他夫人穿著的第一個字，「翠」、「朱」、「素」、「黑」，應該作「黃」字較為恰當，正確的字句應該是：「黃羽鳳華繡裙」。其他的不同文字，應該是傳鈔或版本不同，所造成的。

知道月中五帝夫人的諱字服色後，再來就要談存思五帝夫人的方法、要如何存思奔月。《上清太上帝君九真中經》中的〈太上玉晨結璘奔月黃景玉章〉說：

> 行結璘奔月之道，夕夕視月初出之時，无月者，於靜室中，先臨目閉氣九息，因又咽月光九過。當存月光，使入我口中，即而吞之。畢。微祝五帝夫人諱字，并日魂名，凡三過。乃存月中青帝夫人從月光中來，在我左右相次比。[98]

〈太上玉晨鬱儀結璘奔日月圖〉也有這記載，文字稍異，多了「乃對月西向，叩齒十通」等字。〈太上玉晨結璘奔月黃景玉章〉只提到存思青帝夫人從月光中來，〈太上玉晨鬱儀結璘奔日月圖〉則是存思五帝夫人降臨。

可見就存思方法言，主要是存思五帝夫人降臨到在身體四周。

---

97 〔宋〕張君房：《雲笈七籤》，《景印文淵閣四庫全書》，第1060冊，卷23，頁279-280。

98 《上清太上帝君九真中經》，頁112。《上清太上九真中經絳生神丹訣》文字略異。《上清太上九真中經絳生神丹訣》，白雲觀長春真人編纂：《正統道藏》，第57冊，正乙部既字號，頁131。

〈太上玉晨結璘奔月黃景玉章〉說：「欲行奔月之道，當祝識名字，存夫人服色在己之左右前後。」[99]〈太上玉晨鬱儀結璘奔日月圖〉中的〈太上玉晨結璘奔月黃景玉章〉說的更具體：

> 存青帝夫人從月光中來下，在我之左；存赤帝夫人從月光中來下，在我之右；存白帝夫人從月光中來下，在我之背；存黑帝夫人從月光中來下，在我之左手上；存黃帝夫人從月光中來下，在我之右手上。[100]

《上清洞真天寶大洞三景寶籙》有〈奔月法〉，所載文字較簡潔，錄於下：

> 乃存青帝夫人從月光中來，在我之左；赤帝夫人在右；白帝夫人在背；黑帝夫人在左手；黃帝夫人在右手。[101]

這詳細說明了存思的部位，分別在身體的左、右、背、左手、右手。不只是凡人要這樣修行，才能奔月，甚至月中神仙，也要修習結璘奔月之道。〔宋〕李思聰《洞淵集》說：「月中帝君、仙官、神吏、萬眾，皆修結璘奔月之道。」[102]這些月中居民，要修結璘奔月之道。

　　存思之後，再來就是要與月中五帝夫人奔月，方法有兩種，一是乘彩鳳，一是乘龍車。如：〈元上三天玉堂正宗高奔內景玉書〉中

99　《上清太上帝君九真中經》，白雲觀長春真人編纂：《正統道藏》，第57冊，頁111。

100　〈太上玉晨鬱儀結璘奔日月圖〉，白雲觀長春真人編纂：《正統道藏》，第11冊，洞玄部靈圖類國字號，頁479。

101　《上清洞真天寶大洞三景寶籙》，白雲觀長春真人編纂：《正統道藏》，第57冊，正乙部集字號，卷上，頁225。

102　〔宋〕李思聰：《洞淵集》，白雲觀長春真人編纂：《正統道藏》，第40冊，太玄部和字號，頁233。

說：「師曰：……我身乘彩鳳入月中。」[103]書中有乘彩鳳入月圖。乘龍車的，如：蕭登福說：

> 從《上清太上帝君九真中經》卷下〈太上玉晨鬱儀奔日赤景玉文〉及〈太上玉晨結璘奔月黃景玉章〉所講的法門看來；自周秦至漢世《太上靈寶五符序》所言以吞食日月精氣為主的修練法，在六朝上清經派的修行法門中，已逐漸淪為次要的訴求，而觀想與日月中之五帝與五帝夫人同乘龍車，共登日月，反而為修練時之主要目的。[104]

在〈太素真人受太帝君日月訣法〉中，也說道：

> 太素真人傳清靈真人裴君二事〈太上鬱儀〉、〈結璘之章〉，以致日月之精神，上奔日月，通天光，飛太空之道也。皆乘雲車羽蓋，駕命群龍，而上昇皇天紫庭也。[105]

裴君是指清靈真人。〈清靈真人裴君傳〉記載：太素真人口教《服二景飛華上奔日月之法》。[106]又記載太素真人傳裴君二事，為真人之

---

103 〈元上三天玉堂正宗高奔內景玉書〉，白雲觀長春真人編纂：《正統道藏》，第6冊，洞真部方法類劍字號，頁536。

104 蕭登福：《六朝道教上清派研究》，頁539。

105 〔宋〕張君房：《雲笈七籤》，《景印文淵閣四庫全書》，第1060冊，卷23，頁280。按：〈太上玉晨鬱儀結璘奔日月圖〉中，也有此段文字。見白雲觀長春真人編纂：《正統道藏》，第11冊，洞玄部靈圖類國字號，頁474。〈清靈真人裴君傳〉中，亦有此段文字，「以致」下多「於」字。見〔宋〕張君房：《雲笈七籤》，《景印文淵閣四庫全書》，第1061冊，卷105，頁221。

106 鄧雲子撰：〈清靈真人裴君傳〉，〔宋〕張君房：《雲笈七籤》，《景印文淵閣四庫全書》，第1061冊，卷105，紀傳部，頁210-211。按：〈清靈真人裴君傳〉先是記載在白水沙洲空山之上，太素真人口教《服二景飛華上奔日月之法》，又授《太上隱

法，第一事為奔日之道，第二事為奔月之道。錄第二事如下：

> 第二事為真人之法：日夕視月，臨目閉氣九息，因又咽月光九
> 過。當存月光，使入口中，即而吞之。畢。仍存青帝夫人，從
> 月光中來，在我之左；次又存赤帝夫人，從月光中來，在我之
> 右；次又存白帝夫人，從月光中來，在我之背，次又存黑帝夫
> 人，從月光中來，在我左手上；次又存黃帝夫人，從月光中
> 來，在我右手上。五帝夫人都來，乃又存流鈴飛雲之車，駕十
> 龍，從月光中來，到我之前，仍存五夫人共載而奔月也。[107]

《上清太上帝君九真中經》中的〈太上玉晨結璘奔月黃景玉章〉只是
存思「夫人服色在己之左右前後」，〈太上玉晨鬱儀結璘奔日月圖〉中
的〈太上玉晨結璘奔月黃景玉章〉詳細說明存思部位。〈清靈真人裴
君傳〉所述的存思部位，和〈太上玉晨鬱儀結璘奔日月圖〉中的〈太
上玉晨結璘奔月黃景玉章〉存思部位相同。〈太上玉晨鬱儀結璘奔日
月圖〉中，又載「太素真人傳清靈真人裴君二事」，則〈清靈真人裴
君傳〉寫作時間在前，〈太上玉晨鬱儀結璘奔日月圖〉比〈清靈真人
裴君傳〉要晚。〈太上玉晨鬱儀結璘奔日月圖〉和〈清靈真人裴君
傳〉重覆之處，應皆是襲用〈清靈真人裴君傳〉。

　　《上清太上帝君九真中經》中的〈太上玉晨結璘奔月黃景玉
章〉，完全沒提到清靈真人，其著作時代，應該比〈清靈真人裴君
傳〉要早。

書〉，後又載「裴君所受真書篇目」，其中說：「太素真人授《太上鬱儀文》。在白水
沙洲空山之上授；太素真人授《太上結璘文》。在白水沙洲空山之上授。太素真人
授《太上隱書》。在白水沙洲空山之上授。」（同前，頁222）。兩段記載互相對照，
可見所謂《服二景飛華上奔日月之法》，應該就是《太上鬱儀文》、《太上結璘文》。

107 鄧雲子撰：〈清靈真人裴君傳〉，〔宋〕張君房：《雲笈七籤》，《景印文淵閣四庫全
書》，第1061冊，卷105，紀傳部，頁218。流鈴，流金之鈴。

　　〈清靈真人裴君傳〉中又引《太上隱書》中篇曰：「子欲昇天，當存月夫人，駕十飛龍，乘我流鈴。西到六嶺，遂入帝堂，精思乃見，上朝天皇，乃執〈結璘章〉。」[108]然則，〈清靈真人裴君傳〉應該比《太上隱書》還要遲。傳中也提到《大洞真經》，則傳也晚於《大洞真經》。〈清靈真人裴君傳〉中說，裴君漢孝文帝二年生，但傳中又提到「家奉佛道」，並一再出現「佛圖」兩字，再加上所引諸書，這都可證明裴君應該是魏晉時人，並非生於漢孝文帝二年。陳國符認為〈清靈真人裴君傳〉應是在梁到隋之間出世，陳氏說：

> 此書引《三九素語》、《太上隱書》等，皆出自楊君。是書《真誥》未徵引之。《隋志》史部雜傳類著錄〈青虛真人裴君內傳〉一卷。（小字自注：不著撰人，按清虛當作清靈。）故此書出世，在梁代以後，隋代之前。[109]

楊君是指上清派第二代玄師楊羲。由陶弘景《真誥》未徵引，《隋書》〈經籍志〉引用，可推知出世時間。

　　〈清靈真人裴君傳〉中一再提到「結璘」，如：「《黃老祕言》曰：子得〈鬱儀〉〈結璘〉，乃成上清之真。」又：「太素真人曰：子存月精五帝月夫人，口含〈太上結璘章〉，須此道成，乃見月中夫人，無此徒勞自悼傷。」又：「裴君乃先密受〈太上鬱儀文〉、〈太上結璘章〉二書，然後齋戒，而得存日月之精爾。」[110]從這些引文，可

---

108 〈清靈真人裴君傳〉，〔宋〕張君房：《雲笈七籤》，《景印文淵閣四庫全書》，第1061冊，卷105，紀傳部，頁218。按：〈太上玉晨鬱儀結璘奔日月圖〉中，也引此段文字。「十飛龍」，〈太上玉晨鬱儀結璘奔日月圖〉引《太上隱書》中篇，做「十天龍」（頁473）。《上清太上帝君九真中經》（卷下，頁113）、《上清洞真天寶大洞三景寶籙》（卷上，頁225），做「十黃龍」；或做「十龍」，見〈清靈真人裴君傳〉（卷105，紀傳部，頁218）。

109 陳國符：《道藏源流考》，頁11-12。

110 以上見〈清靈真人裴君傳〉，〔宋〕張君房：《雲笈七籤》，《景印文淵閣四庫全書》，第1061冊，卷105，紀傳部，頁219-220。

以看出當時應該已經有了〈太上鬱儀文〉、〈太上結璘章〉。〈太上結璘章〉應是指〈太上玉晨結璘奔月黃景玉章〉。這也是〈清靈真人裴君傳〉晚於〈太上玉晨結璘奔月黃景玉章〉的證明。

在這裡還要追問一個問題：為何要奔月？月中又有些什麼？第一個問題，答案很簡單，奔月就是要飛昇成神仙，長生不死。第二個問題，也有答案。《上清黃氣陽精三道順行經》說：

> 月縱廣一千九百里，月暈圍七千八百四十里，白銀瑠璃水精暎內，一分六十，炎光明照於外，其中城郭人民，亦有七寶浴池，八鸞之林生乎其內。月中人長一丈六尺，悉衣青色之衣。月中人常以月一日至十六日，採白銀瑠璃，鍊於炎光之冶，故月度盈，則光明鮮。太素以十七日至二十九日，於鸞林之下，採三氣之華，拂日月之光，故月度虧，其光微。[111]

〔宋〕張君房《雲笈七籤》卷二十三「日月星辰部・總序日月」引《黃氣陽精三道順行經》云：「月暉之圍，縱廣二千九百里。」與此不同。原來在道教想法，月亮和地球一樣，有城郭人民，還和日宮一樣有七寶浴池。月中有身高一丈六尺長人，穿著青色衣服。[112]為何月有盈虧，經中也有解釋。

---

111 《上清黃氣陽精三道順行經》，白雲觀長春真人編纂：《正統道藏》，第2冊，洞真部本文類昃字號，頁425。「亦有七寶浴池」，《正統道藏》本《上清黃氣陽精三道順行經》做「亦有七寶浴月」，「月」當為「池」字。〔宋〕張君房：《雲笈七籤》，卷23「日月星辰部・總序日月」引《黃氣陽精三道順行經》：「（日）其中有城郭人民、七寶浴池。池生青、黃、赤、白蓮花。」，《景印文淵閣四庫全書》，第1060冊，頁276。按：《正統道藏》本《上清黃氣陽精三道順行經》有缺頁，此段文字不見《正統道藏》本《上清黃氣陽精三道順行經》，只見《雲笈七籤》。

112 〔宋〕張君房：《雲笈七籤》，卷23「日月星辰部・總序日月」引《黃氣陽精三道順行經》，也提到日中有二丈四尺長人，穿著朱衣。

四　結璘與嫦娥奔月的爭議

　　嫦娥奔月神話，最早見於《歸藏》一書。謝希逸〈月賦〉，「集素娥于后庭」句，李善註：「《歸藏》曰：『昔常娥以不死之藥犇月。』」[113] 據李善註，《歸藏》很清楚說出是嫦娥奔月。但是近代很多學者認為《歸藏》是偽書，[114] 那這段記載真假就有了爭議。

　　幸好在一九九三年三月，湖北省荊州市郢城鎮郢北村，王家臺十五號秦墓中，發現一批竹簡，共計編號八一三，這就是所謂的「王家臺秦簡」。其中有《歸藏》四千餘字，[115] 已編號者兩百六十四支，未編號者兩百三十支。[116] 由這發現，已可證明《歸藏》不是偽書，《歸藏》的記載是可信的。

　　在出土《歸藏》中，有嫦娥奔月記載，原文是：「歸妹曰：昔者恒我竊毋死之□□，□□□奔月而支占□□□□。」[117] 這段文字中，現存的幾個字，可以和《文選》李善註所引《歸藏》相比較。李善註引《歸藏》似乎是原文節縮，這在歷代註釋，是常見的情形。

　　《歸藏》一書雖然不是殷易，[118] 但確實是先秦古籍，成書當在西周末期到春秋初期。[119] 換言之，最遲在西周末期到春秋初期，已有嫦

113　〔梁〕昭明太子編，〔唐〕李善註：《文選註》，卷13，頁229。

114　比如孔穎達、吳萊等人，都認為《歸藏》是偽書。見張心澂：《偽書通考》（臺北市：臺灣商務印書館，1970年臺一版），上冊，頁21-24。

115　此正與桓譚之說合。桓譚《新論》：「《歸藏》四千三百言。」按：《新論》今已佚。「言」即「字」。

116　王明欽：〈王家臺秦墓竹簡概述〉，北京大學新出簡帛國際學術研討會論文（北京市：北京大學，2000年），第3節。

117　林忠軍：〈王家臺秦簡《歸藏》出土的易學價值〉，《周易研究》第2期（2001年），第一節引。按：今傳《周易》歸妹卦，未見此段文字。

118　程二行、彭公樸：〈《歸藏》非殷人之易考〉，《中國哲學史》2004年第2期（2004年）。該文第二節認為殷人用龜甲獸骨卜卦，不用筮占，不可能有易筮之書。第四節又引王家臺秦簡《歸藏》，考證《歸藏》成書在易傳之後。

119　林忠軍：〈王家臺秦簡《歸藏》出土的易學價值〉，第二節中，林氏認為《歸藏》

娥奔月神話的記載。

為了討論結璘奔月與嫦娥奔月的爭議，以上略述《歸藏》的記載。拙文〈羿與嫦娥神話研究〉（《國立臺中技術學院學報》第8期第1冊（2007年1月））第五節中，對出土《歸藏》有更詳盡的考證討論，請參閱。

一般人都以為是嫦娥奔月，可是到了明代卻有不同意見。徐應秋《玉芝堂談薈》「結璘嫦娥」條載：「而《廣說》則云：……今言月中有嫦娥，大謬。蓋月中自有主者，乃結璘非嫦娥也。」[120]這種說法推翻了嫦娥奔月神話，認為月中有結璘，徐氏認為奔月的是結璘。這是站在道教立場，產生的說法。

（一）其他書籍的結璘奔月記載

又有〈結璘七聖記〉，也記載結璘奔月，現已佚失，不知作者為何人，何時之書，有些古籍曾引用此書。如〔宋〕不著撰人《錦繡萬花谷》載：「〈結璘七聖記〉：『結璘奔月之仙，故曰結璘黃文與月同居。』」[121]由宋人書籍引〈結璘七聖記〉，可見此書應該是宋代或宋代以前書籍。由書名看來，結璘似乎有七人，並非只有一人。

〈結璘七聖記〉，可簡稱〈七聖記〉。歷代類書引〈七聖記〉者頗多，如：《玉海》：「〈七聖記〉曰：『鬱儀（註：一作華）赤文與日同

當在西周末年到春秋初期成書，早於《周易》。按：據林氏考證，則《歸藏》當早於〈天問〉、《山海經》、《淮南子》諸書。

120 〔明〕徐應秋：《玉芝堂談薈》，第883冊，卷18，頁427。按：〔明〕董斯張《廣博物志》（臺北市：臺灣商務印書館，1986年，《景印文淵閣四庫全書》）亦引此文，第980冊，卷1，「天道上」條，頁20。但註明出處是《廣記》，並非《廣說》。

121 〔宋〕不著撰人名氏：《錦繡萬花谷》（臺北市：臺灣商務印書館，1986年，《景印文淵閣四庫全書》），第924冊，前集卷1，頁8。原注：「出《雞跖集》。」按：《雞跖集》二十卷，為〔宋〕宋庠撰。宋庠為宋祁（字景文）兄，或誤以《雞跖集》為宋祁撰。

居，結鄰（註：一作鱗）黃文與月同居。鬱華，日精；結鄰，月精也。」[122]〔宋〕吳淑《事類賦》:「〈七聖紀〉曰:『鬱華赤文與日同居，結隣黃文與月同居，皆日月之精也。』」[123]《讀書紀數略》引〈七聖記〉:「鬱華赤文與日同居，結鄰黃文與月同居。」[124]這些書所引〈七聖記〉，並沒有提到「結璘奔月之仙」，最多也只說結璘是月精。當然這些類書也可能是互相抄襲，但除了《錦繡萬花谷》外，為何別的類書，都沒記載「結璘奔月之仙」，這是很奇怪的事。

到了明代，徐應秋，《玉芝堂談薈》「結璘嫦娥」引〈七聖記〉:「鬱儀赤文與日同居，結璘黃文與月同居。」[125]應該就是〈結璘七聖記〉。或許其書至明代尚存。

另外〈上清紫文〉，其中也有結璘奔月記載。但這篇文章同樣不知道作者是誰，是何時之書。陳士元《名疑》:

> 《黃庭經》云:「高奔日月吾上道，鬱儀結璘善相保。」注引〈上清紫微文〉云:「鬱儀，奔日之仙；結璘，奔月之仙。」此語亦見《雞跖集》。結璘，《韻府》作結儀。[126]

陳氏所謂的《黃庭經》註，當是梁丘子註。梁丘子註「高奔日月吾上道」時，引〈上清紫文吞日氣法〉，陳氏誤作〈上清紫微文〉。陳氏說《雞跖集》亦載此事，考《雞跖集》為〔宋〕宋庠撰，今已失傳，無

---

122 〔宋〕王應麟:《玉海》,《景印文淵閣四庫全書》,第947冊,卷164「唐鬱儀結鄰樓」條,頁289。

123 〔宋〕吳淑撰並註:《事類賦》,《景印文淵閣四庫全書》,第892冊,卷1,「天部、日」條,頁809。

124 〔清〕宮夢仁:《讀書紀數略》(臺北市:臺灣商務印書館,1986年,《景印文淵閣四庫全書》),第1033冊,卷2,「天部、日月二神」條,頁26。

125 〔明〕徐應秋:《玉芝堂談薈》,《景印文淵閣四庫全書》,第883冊,卷18,「結璘嫦娥」條引,頁426。

126 〔明〕陳士元:《名疑》,《景印文淵閣四庫全書》,第952冊,卷4,頁677。

由查證。〔宋〕王子韶亦撰有《雞跖集》,《說郛》錄有部分文字,其
中亦無此記載。

〈結璘七聖記〉、〈上清紫文〉都已失傳,不知內容如何,縱使其
中有詳細記載,今日也無法得知。諸書所引,不過「結璘奔月之仙」
一句,[127]難以知道結璘為何奔月,如何奔月,整個奔月歷程。

就上文所論,嫦娥奔月神話最遲在西周末期到春秋初期,已有古
籍記載,可見這神話必然是先秦神話。而結璘,到魏晉時,《黃庭內
景經》才記載;結璘奔月,到《上清太上帝君九真中經》才出現,嫦
娥奔月顯然早於結璘奔月。

(二)結璘與嫦娥不同

有人認為結璘就是嫦娥。如明末湖州詩人董斯張說:「結璘,嫦
娥別名。」[128]董氏之說,見〔清〕沈自南,《藝林彙考》〈服飾篇〉
引。董氏撰有《廣博物志》五十卷,其中並未提到結璘是嫦娥別名。
筆者在董氏《吹景集》第十四卷「箋溫庭筠〈錦鞋賦〉」,[129]後的箋中
找到「結璘,姮娥別名」幾個字,這應是沈自南的引文根據。董氏之
說如果是真的,結璘奔月就是嫦娥奔月了。但不知道董氏的說法,只
是個人揣測之言,還是另有根據。除董氏外,清人也有同樣說法。
〔清〕吳景旭,《歷代詩話》:

---

127 〔清〕宮夢仁:《讀書紀數略》,《景印文淵閣四庫全書》,第1033冊,引〈七聖
記〉:「鬱華赤文與日同居,結鄰黃文與月同居。」按:《玉海》所引〈七聖記〉,
並沒有提到「結璘奔月之仙」,只說結璘是月精。《讀書紀數略》所引,也無奔月
之仙之說。

128 〔清〕沈自南:《藝林彙考》(臺北市:臺灣商務印書館,1986年,《景印文淵閣四
庫全書》),第1134冊,卷14,頁129-130。

129 〔明〕董斯張:《吹景集》(上海市:上海古籍出版社,2002年,《續修四庫全
書》),第859冊,〈服飾篇〉,卷8,頁165。按:溫庭筠〈錦鞋賦〉有「耀粲織女之
束足,嬾婉嫦娥之結璘」。

《登真隱訣》云:「上真之道七。鬱儀奔日文為最,結鄰奔月
文為次。」鬱儀者,羲和也;結璘者,嫦娥也。[130]

考《登真隱訣》,〔梁〕陶弘景撰,原有二十餘卷,今存殘本三卷。遍
查今本《登真隱訣》,只有〈誦黃庭經法〉,[131]未見「上真之道七」等
三句,或許是佚文。

嫦娥奔月,結璘也奔月,董斯張、吳景旭就認為結璘即嫦娥。但
嫦娥、結璘,字音字義,毫無關係,且結璘奔月為道教存思方法,和
嫦娥吃不死藥奔月不同,兩者應不相同,結璘應該不是嫦娥。

五 結論

我在研究嫦娥奔月神話,撰寫論文時,偶然知道有結璘奔月的說
法,並對這說法產生興趣,然後盡力搜集資料,翻閱《道藏》等書,
研究結璘與結璘奔月。分析各類資料,所得到的結果,頗出意料之
外,非始料所及。

剛開始,看到的資料較少,曾以為結璘奔月和嫦娥奔月,同樣是
個神話。嫦娥是吃不死藥奔月,很想知道結璘是如何奔月的。所掌握
到的古籍資料分析、歸納之後,才發現結璘奔月是存思奔月,是道教
的一種修煉方法,這種奔月存思可能是受到嫦娥奔月影響而產生的。

嫦娥吃不死藥奔月和結璘奔月不同,那為何說結璘奔月可能是受
到嫦娥奔月影響?就目前所看到的史料,這兩者之間,似乎並無直接
關係。但是,奔月是種很獨特的構思,除了中華民族有奔月神話外,

---

130 〔清〕吳景旭:《歷代詩話》(臺北市:臺灣商務印書館,1986年,《景印文淵閣四
　　庫全書》),第1483冊,卷9,頁67「夜光」條,案語引《登真隱訣》。

131 陶弘景:《登真隱訣》卷下,白雲觀長春真人編纂:《正統道藏》,第11冊,洞玄部
　　玉訣類遜字號,頁348-350。

世界各民族想像不到可以奔月，似乎都沒有奔月神話。只有少數民族，以月亮為地獄，人死後靈魂會飛向月亮，但這和嫦娥奔月長生不死不同。

中國古代有了嫦娥奔月神話，奔月這種構思，廣為人知，對道教應該也會有影響。道教有存思奔月這種修煉方法，應該就是受到嫦娥奔月的啟發。換言之，如果沒有嫦娥奔月神話先存在，道教想像不到可以奔月，也就不會有結璘奔月。

結璘奔月，發展到最後，甚至有人以結璘奔月為真，認為不是嫦娥奔月，而是結璘奔月，這可真是喧賓奪主。

存思是道教上清派重要的修行方法，和結璘奔月有密切關係。因此在本論文中，對存思日月、存思五帝夫人奔月，有簡單介紹。當然《黃庭經》主要講的是存思身中神，「三丹田八景二十四真」，存思日月、存思五帝夫人奔月，是種輔助修煉方法。

另外，還有種有趣說法，認為結璘就是嫦娥別名。就我所搜集到的資料看來，明末湖州詩人董斯張最早提到這說法，清代吳景旭也有這說法。如果結璘即嫦娥，那結璘奔月就不足為奇了，可惜董氏、吳氏都沒提出足夠證據。

我知道有結璘奔月說法之後，深入研究，發現和結璘奔月有關的道教資料，如《黃庭內景經》、〈太上玉晨結璘奔月黃景玉章〉、〈太上玉晨鬱儀結璘奔日月圖〉，都只是講存思奔月，真正敘述奔月過程的資料，反而比較少，諸書中只約略提到，乘彩鳳、乘龍車兩種方法。而且，這些資料中，提到的是和五帝夫人奔月，並不是和結璘奔月，也沒提到結璘奔月的方法、過程。

我看了許多書籍、資料，花了不少時間，收獲大概如此。經過一番探討後，總算能澄清一些結璘奔月的問題，更清楚瞭解結璘奔月。期待將來有其他學者，也注意到結璘奔月，深入研究結璘奔月諸問題。

　　又：本論文原有「文學中的結璘」一節，主要是討論詩文中的結璘，含註釋約有四千字。因本論文篇幅已過長，故將「文學中的結璘」抽出，當成附錄。

徵引文獻

一　古籍

〔秦〕呂不韋撰，〔漢〕高誘註　《呂氏春秋》　臺北市　臺灣商務印書館　1986年　《景印文淵閣四庫全書》　第848冊

〔漢〕許慎撰，〔清〕段玉裁注，王瓊珊編寫　《段注說文解字》　臺北市　廣文書局　1969年

〔梁〕昭明太子編，〔唐〕李善註　《文選註》　臺北市　臺灣商務印書館　1986年　《景印文淵閣四庫全書》　第1329冊

〔唐〕房玄齡等撰　《晉書》　臺北市　鼎文書局　1976年

〔唐〕張久齡等撰，李林甫等註　《唐六典》　臺北市　臺灣商務印書館　1986年　《景印文淵閣四庫全書》　第681冊

〔唐〕李白撰，〔清〕王琦注　《李太白集注》　臺北市　臺灣商務印書館　1986年　《景印文淵閣四庫全書》　第1067冊

〔後晉〕劉昫等撰　《新校本舊唐書附索引》　臺北市　鼎文書局　1976年

〔宋〕吳淑撰並註　《事類賦》　臺北市　臺灣商務印書館　1986年　《景印文淵閣四庫全書》　第892冊

〔宋〕李昉等奉敕撰　《太平廣記》　臺北市　臺灣商務印書館　1986年　《景印文淵閣四庫全書》　第1043冊

〔宋〕歐陽脩　《文忠集》　臺北市　臺灣商務印書館　1986年　《景印文淵閣四庫全書》　第1102冊

〔宋〕歐陽脩　《集古錄》　臺北市　臺灣商務印書館　1986年
　　　《景印文淵閣四庫全書》　第681冊

〔宋〕宋敏求　《長安志》　臺北市　臺灣商務印書館　1986年
　　　《景印文淵閣四庫全書》　第587冊

〔宋〕王應麟　《玉海》　臺北市　臺灣商務印書館　1986年　《景
　　　印文淵閣四庫全書》　第947冊

〔宋〕不著撰人名氏　《錦繡萬花谷》　臺北市　臺灣商務印書館
　　　1986年　《景印文淵閣四庫全書》　第924冊

〔元〕陶宗儀　《說郛》　臺北市　臺灣商務印書館　1986年　《景
　　　印文淵閣四庫全書》　第877、882冊

〔明〕楊慎　《丹鉛總錄》　臺北市　臺灣商務印書館　1986年
　　　《景印文淵閣四庫全書》　第855冊

〔明〕陳士元　《名疑》　臺北市　臺灣商務印書館　1986年　《景
　　　印文淵閣四庫全書》　第952冊

〔明〕徐應秋　《玉芝堂談薈》　臺北市　臺灣商務印書館　1986年
　　　《景印文淵閣四庫全書》　第883冊

〔明〕顧元慶　《顧氏文房小說》　臺北市　新興書局　1960年

〔明〕董斯張　《廣博物志》　臺北市　臺灣商務印書館　1986年
　　　《景印文淵閣四庫全書》　第980冊

〔明〕董斯張　《吹景集》　《續修四庫全書》　上海市　上海古籍
　　　出版社　2002年　第859冊

〔清〕沈自南　《藝林彙考》　臺北市　臺灣商務印書館　1986年
　　　《景印文淵閣四庫全書》　第1134冊

〔清〕宮夢仁　《讀書紀數略》　臺北市　臺灣商務印書館　1986年
　　　《景印文淵閣四庫全書》　第1033冊

〔清〕畢沅　《關中勝蹟圖志》　臺北市　臺灣商務印書館　1986年
　　　《景印文淵閣四庫全書》　第588冊

二　專書

張心澂　《偽書通考》　臺北市　臺灣商務印書館　1970年臺一版

陳國符　《道藏源流考》　臺北市　祥生出版社　1975年

王叔岷　《列仙傳校箋》　臺北市　中央研究院中國文史研究所
　　　　1995年

卿希泰主編　《中國道教史》　臺北市　中華道統出版社　1997年

張金嶺　《新譯列仙傳》　臺北市　三民書局有限公司　1997年

韓廷傑、韓建斌　《道教與養生》　臺北市　文津出版社　1997年

蕭登福　《六朝道教上清派研究》　臺北市　文津出版社有限公司
　　　　2005年

胡海牙、武國忠主編　《陳攖寧仙學精要（上）》　北京市　宗教文
　　　　化出版社　2008年

三　道書（依冊數先後排列）

〔宋〕張君房　《雲笈七籤》　臺北市　臺灣商務印書館　1986年
　　　　《景印文淵閣四庫全書》　第1060冊

鄧雲子撰　〈清靈真人裴君傳〉　〔宋〕張君房　《雲笈七籤》　臺
　　　　北市　臺灣商務印書館　1986年　《景印文淵閣四庫全書》
　　　　第1061冊

《上清黃氣陽精三道順行經》　白雲觀長春真人編纂　《正統道藏》
　　　　臺北市　新文豐出版公司　1977年　第2冊　洞真部本文類
　　　　晨字號

《元上三天玉堂正宗高奔內景玉書》　白雲觀長春真人編纂　《正統
　　　　道藏》　臺北市　新文豐出版公司　1977年　第6冊　洞真
　　　　部方法類劍字號

〔元〕劉大彬　《茅山志》　白雲觀長春真人編纂　《正統道藏》

臺北市　新文豐出版公司　1977年　第9冊　洞真部記傳類
龍字號

〔唐〕梁丘子註　《黃庭內景玉經註》　白雲觀長春真人編纂　《正
統道藏》　臺北市　新文豐出版公司　1977年　第11冊　洞
玄部玉訣類推字號

〔宋〕劉長生解　《黃庭內景玉經註》　白雲觀長春真人編纂　《正
統道藏》　臺北市　新文豐出版公司　1977年　第11冊　洞
玄部玉訣類推字號

〈太上玉晨鬱儀結璘奔日月圖〉　白雲觀長春真人編纂　《正統道
藏》　臺北市　新文豐出版公司　1977年　第11冊　洞玄部
靈圖類國字號

《上清太上帝君九真中經》　白雲觀長春真人編纂　《正統道藏》
臺北市　新文豐出版公司　1977年　第57冊　正乙部既字號

《上清洞真天寶大洞三景寶籙》　《正統道藏》　臺北市　新文豐出
版公司　1977年　第57冊　正乙部集字號

《上清太上九真中經絳生神丹訣》　《正統道藏》　臺北市　新文豐
出版公司　1977年　第57冊　正乙部既字號

〔明〕冷謙註　《太上黃庭內景玉經》　不著撰人　《黃庭經秘義、
玄機直指合刊》收錄　臺北市　自由出版社　2003年

〔明〕李一元　《黃庭內景經秘解》　文山遯叟蕭天石　《黃庭經秘
註兩種》　臺北市　自由出版社　1976年

〔清〕蔣國祚　《黃庭內景經注》　彭文勤纂輯　《道藏輯要》　臺
北市　新文豐出版公司　1986年2版　第6冊

蘇普徹　《太上黃庭內景玉經》　彭文勤纂輯　《道藏輯要》臺北市
新文豐出版公司　1986年2版　第6冊

四　論文

王　明　〈《黃庭經》考〉　《道家和道教思想研究》　北京市　中
　　　　國社會科學出版社　1984年

許抗生　〈《黃庭經》淺析〉　《中國道教》1990年第3期（1990年）

虞萬里　〈王羲之與《黃庭經》帖〉　《社會科學戰線》第3期（1991
　　　　年）

楊福程　〈《黃庭》內外二景考〉　《世界宗教研究》1995年第3期
　　　　（1995年）

龔鵬程　〈《黃庭經》論要（一）〉　《書目季刊》第31卷第1期
　　　　（1997年6月）

龔鵬程　〈《黃庭經》論要（二）〉　《書目季刊》第31卷第2期
　　　　（1997年9月）

〔日〕加藤千惠　〈《真誥》中的存服日月法〉　《宗教學研究》
　　　　1997年第3期（1997年）

徐兆仁　〈道教的重要經典——《黃庭經》〉　《文史知識》1998年
　　　　12期（1998年）

詹石窗　〈《黃庭經》的由來及其與易學的關係〉　《古籍研究整理
　　　　學刊》2000年第4期（2000年）。

王明欽　〈王家臺秦墓竹簡概述〉　北京大學新出簡帛國際學術研討
　　　　會論文　北京市　北京大學　2000年

虞萬里　〈《黃庭經》用韻時代新考〉　中國聲韻學學會、輔仁大學
　　　　中國文學系所主編　《聲韻論叢》　臺北市　臺灣學生書局
　　　　2001年　第10輯

林忠軍　〈王家臺秦簡《歸藏》出土的易學價值〉　《周易研究》第
　　　　2期（2001年）

孔志明　〈由抱朴子分析魏晉煉丹之術〉　（http://home.educities.edu.
　　　　tw/ptming/new_page_112.htm）（2000年3月）

程二行、彭公樸　〈《歸藏》非殷人之易考〉　《中國哲學史》2004
　　　　年第2期（2004年）

尹志華　〈早期道教的日月崇拜與存思日月法〉　《中國道教》2004
　　　　年第6期（2004年）

周　冶　〈南嶽夫人魏華存新考〉　《世界宗教研究》2006年第2期
　　　　（2006年）

饒雲華　〈姚安史話四則〉　《楚州今古》2007年第2期（總第93期）
　　　　（2007年8月）

王永寬　〈嫦娥奔月傳說故事的文化解讀〉　《中州學刊》2008卷第
　　　　3期（2008年5月）

（本文刊於《國立臺中技術學院學報》第14期（2010年1月））

談天狗食日、食月的神話

　　中國古代有許多日月星辰的神話，但是日食、月食的神話卻很少，大概只有天狗食日、天狗食月和蟾蜍食月三種。原因之一可能是日食、月食為罕見的天文景象，相關神話當然也稀少；另一原因可能是這種罕見的異象，尤其是日食帶來的恐怖、恐懼，使得古人只想避而遠之，當然也就不會有什麼神話了。因此古書中幾乎沒有「天狗食日」、「天狗食月」的記載，只能靠民眾世世代代口耳相傳，卻不知其源頭。

一　世界最古老的日食紀錄

　　中國古代最早記載日食的是《尚書》。在《尚書》〈胤征〉中說：「辰弗集于房，瞽奏鼓，嗇夫馳，庶人走。」孔安國說：「辰，日月所會。房，所舍之次。集，合也。不合即日食可知。」瞽是樂官；嗇夫是小臣，或說是主幣之官，或說是執後之賤者；庶人是在官的庶人。嗇夫馳，庶人走，是供救日的勞役。《新唐書》〈曆志〉認為這次日食在仲康五年，某些學者認為這次日食實際的時間是仲康五年九月庚戌朔，約是西元前二〇四三年十二月六日（董作賓等學者認為是在仲康元年，西元前二一三七年十月二十二日）。中國大陸公佈的夏商周年表中，認為仲康元年是西元前一九八一年。

　　如果這記載是真的，將是中國第一次日食記載，也是世界第一次日食記載。可惜的是一般認為〈胤征〉原文已失傳，現在流傳的〈胤征〉雜湊諸書而成，是《偽古文尚書》中的一篇，〈胤征〉的可信度不高。

不過，進一步探討，卻發現今傳〈胤征〉雖然可能是偽造的，但夏朝時確實發生過日食，有日食記載，也就是說「辰弗集于房，瞽奏鼓，嗇夫馳，庶人走。」這幾句話確實是〈夏書〉的記載，只是原書已逸。《春秋》〈昭公十七年〉經文：「六月甲戌朔，日有食之。」《左傳》在解釋《春秋經》時，引用魯太史之言，其中提到：「故〈夏書〉曰：『辰不集于房，瞽奏鼓，嗇夫馳，庶人走。』」〈胤征〉篇是「辰弗集于房」，魯太史引〈夏書〉作「辰不集于房」，只差一字。《左傳》時代，〈夏書〉應該還在，魯太史所見〈夏書〉中，確實有這段話，可見這記載是真的，夏朝時曾發生過日食，只是不能確定是否發生在仲康五年（或元年）。

二　神話對日食、月食的解釋

各民族居住的地域不同，文化、宗教背景不同，民族性也不同，這些都會影響對日食、月食的解釋，產生各式各樣的神話或傳說。以今天科學的角度來看，這些神話、傳說或許是不合邏輯的；但從先民的神話思維來說，這些都是真實合理，可以被接受。

在談日食、月食神話前，有一點要特別說明：月食時間長，比較常見，月食神話比較多；日食時間短，比較罕見，日食神話比較少，有些日食神話可能只是月食神話的衍生。因此一般談這兩種神話時，是以月食神話為主，日食神話為輔，將兩種神話混在一起談，並沒有詳細區別。以下分成兩大類來談：

一、很多民族認為是某種動物吞吃掉太陽、月亮，造成日食、月食。在中國古代，民間流傳的是天狗食日、天狗食月。這種說法不知起源於何時，不知何書最早記載。我的看法是，天狗食日可能起源於殷商之時，因為有些學者認為殷商民族崇拜太陽。這種民族遇到日食，更是需要對日食有合理解釋，來安定人心，天狗食日就是他們的

答案。

除了中國古代外，其他民族亦有月亮被大狗咬嚙的說法。如南美洲奇岐托人（Chiquitos）、卡立勃人（Caribs）和秘魯土人，這三個民族都有類似神話，他們所謂的大狗不是地上的大狗，而是天上大狗，和中國天狗食月神話類似。

在中國還有龍吞日神話，到今天舞龍民俗活動中，有雙龍搶珠，或是衣服上繡雙龍戲珠圖案當裝飾，這些可能是龍吞日遺留的痕跡。但龍吞日的神話，古書沒有記載，或許是因為龍是中華民族的圖騰，而有龍吞日的神話。

在中國古代還有另一種動物會食月，那就是詹諸食月。詹諸就是蟾蜍。這種說法見於《淮南子》。原文是：「月照天下，蝕於詹諸。」許慎註說：「詹諸，月中蝦蟇，食月，故曰食於詹諸。」可能是因蟾蜍的大腹便便，而有蟾蜍食月之說。似乎只有中國古代有這種說法。蟾蜍食月，是凶兆，《河圖》記載：「蟾蜍去月，天下大亂。」天下大亂，人民就要受苦。

另外，有些民族認為日食、月食的原因，是太陽、月亮被老虎、狼、灰熊、青蛙、鴉、魚等動物或其他怪物吃掉。這應該和各民族所處地域有關，產生老虎吃掉日、月神話的民族一定是當地有老虎的民族，像非洲只有獅子沒有老虎，就不可能出現這種神話；認為灰熊吞日、吞月的民族，應該是靠山當地有灰熊的民族；認為魚吃掉太陽、月亮的民族，應該是靠水邊或是靠海的民族。

還有人認為中國古代有天鳥食日、食月的神話，這種說法是錯誤的。1、《周禮》中有夭鳥，並沒有天鳥，有人將夭鳥誤認為天鳥，以訛傳訛。2、《周禮》〈秋官司寇〉：「庭氏：掌射國中之夭鳥。若不見其鳥獸，則以救日之弓與救月之矢夜射之。」原文只說庭氏工作是射國中夭鳥（夭鳥是惡鳴之鳥，〔清〕嵇璜等纂修《欽定續通志》認為姑獲鳥就是夭鳥。或謂夭鳥是貓頭鷹。），並沒有夭鳥食日、食月的

記載。可能是後面提到救日之弓、救月之矢，有人誤以為是天鳥食日、食月，才要以救日之弓、救月之矢去射天鳥，造成誤會。

二、其他原因造成日食、月食。在中國漢代古籍《淮南子》〈天文訓〉中，曾記載：「麒麟鬭而日月食。」麒麟本為仁獸，是祥瑞象徵，雄麒雌麟相鬥，或兩隻麒麟相鬥，則會引起日月食。

羅馬帝國認為巫婆念魔咒，造成月亮下沉，產生月食。印加人認為月食是月亮生病，如果月亮病死，就會從天上落下，世界毀滅。西伯利亞人說是吸血殭屍造成日食。

在印度、泰國神話，認為是太陽、月亮陷害拉胡天神，拉胡天神被腰斬，沒有下半身。拉胡天神為了報仇，口中咬著太陽或月亮，造成日食、月食。

另有印度神話、泰國神話傳說是「羅睺」惡魔吞掉太陽、月亮，造成日食、月食。〔宋〕普潤大師法雲編《翻譯名義集》中有「羅睺」，原文是：「此云障持，化身長八萬四千由旬，舉手掌障日月，世言日月蝕。」這裡所說的「羅睺」，是羅睺阿修羅王，身體巨大，手掌就可遮住日、月，造成日食、月食，所以「羅睺」又稱蝕神。《翻譯名義集》中又有「羅睺羅」，原文是：「什曰：阿修羅食月時，名羅睺羅。秦言覆障，謂障月明也。」障月明，是指月食。

歸納上面這些資料，可得知某些民族認為是妖怪、惡魔吃掉日、月，要救日、救月必須要舉行祭祀來驅趕妖怪。妖怪、惡魔吃掉日、月的說法，應該是和宗教關係比較密切。

三 天狗食日、食月的演變歷程

既然在世界各國神話中，大都認為是某種動物將日、月吞吃掉，那麼要恢復日、月的明亮、皎潔，就必須用某種方法、儀式，逼使動物吐出口中的太陽、月亮。吞日的動物在中國神話中，主要是天狗；

吞月的動物是天狗、蟾蜍。逼迫天狗吐出太陽；天狗、蟾蜍吐出月亮，就能搶救日食、月食。

天狗一詞，不見於五經。《爾雅》〈釋鳥〉：「鴟，天狗」，是指食魚小鳥魚狗、水狗，並非食日、食月的天狗。

《史記》〈天官書〉中有天狗記載，原文是：「天狗，狀如大奔星，有聲，其下止地，類狗。所墮，及炎火，望之如火光炎炎衝天。」大奔星是流星或彗星，天狗指的是天上凶星天狗星。

在古書中，有關於太白之精的紀錄。如〔清〕李光地等撰《御定星歷考原》卷二：「〈洪範〉篇曰：『金神者，太白之精，白獸之神，主兵戈、喪亂、水旱、淫疫。』」〔明〕徐應秋《玉芝堂談薈》卷二十：「太白之精，出則天下亂。」太白之精，就是金星。〔清〕李鍇《尚史》卷九十四引孟康云：「星有尾，旁有短彗，下有如狗形者，太白之精。」可能因太白之精下有如狗形，所以太白之精會變成天狗。如《隋書》〈天文志〉：「太白之精，散為天狗。」〔唐〕瞿曇悉達撰《唐開元占經》卷八十六有同樣記載。〔宋〕王應麟《六經天文編》卷上、〔明〕王樵《尚書日記》卷一，都記載：「太白之精，變為天狗。」從這些書中，可見古代有太白之精變成天狗的傳說，這或許就是天狗的來歷。

《四庫全書》所收古籍中，均無「天狗食日」、「天狗食月」二詞。只有〔明〕劉炳《劉彥昺集》卷四，出現「天狗蝕月」四字。此種現象，相當令人訝異。古人重視日食、月食，史書〈天文志〉中，對日食、月食都有詳細記載。「天狗食日」、「天狗食月」起源很早，不知為何許多古籍均未記載，可能是記載「天狗食日」、「天狗食月」的古籍已失傳。那麼「天狗食日」、「天狗食月」的神話，似乎一直只是靠民眾口耳相傳。

在《晉書》中提到「天狗星」；有人認為月中有凶神天狗，並認為月食是「天狗噬月」。李秀娥〈中國的月神傳說與信仰〉一文中，

曾提到此事。李氏說：

> 後來民間傳說月蝕的原因是因為月被月中凶神「天狗」所食，
> 《晉書》〈天文志〉即記載遇天狗星出現時，國家將有兵禍。
> 又據《協紀辨方》卷四引《樞要曆》：「天狗者，月中凶神也。
> 其日忌禱祀鬼神，祈求福願。」因古人相信月中有凶神天狗的
> 存在，故有「天狗噬月」之說。凡遇此時，官員與老百姓便敬
> 獻供品祈禱，眾人並努力敲鑼打鼓，震響天際，希望以熱烈的
> 鑼鼓敲擊聲響，嚇跑天狗怪獸，並將月亮從口中吐出來。

《晉書》中提到的「天狗星」，應該就是《史記》〈天官書〉中的天
狗。天狗星出現，是不吉祥的事，國家將有戰爭。〔明〕陳耀文《天
中記》載：「漢文帝後二年八月，天狗下梁壄。景帝三年七月，天狗
下。天狗所降，以戒守禦。其年，吳楚反，攻梁。梁堅城守，遂伏尸
流血其下。〈大象賦〉：『狗過梁，而千里流血。』」

綜合上面說法，天狗有兩種意義。一是指天狗星，一是指月中凶
神天狗。或許剛開始時是天狗星出現，帶來戰爭、災難，後來才變成
月中有凶神天狗，形成「天狗食月」，又再演變成「天狗食日」。這當
然是因為先民不瞭解日食、月食形成原因，才有這種說法。

還有一種解釋，天狗食月、食日，可能是因狗本性喜歡咬噬、亂
吠，而產生的神話。在日全食的食既前，全食帶地區的狗都會亂吠一
通，或許是少見多怪，或許是恐懼，或許是有某種感應；月食時，狗
也是亂吠。日食、月食和狗吠之間，就有了關連，再一演變，就由日
食、月食時狗吠，成了天狗食日、天狗食月。這種解釋只是種推測，
不知先民是否也有這種想法。

再深入探討，發現在《山海經》中有天狗、天犬記載。《山海經》
〈西山經〉中說：「又西三百里，曰陰山。濁浴之水出焉，而南流注

于蕃澤，其中多文貝。有獸焉，其狀如貍而白首，名曰天狗，其音如榴榴，可以禦凶。」《山海經》〈大荒西經〉中說：「有巫山者。有壑山者。有金門之山，有人名曰黃姖之尸。有比翼之鳥，有白鳥青翼，黃尾，玄喙。有赤犬，名曰天犬，其所下者有兵。」這兩則記載，都很簡單，天狗記載較天犬多了幾字。經文中提到天狗形狀、聲音，可以禦凶，不像是凶神。而天犬則是紅色的狗，「有兵」似乎和戰爭有關。比較起來，天犬較像會食月的狗，但也可能食月的天狗和《山海經》的記載無關。在日本也有天狗神話，把天狗視為妖怪。

另外，也有人認為天狗是二郎神的哮天犬，能食日、食月。還有種傳說，認為目連之母犯錯被懲罰，變成惡狗，這隻惡狗會吞吃太陽、月亮。這種種關於天狗的說法，都是神話思維的產物。

四　日食、月食對人類心理的影響

日食、月食形成原因，在今天看來，只是普通天文知識，可是古人卻缺乏這些科學知識。尤其日食是罕見的天文景象，當古人見到日食，看到高懸空中的明亮太陽，消失光芒，大地昏暗，星辰出現，這是非常恐怖的景象，內心恐懼到了極點，覺得天地即將毀滅。相對之下，晚上本來就常是黑暗的，發生月食就沒那麼恐怖。正如《史記》〈天官書〉說：「月蝕，常也；日蝕，為不臧也。」將日食、月食分開，對日食、月食有不同看法。像《春秋經》就只記載日食，不記載月食，應該是以月食為常態。

對於某幾類民族來說，日食造成極大心靈震撼。因為這幾類民族，特別重視太陽，太陽就是生命的泉源，太陽消失，將會帶來大災難。

其一是崇拜太陽的民族，比如印加民族、中國的殷商民族。對這類民族來說，太陽就是神，主宰天地萬物，太陽是不能消失的。日食對崇拜太陽的民族，可是最嚴重的事情。

　　二是農業民族。從長期的經驗中，農業民族深深瞭解太陽和農作物之間的關係。如果太陽毀滅，那農作物會死亡，發生飢荒，人及所有動物都無法活下去。所以農業民族非常重視日食，紀錄每次日食，中國古代就是如此。

　　三是迷信陰陽、天人感應的民族，例如中華民族。在春秋時代中華民族就很重視日食，並詳實記載日食，比如《春秋經》中，就記載春秋二四二年中三十六次日食（或曰三十七次）。

　　陰陽、天人感應思想興起後，日食和君臣、政治有了密切關係。正如《隋書》〈經籍志〉說的：「天文者，所以察星辰之變，而參於政者也。《易》曰：『天垂象，現吉凶。』《書》稱：『天視自我民視，天聽自我民聽。』故曰：『王政不脩，譴見于天，日為之蝕。后德不脩，譴見于天，月為之蝕。』」《晉書》〈天文志〉也提到：「日蝕，陰侵陽臣掩君之象，有亡國。」《隋書》〈律曆志〉還加上「有死君，有大水」，更讓人覺得日食的可怕。因此古人重視日食，以日食為災難的徵兆。

　　《宋史》〈天文志〉說：「日蝕為陰蔽陽，食既則大臣憂，臣叛主，兵起。」皇帝是天子，日食是凶兆，是皇帝失德失政，君道虧天垂象示警，傳遞某種訊息，嚴重警告皇帝。

　　因此，遇到日食，皇帝必須如《左傳》〈昭公十七年〉，昭子說的：「日有食之，天子不舉，伐鼓於社，諸侯用幣於社，伐鼓於朝，禮也。」或如《史記》〈天官書〉中說的：「日變脩德，月變省刑，星變結和。凡天變，過度乃占。」採取一些應變措施，戒懼脩德省刑，用種種方法來懲戒、補救自己過錯。〔元〕趙友欽《格象新書》卷三：「日陽月陰。陽主德，陰主刑。有國家者，日食則懼德之有失，月食則懼刑之有失，故日食修德，月食修刑。」趙氏說法解釋了為何要修德、修刑。

　　皇帝救日有雙重涵意。一是認為日食會帶來災難，必須責己修德，

見災思懼；二是皇帝借著日食來表明自己是天之子。關增建〈日食觀念與傳統禮制〉中說：「帝王本身也希望通過救日這種儀式進一步突出自己的特殊身份。」關氏說法很合理，這應該是普遍的皇帝心理。

日食除了對一般民眾的影響外，對上述三類民族，更是有巨大震撼。因此各民族必須用神話來解釋日食，使日食合理化，同時必須要救日、救月，使日、月能儘快恢復正常。

五　日食、月食形成的原因

在漢朝已經能推算日食、月食，到了唐末徐昂《宣明曆》，對日食、月食的預報，已達到最高水準。〔宋〕王應麟《六經天文編》卷上說：「月行於白道與黃道正交之處，在朔則日食，在望則月食。日食者，月體掩日光也；月食者，月入暗虛，不受日光也。」王氏說法和今天的天文知識差不多。只是早期的推算，沒那麼準確，愈到後來就愈準確。

地球繞著太陽公轉（黃道），地球本身又會自轉；月亮會自轉，又會繞著地球公轉（白道）。當月亮、地球轉到某一角度時，太陽、月亮、地球形成直線，月亮在太陽、地球中間，就會發生日食。

太陽直徑為一百三十九萬一千公里，月亮直徑為三千四百六十七公里，太陽直徑約比月亮直徑大四百倍。但是因為月亮離地球約三十八萬公里，比較近，太陽離地球約一點五億公里，比較遠，兩者比例約四百分之一。因此從地球上看，月亮直徑和太陽直徑差不多大，這就是會發生日食的原因。

月亮影子有本影、半影之分，當本影落到地球某一區域時，該區域的人可以見到日全食或日環食，而在半影區域的人，只能見到日偏食。

月食的成因，是太陽、地球、月亮形成一直線，地球的影子落到

月亮上，產生月食。地球直徑為一萬兩千七百五十六公里，約是月亮直徑四倍，月食時地球影子會全部遮住月亮，因此只有月全食、月偏食，沒有月環食。月食每年最多發生三次，比日食常見。

又因為月亮繞地球公轉的關係，日食一定在農曆初一（朔）發生，月食一定在農曆十五日或十六日（望）發生。

日全食、月全食都分成初虧、食既、食甚、生光、復圓五個階段，每個階段時間不同。日全食全部過程約兩小時，日偏食的時間比日全食短，全部過程約一小時。日偏食沒有食既、生光，只有初虧、食甚、復圓三個階段。

以上為日食時間，下面繼續探討月食時間。據《天文年鑑2007》記載：二○○七年八月二十八日夜有月全食，且為月出帶食形式。此次情況是月出的時候，就已經是月全食，所以名為「月出帶食」。筆者曾親自觀測此次天文景象，由初虧到復圓約三小時三十二分；月球完全在地球本影的時間，約一小時三十分，全部過程不到四小時。

既然日食只有兩小時，月食四小時左右，如果敲鑼打鼓的時間能到兩小時或四小時，等日食、月食結束，太陽、月亮將回復明亮，先民或許會誤認為真的是敲鑼打鼓趕走天狗的。以後每次遇到同樣景象，可能又會重複驅趕天狗的儀式。

六　救日、救月的方法

天狗食日、月，在先民看來，是不祥之兆，必須採取某些方法，趕走天狗救回日、月。最常用的救日、月方法，可分成兩種。一、敲擊或發出某種聲音，來驅趕天狗。二、用某種儀式來趕走天狗。使用第一種方法的民族最多，少數民族用第二種方法。

第一種方法，最常見的就是敲鑼打鼓。擊鼓救月，見於《周禮》〈地官司徒〉，鼓人「救日月則詔王鼓」。鄭玄注：「救日月食，王必

親擊鼓者，聲大異。」必須由君王親自擊鼓，才有效果。《左傳》〈昭公十七年〉說：「日有食之，天子不舉，伐鼓於社。」伐鼓即擊鼓，是為了救日。《白虎通》還記載了：「日食必救之，陰侵陽也。鼓攻之，以陽責陰也。故《春秋》『日食，鼓，用牲於社』。」擊鼓是要以陽責陰，有其特殊意義。又《周禮》〈地官司徒〉提到鼓人用雷鼓祭祀天神，詔王鼓救日月是天事，宜用雷鼓。

〔宋〕張方平《樂全集》卷三，提到伐鼓於社時，還要縈朱繩。〔宋〕吳淑《事類賦》卷一，「擊櫨縈絲」條，自註：「以朱絲縈社。」和張方平記載相同。另外，救日時侍臣必須「著赤幘」。〔晉〕摯虞《決疑要注》：「凡救日蝕者，著赤幘以助陽也。」赤幘，是古人束髮的紅色頭巾。

到了唐代，又有「擊鑑救月」之說。〔五代〕王仁裕《開元天寶遺事》中記載：長安城中，遇到月食時，老百姓拿出鏡子，對著月亮擊鏡，滿城都是如此，說是要救月食。這可能是希望月亮恢復像鏡子一樣明亮。

宋代某些地區，有鳴鉦救月。如家鉉翁作詩，詩題是「中秋月蝕，邦人鳴鉦救月，不約而齊。中原舊俗，猶有存者。感而有作」遂賦七言絕句兩首。

〔元〕胡助〈月食遇雨詩〉：「小兒救月敲銅盆，街市鬧喧喧。」〔明〕凌義渠〈中秋月食時舟泊濟上〉：「敲銅救月迥含愁，舫泊依然古渡頭。」都是敲銅器，製造聲響來救月。到了近代，有些地區用放鞭炮，來驅趕天狗。

以上方法雖然不同，大概都是敲擊某種東西，發出巨大聲響，想要驅除食日、食月天狗，讓太陽、月亮恢復正常。這些方法和一般人驅趕野狗方法一樣，簡單說，就是模擬驅趕野狗動作。

第二種方法，就比較複雜。在中國古籍中，記載以射箭來趕走天狗。如《周禮》〈秋官司寇〉記載著「救日之弓」、「救月之矢」，這是

用射箭來驅趕天狗。鄭玄注:「日月之食,陰陽相勝之變也。於日食,則射太陰;月食,則射太陽。」這種射箭方法,不只中國古人使用,在南美洲奇岐托人(Chiquitos),也是用射箭天空和大聲喊叫來趕走天狗。

但「救日之弓」、「救月之矢」,真的就能驅趕天狗,救日、月嗎?〔宋〕張載《張子全書》卷七中就說:「如《周禮》救日之弓,救月之矢。豈不知無益於救,但不可坐視其薄蝕而不救,意不安也。」張氏很清楚「救日之弓」、「救月之矢」,其實是無用的,但不救會心不安,只好救救看。〔元〕趙友欽在《革象新書》中也有同樣看法。

《周禮正義》卷二十五「大祝」的註中,提到董仲舒〈救日食祝〉曰:「焰焰大明,㵮滅無光。奈何以陰侵陽,以卑侵尊。」這大概是救日食時的禱告辭。按:㵮,通殲。㵮滅,消滅。〔明〕梅鼎祚《皇霸文紀》卷一〈救日食祝辭〉誤做「纖」。

在《穀梁傳》中,提到天子救日的特殊方法。《春秋穀梁傳注疏》〈莊公二十五年〉卷六:「天子救日,置五麾,陳五兵、五鼓。」注:「麾,旌幡也。五兵:矛、戟、鉞、楯、弓矢。」五麾是指青、赤、黃、白、黑五色旗。五鼓是指青鼓、赤鼓、白鼓、黑鼓、黃鼓。五麾、五兵、五鼓都要放在一定方位。五鼓應該是用來擊鼓,五麾、五兵應該是周圍的佈置。

宋朝還有個奇怪的救月方法,刳蟆救月食。見〔宋〕孫覿〈侍郎唐公挽詞〉:「但見刳蟆救月蝕,孰知煉石補天空。」這可能和蟾蜍食月有關。

還有打狗救日。發生日食時,印加人把村裡所有的狗都集中起來,用繩子綁住狗,拿棒子狠狠打狗。印度人認為月亮是天狗食月,要一起打狗,天狗害怕地上狗被殺,就會吐出月亮。

日食、月食有一定規律,可以根據這些規律,推算出準確的時

間。換言之，日食、月食純粹是個天文現象，毫無神秘可言，當然不會帶來任何災難。說明白點，這和君臣無關，和國家興亡無關，和各種水災、旱災、地震也無關。不管有沒有日食、月食，都會出現昏君，都會有國家興亡，都會有自然災害。再說日食最多約兩小時，月食最多約四小時，這麼短的時間，應該對地球不會有重大影響，不可能短短幾小時就改變地球磁場或造成災難。將各種災難和日食、月食連在一起，只是因為先民欠缺天文知識和豐富的想像力。

（本文刊於《歷史月刊》第249期（2008年10月））

《尚書》〈胤征〉辰弗集于房考

一 前言

　　日食是罕見天文景象，其成因是太陽、月亮、地球成一直線，月亮在太陽、地球中間，月亮遮住了太陽。古人非常重視日食，遇到日食一定會詳細記錄。比如《春秋經》中，就記載春秋二四二年的三十七次日食。

　　中國最早的日食記載，則見《古文尚書》〈胤征〉。《古文尚書》〈胤征〉中說：「乃季秋月朔，辰弗集于房，瞽奏鼓，嗇夫馳，庶人走。」[1]其中「辰弗集于房」這五個字，許多學者認為就是指日食。這五個字非常重要，如果這五個字是真的，那就是中國第一次日食紀錄，也是世界上第一次日食紀錄。這次日食時間發生在夏代仲康年間，被稱為仲康日食，也稱為書經日食。

　　目前所確定中國最早的日食，是《詩經》〈小雅〉〈十月〉記載的日食，時間是公元前七七六年九月六日。[2]國外最早的日食紀錄是西元前七六三年六月十五日，在巴比倫發生過日全食。[3]《古文尚書》〈胤征〉記載的日食在西元前兩千年左右，遠比《詩經》日食、巴比倫日食要早上千年。

1　〔漢〕孔氏傳，〔唐〕陸德明音義，孔穎達疏：《尚書注疏》（臺北市：臺灣商務印書館，1986年，《景印文淵閣四庫全書》），第54冊，卷6，頁152。按：〈胤征〉或作〈嗣征〉，或作〈允征〉，這是避清代雍正皇帝的諱。雍正，姓愛新覺羅，名胤禛。

2　陳遵媯：《中國天文學史》（臺北市：明文書局，1987年），第3冊，頁26。

3　同上註，第3冊，頁77。

　　中國古代的天文資料相當混亂，爭議很多，眾說紛紜。比如夏代是否能推算預報日食？「辰」字、「弗」字、「集」字、「房」字，究竟要如何解釋？這些問題都有待釐清。「辰弗集于房」的真偽，也是麻煩問題。至於仲康日食是在那一年？是西元前幾年？更是各家說法不同。

　　本文即試圖解決上述問題，針對這些問題，參考各種文獻，分析歸納各家意見，然後提出自己看法。我的見解或許能解決一部分問題，但想要解決全部問題，恐怕還有待日後地下的出土文獻，來印證古代文獻。

　　一些天文書籍會談到「辰弗集于房」，至於單篇論文方面，臺灣似乎尚無人寫過。「仲康日食」部分，大概只有胡秋原寫過一篇〈書經日食與中國歷史文化之天文學性──論閻若璩之虛妄與李約瑟中國科學史天文篇〉。[4]在中國大陸，沒人寫過「辰弗集于房」論文，[5]但有九篇論文題目中有「仲康日食」四字。[6]這九篇論文最早一篇是一九九七年寫的，最晚一篇是二○○一年寫的。這九篇論文是：1. 趙恩語，〈中康日食的認證〉。[7] 2. 吳守賢〈夏代仲康日食記載再讀〉。[8] 3. 吳晉生

4　胡秋原：〈書經日食與中國歷史文化之天文學性──論閻若璩之虛妄與李約瑟中國科學史天文篇〉，《中華雜誌》第8卷1月號（1970年1月）。按：胡氏此文第三節列出仲康日食年份的八種說法，但未下定論。胡氏並以為閻若璩考證，不能證明〈胤征〉為不真（頁30）；〈胤征〉晚出為妄說（頁33）；閻若璩對仲康日食的考證，是「巧詞羅織或無的放矢」（頁34）。

5　許兆昌：〈胤征義和事實考〉，《吉林大學社會科學學報》第2期（2004年3月）。這篇論文是大陸唯一研究〈胤征〉的文章。該篇認為「胤征義和即后羿射日」，偏向神話研究。

6　李學勤：〈仲康日食的文獻學研究〉，《煙臺師範學院學報（哲學社會科學版）》第17卷第1期（2000年3月）。註1中提到有「吳守賢、周洪楠、李勇、劉次沅：《夏代仲康日食的再研究》，1999年3月打印本」。該打印本遍尋未獲。

7　趙恩語：〈中康日食的認證〉，《安徽史學》第1期（1997年1月）。

8　吳守賢：〈夏代仲康日食記載再讀〉，《自然科學史研究》第17卷第3期（1998年）。

〈人類最早記錄的一次日食——中國夏代「仲康日食」〉。[9] 4. 李勇、吳守賢〈仲康日食古代推算結果的復原〉。[10] 5. 李勇〈《授時曆》與仲康日食推算〉。[11] 6. 吳守賢〈夏仲康日食年代確定的研究史略〉。[12] 7. 李學勤〈仲康日食的文獻學研究〉。[13] 8. 何幼琦〈「仲康日食」辨偽〉。[14] 9. 李勇、吳守賢〈授時曆議中的仲康日食記錄研究〉。[15]經過努力搜尋後，終於找齊這九篇論文。

　　本文在撰寫時，參考了這九篇論文的論點，其中重要的部分，分別在各節引用。另外，題目中沒有「仲康日食」四字，但文章中談到「仲康日食」的論文，也有幾篇。本文撰寫時，除參考歷代的《尚書》、《左傳》註釋、論著及天文書籍外，[16]在引用現代學者論文時，大都是引用大陸學者論文。

　　在前言的最後，還要特別說明一件事。本論文題目是〈《尚書》〈胤征〉辰弗集于房考〉，並不是〈《古文尚書》〈胤征〉辰弗集于房考〉。題目中所謂的《尚書》是指真正的《尚書》，〈胤征〉是指真正

9　吳晉生：〈人類最早記錄的一次日食——中國夏代「仲康日食」〉，《貴州文史叢刊》第2期（1999年）。

10　李勇、吳守賢：〈仲康日食古代推算結果的復原〉，《自然科學史研究》第18卷第3期（1999年7月）。

11　李勇：〈《授時曆》與仲康日食推算〉，《南京大學學報》（自然科學版）第36卷第1期（2000年1月）。

12　吳守賢：〈夏仲康日食年代確定的研究史略〉，《自然科學史研究》第19卷第2期（2000年）。

13　李學勤：〈仲康日食的文獻學研究〉，《煙臺師範學院學報》（哲學社會科學版）第17卷第1期（2000年3月）。

14　何幼琦：〈「仲康日食」辨偽〉，《殷都學刊》第1期（2001年）。

15　李勇、吳守賢：〈授時曆議中的仲康日食記錄研究〉，《南京大學學報》（自然科學版）第37卷第1期（2001年1月）。

16　並非每本《尚書》註釋、論著，都會談到「辰弗集于房」，如〔明〕梅鷟《尚書考異》卷2，就未提及這五個字。〔清〕毛奇齡《古文尚書冤詞》卷5，雖提及「辰弗集于房」，但所討論的是夏、周異禮，和本論文無關。這類無關「辰弗集于房」的註釋、論著，本論文都不引用。

《尚書》的真〈胤征〉，並不是今傳《古文尚書》中的〈胤征〉。如何
知道真《尚書》中有「辰弗集于房」這五個字？又如何知道真〈胤
征〉中有這五個字？說詳下節。

二　「辰弗集于房」之真偽

　　《古文尚書》〈胤征〉中有「辰弗集于房」這五個字。一般學者
認為現在流傳的〈胤征〉可能是雜湊諸書而成的，〈胤征〉的可信度
不高。

　　今日流傳的《尚書》，有《今文尚書》、《古文尚書》。從〔清〕閻
若璩舉出一百二十八條證據（今存九十九條），[17]證明《古文尚書》為
偽作後，一般學者都認同閻若璩的說法，認為今文為真，古文為偽。
甚至研究《尚書》的學者，只研究《今文尚書》，不再研究《古文尚
書》。[18]

　　早期臺灣某些學者，如：王保德、劉善哉都曾考證《古文尚書》
非偽作。王氏曾撰寫多篇論文，分條指出閻若璩的錯誤。王氏說：
「閻若璩的妄證積疑，胡猜亂想的考證方法。」[19]又說：「我們用鐘鼎
金文及甲骨文字所載的真實史料，去考證《古文尚書》有關的篇章，
就可以證明它是『活的真經』而非『偽作』。」[20]不過，這些文章無人

17　〔清〕閻若璩：《尚書古文疏證》（臺北市：臺灣商務印書館，1986年，《景印文淵
　　閣四庫全書》），第66冊，卷1至卷8（含附錄），頁127-542。
18　閻若璩之後，清代註釋《尚書》的學者，幾乎都只註《今文尚書》，不再註《古文
　　尚書》。如：江聲《尚書集注音疏》（《重編本皇清經解》3）、王鳴盛《尚書後案》
　　（《重編本皇清經解》4）、孫星衍《尚書今古文注疏》（《重編本皇清經解》4）、段
　　玉裁《古文尚書撰異》（《重編本皇清經解》5）、劉逢祿《尚書今古文集解》（《重編
　　本皇清經解續編》2）、陳喬樅《今文尚書經說攷》（《重編本皇清經解續編》2、
　　3）。以上六書，均未註《古文尚書》。
19　王保德：〈古文尚書非偽作的新考證〉，《文壇》第124期（1970年10月），頁19。
20　王保德：〈古文尚書非偽作的新考證〉（六），《文壇》第129期（1971年3月），頁18。

重視，臺灣大多數學者還是認為《古文尚書》是偽作。

　　最近幾年，大陸學者卻有不同看法，有一些學者開始懷疑閻若璩的說法，檢視閻氏證據，甚至認為閻若璩疏證不是用科學方法，是偽證。比如：張岩〈閻若璩〈疏證〉偽證考〉就認為閻氏的科學方法絕不科學。[21]我認為《古文尚書》確實有些地方啟人疑寶，但要證明《古文尚書》是偽書，[22]必須要有更多確實可靠的證據，《古文尚書》這公案，尚未三審定讞，還有討論空間。[23]

　　以上所談是《古文尚書》〈胤征〉的相關問題，至於本論文題目中的《尚書》是指真正的《尚書》，〈胤征〉是指真正《尚書》的真〈胤征〉。如何知道真《尚書》中有「辰弗集于房」這五個字？主要是因為《左傳》〈昭公十七年〉記載魯太史之言，其中提到：「故〈夏書〉曰：『辰不集于房，瞽奏鼓，嗇夫馳，庶人走。』此月朔之謂也。」[24]魯太史看過〈夏書〉，才會引用〈夏書〉，可以證明真《尚書》的〈夏書〉中，確實有「辰弗集于房」五個字，魯太史引〈夏書〉是堅強證據。在《左傳》時代，還沒有《今文尚書》、《古文尚

21　張岩：〈閻若璩〈疏證〉偽證考〉，見國學網（http://www.guoxue.com/zt/yrq/yrq.htm）。後由中華書局二〇〇六年十二月出版，書名為：《審查古文《尚書》案》。章節名稱已改變。共分六章：第一章引論，第二章文獻流傳篇（上），第三章文獻流傳篇（中），第四章文獻流傳篇（下），第五章史地篇，第六章史實篇。

22　離揚：〈《尚書》輯佚辯證〉，第十一條是「《古文尚書》不應視作偽書」，離揚認為「將傳世《尚書》視作偽書是不公平的」。（http://bbs.guoxue.com/viewthread.php?tid=258467&extra=&page=1）。2005年3月28日。

23　胡秋原有同樣看法。胡氏說：「我們不認為閻若璩之書足為古文尚書問題定讞。……尚有重新審理之必要。」胡秋原：〈關於「古文尚書孔安國傳」之公案〉，《中華雜誌》第7卷9月號（1969年9月），頁38。

24　〔周〕左丘明傳，〔晉〕杜預注，〔唐〕孔穎達疏，陸德明音義：《春秋左傳注疏》（臺北市：臺灣商務印書館，1986年，《景印文淵閣四庫全書》），第144冊，卷48，頁404。按：杜預注：「逸書也。」孔穎達疏：「此《尚書》〈胤征〉文也。」考杜預約卒於西元二八五年（或謂二八四年），梅頤於東晉元帝（西元317年至322年）時，獻《古文尚書》。獻書時，杜預已卒，不及見《古文尚書》，故杜預以此數句為逸書。孔穎達看過梅頤獻的《古文尚書》，所以疏明言是〈胤征〉之文。

書》的區別，魯太史所引〈夏書〉，是真《尚書》的〈夏書〉。

　　《左傳》只說是〈夏書〉，如何知道〈夏書〉就是指〈胤征〉？如何知道真〈胤征〉中有這五個字？下面分三點來談這問題。

　　一、魯太史是在談日食時，引用〈夏書〉的這段文字，可見這段文字應該和日食有關。「瞽奏鼓」，應該是因日食而奏鼓。這都可證明「辰弗集于房」五字，是指日食。今傳的《今文尚書》〈夏書〉只有〈禹貢〉、〈甘誓〉兩篇，《古文尚書》〈夏書〉只有〈五子之歌〉、〈胤征〉兩篇。〈禹貢〉談的是定田賦、進獻方物，應該和日食無關，〈禹貢〉中也無法插入這幾句，可見魯太史所引〈夏書〉文字，不是出自〈禹貢〉。〈甘誓〉是夏君和有扈氏在甘地作戰誓師之詞，作於鄒衍之後，是戰國作品。[25]魯太史不可能看到〈甘誓〉，所引的〈夏書〉，當然不是指〈甘誓〉。《史記》〈夏本紀〉：「帝太康失國，昆弟五人須于洛汭，作五子之歌。」[26]古人非常重視日食，如果在洛汭發生日食，應該會記載。〈五子之歌〉完全沒提到日食之事，應該和日食無關。

　　二、《史記》〈夏本紀〉：「帝中康時，羲和湎淫，廢時亂日，胤往征之，作〈胤征〉。」[27]、〈書序〉：「羲和湎淫，廢時亂日，胤往征之，作〈胤征〉。」[28]除了「帝中康時」四字外，文字完全相同。程元敏疑〈書序〉有脫字，程氏說：「書序上不著夏帝，余深疑書序上脫『中康』云云一句，史遷所見本猶未脫，故夏本紀有之。」[29]程氏認為《史記》因襲〈書序〉，故有此說。[30]

---

25 屈萬里：《尚書釋義》（臺北市：華岡出版部，1972年增訂版），頁39。

26 〔漢〕司馬遷，〔南朝宋〕裴駰集解，〔唐〕司馬貞索隱，〔唐〕張守節正義：《新校本史記三家注并附編二種一》（臺北市：鼎文書局，1978年），卷2，頁85。

27 同上註。

28 〔漢〕孔氏傳，〔唐〕陸德明音義，孔穎達疏：《尚書注疏》，《景印文淵閣四庫全書》，第54冊，卷6，頁150。

29 程元敏：《書序通考》（臺北市：臺灣學生書局，1999年），頁273。

30 程元敏：《書序通考》，頁80。

　　黎建寰《百篇書序探討》亦舉出七證，證明「〈書序〉不襲自《史記》」，「《史記》之襲自〈書序〉」。[31]《史記》〈夏本紀〉、〈書序〉都提到〈胤征〉，可見原本的真《尚書》中確實有〈胤征〉。羲和是天文官，觀測日食是其職掌，「亂日」兩字應該和日食有關。所以「辰弗集于房」最可能出自〈胤征〉，魯太史所引〈夏書〉，應該就是指〈胤征〉，真〈胤征〉中應該有這幾句話。據《史記》〈夏本紀〉這次日食，應該就是仲康日食。

　　三、即使是懷疑《古文尚書》是偽書的清代學者閻若璩，也不否認仲康日食，他只是說仲康日食不一定在仲康初年，可能是在仲康十一年。[32]詳見第五節「辰弗集于房」之時間。

　　根據以上分析，真《尚書》真〈胤征〉中，應該有這五個字。即使今傳《古文尚書》〈胤征〉是偽造的，並不影響對這五個字的解釋，也不影響對仲康日食時間的探討，本文的研究主要是立基在真《尚書》真〈胤征〉上。

　　再深入探討，《古文尚書》〈胤征〉的真偽和「辰弗集于房」之真偽，是不同的兩件事，要分開來看，不能混在一起。就現有資料，《古文尚書》〈胤征〉的真偽，還有待釐清。但是「辰弗集于房」是真的，仲康日食也是真的，在夏朝確實發生過日食，確實有日食紀錄。陳遵媯說：

> 如果把〈胤征〉篇和其他經籍相對照，可以知道〈胤征〉篇縱然是偽作，而它裏面所說的事實，未必完全沒有根據。如《書經》日食紀事可以從漢以前的古籍裏面找出它的根據。也就是說《古文尚書》縱係偽作，而《書經》日食紀事，未必也是偽

31 黎建寰：《百篇書序探討》（臺北市：文津出版社，1982年），頁86-87。

32 〔清〕閻若璩：《尚書古文疏證》，《景印文淵閣四庫全書》，第66冊，卷6上，頁310。

作。[33]

陳氏所謂的「漢以前的古籍」，應該就是指《左傳》。《左傳》時代，真《尚書》的〈夏書〉還存在，魯太史所見〈夏書〉中，確實有「辰弗集于房」五字。

也有人認為這次日食記載，是用曆法推算出來的。但〔宋〕張耒《詩說》提到古代六種曆法，都沒有推日食法，無法推算出日食，在《左傳》時代，想要推出「辰弗集于房」，是不可能的。張氏說：

> 王伯厚謂黃帝、顓頊、夏、殷、周、魯六曆，皆無推日食法。《通鑑》、《皇極經世》：「秦始皇八年，歲在壬戌。」《呂氏春秋》云：「維秦八年，歲在涒灘申。」歷有二年之差。後之算歷者，於夏之辰弗集於房，周之十月之交，皆欲以術推之，亦已疏矣。[34]

這六種曆法，通行於春秋戰國時期，[35]可見到春秋戰國還無法推算日食，更不用說推算夏代的日食了。關增建也認為：「說夏人已能準確預報日食，也令人難以置信。」[36]這也可以知道，憑著曆法是無法推算出仲康時的日食，「辰弗集于房」應該就是當時看到日食的人記錄下來的。

從現代天文學知識，我們知道在太陽系中太陽只會自轉，約三十

---

33 陳遵媯：《中國天文學史》（臺北市：明文書局，1987年），第3冊，頁8-9。

34 〔宋〕張耒：《詩說》（臺北市：臺灣商務印書館，1986年《景印文淵閣四庫全書》），第87冊，卷下，頁22。

35 陳久金、楊怡：《中國古代的天文與曆法》（臺北市：臺灣商務印書館，1993年），頁3。

36 關增建：〈日食觀念與傳統禮制〉，《自然辨證法通訊》第17卷第2期（1995年），頁47。

天轉一圈，地球、月亮會自轉，也會公轉。地球二十四小時自轉一圈，又會以橢圓軌道繞著太陽公轉，約三百六十五天轉一圈，大約每天轉一度。月亮約二十九天自轉一圈，又會繞著地球公轉，約二十九天轉一圈，大約每天轉十三度多。月亮自轉和公轉相同，都是約二十九天轉一圈。

農曆十五日，月亮是滿月，然後就以每天約十三度的速度，繼續公轉。等到公轉一百八十度時，也就是農曆初一（朔），月亮就轉到地球前面，變成太陽、月亮、地球的情況。月亮和地球並不是在同一平面上，月亮的公轉有個五度夾角。要等到太陽、月亮、地球成一直線，月亮在太陽、地球中間，月亮遮住太陽，月亮影子落到地球上，就會發生日食。

發生日食時，月亮會遮住太陽。太陽直徑約為一百三十九萬公里，月亮直徑約為三千四百六十七公里，太陽比月亮大四百倍，照理月亮應該不會遮住太陽。但是因為太陽、月亮和地球的距離不同，月亮離地球地球比較近，約三十八萬公里，太陽離地球比較遠，約一點五億公里，兩者比例約四百分之一，正好和太陽、月亮體積比例相同，從地球上看，月亮、太陽直徑差不多大，這就是發生日食的原因。

月亮影子可分成本影、半影，當本影落到地球某區域時，該區域的人可以見到日全食或日環食，半影區域的人，只能見到日偏食。日食除了日全食、日偏食外，還有日環食。月亮完全遮住太陽時，會發生日全食，當月亮無法完全遮住太陽時，會出現日環食。

要從曆法來推算日食，並不簡單，必須對太陽、月亮、地球有相當程度的認識，要能掌握太陽、月亮的運動規律，才能推算出日食時間。在中國，大概要到漢朝才能準確預報日食，蘇宜說：

　　　日食、月食的成因只與日、地、月三個天體的幾何位置有關，

只要精確掌握了這三個天體的運動規律，日食、月食是可以準確加以計算和預報的。中國古代從漢武帝《太初曆》開始，即對日食、月食作出預報。歷代都用日食、月食發生的時刻檢驗曆法的疏密。[37]

《太初曆》是漢武帝太初元年（西元104年），由鄧平、落下閎等二十餘人所製成。如果《太初曆》才能準確預報日食，那可以反推《太初曆》之前的曆法，都無法準確預報日食。所謂「曆法疏密，驗在交食」，[38]日食就是檢驗曆法的標準。

如果我們換個角度來看，假設記載這次日食的人並不瞭解日食的成因，也沒後代的天文曆法知識，無法預報日食，他只是如實的記下所看到的景象。那從這角度來解說「辰弗集于房」，或許比較能得到真象。

三 「辰弗集于房」字義考

（一）「辰」字考

「辰」字有兩種解釋，第一種解釋，是把「辰」解釋成日月交會。孔安國說：「辰，日月所會。」[39]這種說法大概是根據《左傳》。孔穎達說：

> 昭七年，《左傳》曰，晉侯問士文伯曰：「何謂辰？」對曰：

---

37 蘇宜：《天文學概要》（高雄市：麗文文化事業股份有限公司，2007年），頁69。

38 〔明〕宋濂等撰：《新校本元史并附編二種二》（臺北市：鼎文書局，1977年），卷53，頁1153。

39 〔漢〕孔氏傳，〔唐〕陸德明音義，孔穎達疏：《尚書注疏》，《景印文淵閣四庫全書》，第54冊，卷6，頁152。

「日月之會是謂辰。」是辰為日月之會。日月俱右行於天，日行遲，月行疾，日每日行一度，月日行十三度十九分度之七，計二十九日過半，月已行天一周，又逐及日，而與日聚會，謂此聚會為辰。一歲十二會，故十二辰，即子、丑、寅、卯之屬是也。[40]

孔氏引《左傳》來解釋「辰」字。〔宋〕蔡沈也說：「辰，日月會次之名。」[41]這幾位學者都以日月交會為「辰」，大部分研究《尚書》的學者都認同這種說法。

以上所說，並非「辰」字本義，「辰」字本義複雜，約有十二說，眾說紛紜，尚無定論。重要的有下列諸說：〔漢〕許慎《說文解字》：

辰：震也。三月，易气動，靁電振，民農時也。物皆生，從乙、匕，匕象芒達；厂，聲也。辰，房星，天時也。從二，二，古文上字。凡辰之屬皆從辰。[42]

許慎認為「辰」字是「震也」、「房星，天時也」，諸家多不從許說。〔清〕朱駿聲《說文通訓定聲》：「有身也。」[43]朱氏認為「辰」之本義是女子懷孕，「辰」解釋為日月合宿，是假借字。吳紹瑄〈釋辰〉先引顧鐵僧教授說法：「辰即蜃本字。」又說：「是舉凡從辰得形聲之

40 〔漢〕孔氏傳，〔唐〕陸德明音義，孔穎達疏：《尚書注疏》，《景印文淵閣四庫全書》，第54冊，卷6，頁152-153。

41 〔宋〕蔡沈：《書經集傳》（臺北市：臺灣商務印書館，1986年《景印文淵閣四庫全書》），第58冊，卷2，頁43。

42 〔漢〕許慎撰，〔清〕段玉裁注，王瓊珊編寫：《段注說文解字》（臺北市：廣文書局，1959年），頁752。

43 丁福保：《說文解字詁林》（臺北市：臺灣商務印書館，1976年），第14冊，卷14下，頁6631。

字，輾轉推求，而愈可明辰即蜃之古文也。」[44]郭沫若《甲骨文字研究》〈釋干支〉：

> 余以為辰實古之耕器。其作貝殼形者，蓋蜃器也。《淮南》〈氾論訓〉曰：「古者剡耜而耕，摩蜃而耨。」……要之，辰本耕器，故農、辱、蓐、耨諸字均从辰。星之名辰者，蓋星象於農事大有攸關，古人多以耕器表彰之。……更進則舉凡星象皆稱為辰。辰又轉為時日之通稱，於是而耕器之本義遂全晦。[45]

郭氏說法似乎是從吳紹璚〈釋辰〉推衍而來。郭氏以「辰」之本義為耕器，並解釋了」辰」與星象關係。吳其昌《矢彝考釋》：

> 至於「辰」之本義，在今日尚不能確知。……疑亦古代紡織具也。……其後以名辰星者，必辰星附近之星，其形有略似此紡織具耳。初民觀察天象之知識，必以其所日常服御器物之形廓以為識別星象系屬之標幟。[46]

解釋成耕器、蜃器比較單純，紡織具比耕器複雜多了。主張是耕器者，還有馬敘倫、裘錫圭、徐中舒等人。[47]其中徐中舒說法頗為特殊，徐氏《甲骨文字典》說：

> 商代以蜃殼（蛤蚌屬）為鐮即蚌鐮，其制於蚌鐮背部穿二孔附

---

44 丁福保：《說文解字詁林》，第14冊，卷14下，頁6632-6633引。
45 古文字詁林編纂委員會：《古文字詁林》（上海市：上海教育出版社，2004年），第10冊，頁1124。
46 同上註。吳氏此文發表於《燕京學報》第9期（1931年6月）。
47 同上註，頁1125-1127。

繩索縛於拇指，用以掐斷禾穗。甲骨文辰字正象縛蚌鐮於指之形。……故辰之本義為蚌鐮，其得名乃由蜃，後世遂更因辰作蜃字。又古籍中之大辰星（即天蠍座 α 星）與前後相鄰二星所聯成之弧綫與農具辰之圓弧形刃部相似，故以辰名之。[48]

大辰星的說法和吳其昌類似，但吳氏認為像紡織具之形，徐氏以為像刃部。以上皆為文字學者對「辰」字的意見，歧義頗多。[49]除以上諸說外，大陸有兩位學者寫過論文，解釋「辰」字。一篇是張聞玉的〈釋辰〉，另一篇是鐘如雄的〈釋辰〉，兩篇題目一樣，當是巧合。張氏說：

甲文中的「辰」就是蛤蚌，又可以代表用蚌殼做成的農具。這與上古初民的原始生活習俗也是切合的。[50]

這和郭沫若諸家說法相同。張氏又說：

考古發掘有確鑿證據，華夏民族早在仰韶時代已經有了農業，夏民族早已進入農耕時代，蚌製農器的普遍使用當是夏文化的特徵之一。華夏先民在夏代已有觀星象指示農耕的習俗，「辰」字產生于夏代當無疑義。[51]

---

48 古文字詁林編纂委員會，《古文字詁林》，第10冊，頁1127。
49 「辰」字本義除上列諸說外，還有土相會之處（〔清〕吳麦雲）、伏也（〔清〕俞樾）、象龍之首足鱗甲形（〔清〕方濬益）、脣之古文（林義光）、古文震字（日·高田忠周）、象人耕之形（胡小石）、即古振字（葉玉森）、臥具如今胡床（唐桂馨）等諸說，極為煩雜。
50 張聞玉：〈釋辰〉，《貴州大學學報》（社會科學版）1994年第2期（1994年），頁53。
51 同上註。

張氏進一步說明夏代已有「辰」字。鐘氏〈釋辰〉一文，先說明
「辰」有四種解釋：農時說、農具說、妊娠說、鑿石說。[52]鐘氏還特
別指出，「辰」解釋成農具，是陳獨秀《小學識字教本》的說法。鐘
氏並提出創見：「辰」的形構取象義是男女交合。[53]並分八點詳細分
析。至於天文學者對「辰」字又有不同看法，陳遵媯說：

> 辰的意義，各種說法不同，到現在還沒有定論。不過在古觀象
> 授時時代，選取一定的星辰，作為分辨一年四季的標誌，這些
> 星象，可以說就是「辰」的本來意義。所以「辰」字在中國天
> 文學史上占著非常重要的地位。[54]

在同頁「我國稱作辰的星象和西方不同」的註釋（註3）說：

> 在古代觀象授時時代，埃及以天狼星為辰，巴比倫以五車二為
> 辰，中國則隨著地方或時代而有種種變遷。古代或以大火、或
> 以參伐、或以北斗為辰，到了周初，用二十八宿法，或以日月
> 交會點為辰，春秋中期用土圭測日中太陽高度則指太陽為辰。
> 《左傳》〈昭公七年〉：「……日月之會是謂辰，故以配日。」
> 有人認為以辰為合朔，實從漢代始。[55]

依照陳氏的說法，到了周初才以「日月交會點為辰」，夏代「辰弗集
于房」的「辰」字，就不能解釋成「日月之會是謂辰」，那歷代的解
釋尚需商榷。

---

52 鐘如雄：〈釋辰〉，《西南民族大學學報》（人文社科版）總24卷第7期（2003年10
 月），頁153-154。
53 同上註，頁154。
54 陳遵媯：《中國天文學史》（臺北市：明文書局，1987年），第4冊，頁30。
55 同上註，頁30-31。

　　第二種解釋，我認為「辰弗集于房」的「辰」字應該是指太陽。日、月、星合起來是三辰；分開來日可為「辰」，月可為「辰」，星也可為「辰」。所以太陽為「辰」，應該是合理的。《左傳》〈桓公二年〉：「三辰旂旗，昭其明也。」杜預注：「三辰，日月星也。」孔穎達疏：「日以照晝，月以照夜，星則運行於天，昏明遞市而正，所以示民早晚，民得取為時節，故三者皆為辰也。」[56]這資料證明「辰」字可以解釋成太陽，而且據上文所引陳遵媯說法，在春秋中期時，也曾指太陽為「辰」。我認為在夏代時，可能已經以太陽為「辰」，也只有「辰」字解釋成太陽，才能合理的解釋「辰弗集于房」這五個字。說詳第四節「辰弗集于房」之意義。

　　張聞玉〈釋辰〉，對「辰弗集于房」的「辰」字有獨特看法。張氏將「辰弗集于房」解釋成「太陽當在房宿之度而不見」，而且認為本來應該是「日不集於房」，後來「日」被改成「辰」。張氏說：

> 今按「辰不集于房」當源于《夏小正》「九月內火，辰系於日。」傳注辰，房星也。傳文實春秋人所作。……太陽在動，視運動軌跡是黃道，所以言「日集于房」，即太陽在房宿之度。現今，發生日全食了，太陽當在房宿之度而不見，故「日不集于房」。《夏書》原文當是「日不集於辰」（辰，大火也），唯此方能與《夏小正》經文「辰系於日」（辰，大火）也吻合。《左傳》引《夏書》何以改「日不集于房」為「辰不集于房」？這是作者信傳以房為辰，又以辰配日的結果。《左傳》引書，近於改寫，難免滲入己意。[57]

---

56 〔周〕左丘明傳，〔晉〕杜預注，〔唐〕孔穎達疏，陸德明音義：《春秋左傳注疏》，《景印文淵閣四庫全書》，第143冊，卷4，頁121。

57 張聞玉：〈釋辰〉，《貴州大學學報》（社會科學版）1994年第2期（1994年），頁56。

張氏說法和我看法相同的地方，都認為應該是日食時太陽不見了。不
同的地方，在於我以為「辰」字可以直接解釋成太陽，張氏以為原來
應該是「日」字，被《左傳》作者改成「辰」字。還有就是對「房」
字的解釋不同。至於張氏說：「『辰不集于房』當源于《夏小正》。」
《夏小正》成書年代爭議頗多，張氏應該先證明《夏小正》年代在
〈夏書〉之前。

（二）「弗」字、「不」字考

《尚書》〈胤征〉：「辰弗集于房。」的「弗」字，《左傳》引〈夏
書〉作「不」字。有兩位學者認為「弗」字、「不」字要另作解釋。
何幼琦〈「仲康日食」辨偽〉說：

> 劉歆這是用的古文字，即「不」，「丕」二字相通，「不集」就
> 是「丕集」。如《詩經》〈大明〉的「不顯其光」，正是「日食
> 集于房」。[58]

何氏將「不」解釋成「丕」，對「不」字做了新的解釋，這是試圖解
決「辰弗集于房」的難題。吳守賢〈夏代仲康日食記載再讀〉對
「弗」字另做新解，吳氏說：

> 在中國古代記錄彗星的另外名稱為「孛」、「茀」和「拂」，例
> 如在《開元占經》中有：「甘石曰：『彗星茀干犯房。』」「石氏
> 曰：『弗從房出。』」《春秋緯書》曰：「星弗於東方。」《史記》
> 〈封禪書〉：「有星弗于東井」。而《漢書》〈武帝紀〉中記載同
> 一天象是「有星孛于東井」。這樣我們可以大膽假定「弗」字

係殘簡中「茀」或「拂」字之誤，後人以訛傳訛；或者乾脆假定在古字中「弗」和「茀」、「拂」就是同一個字。[59]

除了吳氏之外，尚未見有其他學者做這種解釋。以上這兩種解釋，主要目的是想要將「辰弗集于房」的「弗」字另作新解，才能解釋這五個字。但用通假字來解釋，未必是原文意思，而且諸書或做「弗」字、或做「不」字。如果將「不」解釋成「丕」，那某些書做「弗」字，又要如何解釋；如果將「弗」解釋成「茀」或「拂」，那某些書做「不」字，又要如何解釋。何氏說法就算解釋了「不」字，卻無法解釋「弗」字；吳氏說法就算解釋了「弗」字，卻無法解釋「不」字。

還有種方法，就是乾脆忽略「弗」字，不解釋「弗」字。如：江灝、錢宗武譯注的《尚書》，就將「辰弗集于房」翻譯成：「太陽和月亮會合的地方在房宿，發生了日蝕。」[60]好像以「弗」字為衍文，不作解釋。

（三）「集」字考

《左傳》〈昭公十七年〉杜預注：「集，安也。」孔穎達說：「杜以鳥止謂之集，故訓集為安也。」[61]孔安國說：「集，合也。不合即日食可知。」[62]這種解釋是說不通的。如果「集」是合，那應該是日月集是日食，而不是不集是日食。因為這種解釋不合邏輯，所以有些學者就認為「集」應作「輯」字解釋，才能解釋「辰弗集于房」這五個

---

59 吳守賢：〈夏代仲康日食記載再讀〉，《自然科學史研究》第17卷第3期（1998年），頁252。

60 江灝、錢宗武譯注；周秉鈞審校：《尚書》（臺北市：地球出版社，1994年），頁122。

61 〔周〕左丘明傳，〔晉〕杜預注，〔唐〕孔穎達疏，陸德明音義：《春秋左傳注疏》，《景印文淵閣四庫全書》，第144冊，卷48，頁403。

62 〔漢〕孔氏傳，〔唐〕陸德明音義，孔穎達疏：《尚書注疏》，《景印文淵閣四庫全書》，第54冊，卷6，頁152。

字。《新唐書》〈曆志〉說：

> 按古文「集」與「輯」義同。日月嘉會，而陰陽輯睦，則陽不
> 疚乎位，以常其明，陰亦含章示沖，以隱其形。若變而相傷，
> 則不輯矣。[63]

〔宋〕蔡沈《書經集註》：「集，《漢書》作輯。集、輯通用。」[64]說法
相同。輯是輯睦的意思。「集」作輯睦解，還是說不通，和集合解的
狀況一樣，應該輯睦是日食，不輯睦非日食。

　　「集」字有多種意義，上面兩種說法都不是「集」字本義。
「集」字本義就是棲息。「集」，〔漢〕許慎《說文解字》：「雧，群鳥
在木上也。」段玉裁注：「引伸為凡聚之偁。」[65]「集」的本義是指群
鳥棲息在樹上，後來一隻鳥棲息在樹上也可用「集」。

（四）「房」字考

　　「弗」字、「集」字的爭議較少，歷代學者也較少討論這二字。
「房」字的解釋較複雜，主要分兩種，這兩種解釋，各有贊成者、反
對者，意見不一致，互相駁斥。第一種說法認為「房」不是房宿，而
是房屋之「房」，是日月舍止的地方。《春秋》〈昭公十七年〉杜預
注：「房，舍也。」[66]孔安國說：「房，所舍之次。」[67]《尚書注疏》
孔穎達疏：

63　《新唐書》〈曆志〉3上。〔宋〕歐陽脩，宋祁撰：《新校本新唐書附索引一》（臺北
　　市：鼎文書局，1976年），卷27上，頁601。

64　〔宋〕蔡沈：《書經集傳》，《景印文淵閣四庫全書》，第58冊，卷2，頁43。

65　〔漢〕許慎撰，〔清〕段玉裁注，王瓊珊編寫：《段注說文解字》，頁149。

66　〔周〕左丘明傳，〔晉〕杜預注，〔唐〕孔穎達疏，陸德明音義：《春秋左傳注疏》，
　　《景印文淵閣四庫全書》，第144冊，卷48，頁404。

67　〔漢〕孔氏傳，〔唐〕陸德明音義，孔穎達疏：《尚書注疏》，《景印文淵閣四庫全
　　書》，第54冊，卷6，頁152。

房謂室之房也，故為所舍之次。計九月之朔，日月當會於大火之次。……或以為房謂房星，九月日月會于大火之次。房星共為大火，言辰在房星，事有似矣。知不然者，以集是止舍之處，言其不集於舍，故得以表日食。若言不集於房星，似太遲太疾，惟可見歷錯，不得以表日食也。且日之所在，星宿不見，正可推算以知之，非能舉目見之。君子慎疑，寧當以日在之宿為文，以此知其必非房星也。[68]

孔氏詳細說明「房」不是房星的理由。「房星共為大火」，李學勤主編之《尚書正義》作「房、心共為大火」。[69] 〔漢〕許慎《說文解字》：「房，室在旁也。」段玉裁注：「凡堂之內，中為正室，左右為房，所謂東房、西房也。」[70] 可見「房」的本義確實是房屋。認為「房」不是房星的，還有下列諸書：〔宋〕林之奇《尚書全解》說：

近代善歷者，推仲康時九月合朔，已在房心北矣。觀此說，則以房所次之舍，其說為長。據《左氏傳》，梓慎曰：「宋，大辰之虛；陳，太皞之虛；鄭，祝融之虛。皆火房也。」所謂火房與此義同，皆所舍之次也。[71]

這是從日食、曆法錯誤角度來辨別「房」不是房星。又：〔清〕朱鶴

---

68 〔漢〕孔氏傳，〔唐〕陸德明音義，孔穎達疏：《尚書注疏》，《景印文淵閣四庫全書》，第54冊，卷6，頁152。

69 李學勤主編：《尚書正義》（臺北市：臺灣古籍出版有限公司，2001年），頁220。

70 〔漢〕許慎撰，〔清〕段玉裁注，王瓊珊編寫：《段注說文解字》（臺北市：廣文書局，1959年），頁592。

71 〔宋〕林之奇：《尚書全解》（臺北市：臺灣商務印書館，1986年《景印文淵閣四庫全書》），第5冊，卷13，頁247。〔元〕陳櫟〈纂疏〉引林氏之說，略增數字。見〔元〕陳櫟：《書集傳纂疏》（臺北市：臺灣商務印書館，1986年《景印文淵閣四庫全書》），第61冊，卷2，頁276。

齡《尚書埤傳》說：

> 愚按：孔傳：房，所舍之次，本不指房星言。《左傳》引此句
> 注，亦云：集，安也；房，舍也。日月不安其舍則食。蔡傳：
> 掩蝕于房宿，與古注不合。[72]

朱氏也認為「房」不是指房星，還指出蔡沈《尚書集傳》的注解和古
注不合。以上諸說，都認為「房」是房屋之「房」。

第二種說法認為「房」就是二十八星宿中的房宿。《尚書注疏》
卷六考證認為孔安國傳所說的「房，所舍之次」，就是指「日之所舍
在房星之次耳」，孔穎達疏的解釋是誤解孔安國傳的意思。[73]《考證》
又引〔唐〕一行、〔元〕郭守敬的話說：

> 考一行《大衍曆議》曰：「新曆仲康五年癸巳歲九月庚戌朔，
> 日蝕在房二度。」〔元〕郭守敬《授時曆》曰：「仲康五年癸巳
> 九月庚戌，泛交二十六日五千四百二十一分入食限。」可知經
> 文房字正言房宿。[74]

這都是把「房」解釋成房宿。〔宋〕史浩《尚書講義》：「夏正季秋，
日月會于大火，大火則房也。」[75]〔宋〕黃度《尚書說》：「季秋九

---

72 〔清〕朱鶴齡：《尚書埤傳》（臺北市：臺灣商務印書館，1986年《景印文淵閣四庫
全書》），第66冊，卷7，頁815。

73 〔漢〕孔氏傳，〔唐〕陸德明音義，孔穎達疏：《尚書注疏》，《景印文淵閣四庫全
書》，卷6考證、臣照按語，頁158。按：臣照，指〔清〕張照，江蘇華亭人，康熙
四十八年（1709年）進士。

74 同上註。

75 〔宋〕史浩：《尚書講義》（臺北市：臺灣商務印書館，1986年《景印文淵閣四庫全
書》），第56冊，卷6，頁230。

月，日月合朔於大火，其宿為房。」[76]〔宋〕蔡沈《書經集傳》：
「房，所次之宿也。」[77]這些也都是將「房」解釋成「房宿」。這種解
釋忽略了一個問題：夏代時是否有二十八宿？現代學者普遍認為二十
八宿之說，起源於春秋戰國時代。孫小淳說：

> 關於二十八宿確立的時代也是眾說紛紜。現在比較容易被接受
> 的說法是成立於春秋戰國時代，還有實物作為依據。一九七八
> 年，湖北隨縣擂鼓墩一號墓出土了一件漆箱，箱蓋上圍繞北斗
> 的「斗」字有一圈二十八宿名稱，墓的時代約為公元前四三0
> 年。在這以前雖然出現二十八宿的個別名稱，但同二十八星宿
> 體系的形成是兩碼事。[78]

換言之，夏代時根本還沒有二十八星宿體系，「房」應該不是「房
宿」。劉君燦說：

> 而〈小雅〉〈十月篇〉的朔日日蝕為世界上有年代可考的最早
> 一次記載。也說明了西周末年已經有了推算「日月合朔」的方
> 法。我國古代天文學發展到了西周時代，已經具備了產生廿八
> 宿的必要基礎。[79]

劉氏認為到西周時，才有產生二十八宿的基礎，這並不代表西周時代

---

76 〔宋〕黃度：《尚書說》（臺北市：臺灣商務印書館，1986年《景印文淵閣四庫全書》），第57冊，卷2，頁505。

77 〔宋〕蔡沈：《書經集傳》，《景印文淵閣四庫全書》，第58冊，卷2，頁43。

78 薄樹人主編；石雲里、孫小淳、胡鐵珠、馮時、鹿通執筆：《中國天文學史》（臺北市：文津出版社，1996年），頁80。

79 劉君燦：〈「曆法的起源和先秦四分曆」導介〉，劉君燦：《中國天文學新探》（臺北市：明文書局，1988年），頁133。

已經有二十八宿。潘鼐說：

> 二十八宿體制的成立，是在不斷實踐中產生的，從邏輯上說，
> 應該比二十八宿距度的測定還要早一段時期。因之，其成立的
> 時代可以順理成章的推論為至遲約當春秋中後期。[80]

照劉氏、潘氏的說法，二十八宿的成立不早於西周，不晚於春秋中後
期。在這篇文章的附記中，潘氏提到曾侯乙墓藏中漆器盒繪有二十八
星宿名，證明在戰國初期，二十八宿使用已相當普遍。[81]經查譚維四
〈湖北隨縣曾侯乙墓發掘記〉，確實有此記載。譚氏說：

> 其中最引人注目的是五件身作船形，蓋呈拱形，自銘為匫的漆
> 木衣箱，布置於主棺旁西南方，這些衣箱皆髹漆彩繪，其中一
> 件在箱蓋上繪后羿射日的神話故事，一件箱蓋上中間用朱漆繪
> 一大斗字，象徵北斗，兩邊繪青龍白虎圖象，表示東方和西
> 方，繞斗字用朱漆篆書二十八宿星象圖，在科技史研究上具有
> 重要意義。[82]

由這些論證看來，在夏代應該還沒有二十八宿，那將「房」解釋成
「房宿」，是以後代天文知識，去解釋夏代的事，犯了時代的錯誤。
以上兩種解釋，第一種解釋，比較正確。

---

80 潘鼐，〈我國早期的二十八宿觀測及其時代考〉，劉君燦：《中國天文學新探》，頁
264。
81 同上註，頁267。註78所引孫小淳也提到這件漆箱。
82 譚維四：〈湖北隨縣曾侯乙墓發掘記〉，朱啟新主編：《中國著名古墓發掘記》（臺北
市：聯經出版事業公司，2001年），頁43。

四 「辰弗集于房」之意義

　　古代學者一般認為「辰弗集于房」，就是指日食，如：〔宋〕蘇軾《書傳》：「日月合朔於十二辰，今季秋之朔而不合于房，日食也。」[83]〔宋〕蔡沈《書經集傳》：「言日月會次不相和，輟而掩蝕於房宿也。」[84]另外有人認為「辰弗集于房」並不是日食，而是曆法錯誤。如：〔宋〕林之奇《尚書全解》：

> 然胡舍人則以此說為不然，以謂日月交會之謂辰，十二月，十二辰之次也。日行赤道，月行黃道。日行遲，月行急，一月一會，必合於黃道、赤道之間。或高或低，或上或下，不相掩蔽，是謂不食。或左或右，或先或後，而相掩蔽，則蝕矣。日食於晝，月食於夜，則見也；日食於夜，月食於晝，不見也。日月交會，則有食矣。謂不集所舍而致食乎，既不集，則非晦也、非朔也，安得謂之季秋月朔乎？[85]

胡舍人認為辰集于房才是日食，「辰弗集于房」不是日食，林氏認為胡舍人說法有理，但胡舍人以為「辰弗集于房」是曆法錯誤，[86]林氏提出質疑。林氏說：

---

83 〔宋〕蘇軾：《書傳》（臺北市：臺灣商務印書館，1986年《景印文淵閣四庫全書》），第54冊，卷6，頁537。

84 〔宋〕蔡沈，《書經集傳》，《景印文淵閣四庫全書》，第58冊，卷2，頁43。

85 〔宋〕林之奇：《尚書全解》，《景印文淵閣四庫全書》，第5冊，卷13，頁247。按：陳夢家〈上古天文材料〉認為這五字是地動預兆，解釋成地震。見陳遵媯：《中國天文學史》，頁10，注3、注4。

86 王保德也贊成曆錯之說，認為〈胤征〉所說不一定是日食。王保德：〈閻若璩「尚書古文疏證」駁議（續完）〉，《中華雜誌》第8卷1月號（1970年1月），第14條「〈胤征〉篇所說是否日蝕及何時日蝕問題」，頁26。

> 然胡氏既疑辰弗集于房為非日食，至其論弗集于房之義，則以
> 為曆誤也。謂房者二十八宿之房，非是十二次之舍也。秋之九
> 月，日月當合朔于房、心之次，今也弗集于房者，則是曆之
> 誤，非日食也。夫曆之誤，至於當合朔而不合朔也，此非精於
> 曆者，不足以知之，而何以至於瞽奏鼓，嗇夫馳，庶人走乎？
> 胡氏亦自知其說之不通，遂謂先曆誤而後日食，其迂甚矣。[87]

如果只就「辰弗集于房」這五個字來說，或許可解釋成曆法錯誤，這
也可能是胤侯征討羲和的原因。但就上下文而言，曆法錯誤不需要擊
鼓、馳、走，可見胡舍人說法有問題。我想「鼓」字是個關鍵字。
《周禮》〈地官司徒〉：「救日月則詔王鼓。」[88]、《春秋穀梁傳注疏》：
「天子救日，置五麾，陳五兵、五鼓。」[89]、《左傳》〈昭公十七年〉：
「日有食之，天子不舉，伐鼓於社。」[90]由這些記載可見日食時，確
實要擊鼓救日。[91]反過來說，由擊鼓也可推斷是日食，這也就是後代
學者一致認為「辰弗集于房」是日食的原因。

　　「辰弗集于房」確實不好解釋，林氏認為問題在「集」字。「集」
不可解釋成集合之「集」，應該照《新唐書》〈曆志〉的說法[92]，解釋

---

87 〔宋〕林之奇：《尚書全解》，第5冊，卷13，頁247-248。

88 〔漢〕鄭氏注，〔唐〕陸德明音義，賈公彥疏：《周禮注疏》（臺北市：臺灣商務印
書館，1986年《景印文淵閣四庫全書》），第90冊，卷12，頁230。

89 〔晉〕范甯集解，〔唐〕陸德明音義，楊士勛疏：《春秋穀梁傳注疏》（臺北市：臺
灣商務印書館，1986年《景印文淵閣四庫全書》），第145冊，卷6，頁632。

90 〔周〕左丘明傳，〔晉〕杜預注，〔唐〕孔穎達疏，陸德明音義：《春秋左傳注疏》，
《景印文淵閣四庫全書》，第144冊，卷48，頁403。

91 《白虎通義》也記載「日食必救之，何？陰侵陽也。……鳴鼓攻之，以陽責陰
也。」〔漢〕班固：《白虎通義》（臺北市：臺灣商務印書館，1986年《景印文淵閣
四庫全書》），第850冊，卷上，頁35。按：古人認為日食是陰侵陽所造成，而鼓的
聲音是陽聲，擊鼓可以助陽責陰。

92 參考上節「集」字考。

成「輯」。林氏說：

> 集之義當為集睦之輯，蓋日月不相輯睦於其所舍，故得有食。
> 孔氏曰：「集為集合之集。」則非其義，此其所以起胡氏之疑
> 也。今當從孔氏之說，以為日食，而參之以唐〈律歷志〉之
> 義，以集為輯睦之輯，則下文相貫矣。[93]

林氏採用孔氏說法又將「集」字解釋成「輯」，似乎合理的解釋了
「辰弗集于房」，上下文義也可貫通。林氏最後結論是：

> 辰弗集于房，蓋謂日月不集睦於其所舍之次爾。日月不集于所
> 舍之次，而日有食之，其為變也大矣。[94]

以上是林氏說法似乎很有道理，但未必就是「辰弗集于房」的原意。
〔宋〕夏僎《夏氏尚書詳解》贊同林之奇說法，認為：「此說極
長。」[95]但是，日月不輯睦於舍次和日月不集合於舍次，大同小異，
語義還是一樣，輯睦、集合於舍次才是日食，不輯睦、不集合不是日
食，還是無法處理「弗」、「不」字問題。

　　我認為「辰弗集于房」，就是太陽不在原有的固定位置，也就是
日食。「辰」字最簡單的解釋，就是指太陽。「弗」就是「不」，《左
傳》〈昭公十七〉魯太史引〈夏書〉就做「不」。

　　古代一直流傳太陽中有金烏（一般認為是太陽黑子）的說法，這

---

93 〔宋〕林之奇：《尚書全解》，《景印文淵閣四庫全書》，第5冊，卷13，頁248。按：
　　經查《舊唐書》、《新唐書》都只有〈曆志〉，並無〈律歷志〉。

94 同上註。

95 〔宋〕夏僎：《夏氏尚書詳解》（臺北市：臺灣商務印書館，1986年《景印文淵閣四
　　庫全書》），第56冊，卷9，頁597。

可能和鳥圖騰有關，少皞氏就是以鳥名官，《左傳》〈昭公十七年〉：

> 秋，郯子來朝，公與之宴，昭子問焉，曰：「少皞氏鳥名官，
> 何故也？」郯子曰：「吾祖也，我知之。……我高祖少皞，摯
> 之立也，鳳鳥適至，故紀於鳥，為鳥師而鳥名。鳳鳥氏歷正
> 也，玄鳥氏司分者也，伯趙氏司至者也，青鳥氏司啟者也，丹
> 鳥氏司閉者也，祝鳩氏司徒也，鴡鳩氏司馬也，鳲鳩氏司空
> 也，爽鳩氏司寇也，鶻鳩氏司事也，五鳩，鳩民者也，五雉為
> 五工正，利器用，正度量，夷民者也。九扈為九農正，扈民無
> 淫者也。自顓頊以來，不能紀遠，乃紀於近，為民師而命以民
> 事，則不能故也。」[96]

少皞氏是東夷族的領袖，東夷族應該就是以鳥為圖騰。因此，日中有
金烏神話，很可能產生於少皞氏時。在考古上，也發現有「太陽
鳥」，如鐘珮嫄所說：

> 泰安大汶口文化墓地第七十五號墓出土一件背壺，其上畫有一
> 鳥形的圖像文字（下圖 D）。圖案中心的大圓點表示鳥的身
> 體，也象徵太陽，頂上方伸出一個向左側視的長啄鳥頭，左右
> 兩側用芒刺紋表示對稱展開的翅膀，下面是兩分叉的羽尾；整
> 體造型是一隻左右張望、準備展翅飛翔的鳥。考古學者陸思賢
> 認為它有雄鷹展翅之姿，加上鳥身中間實心圓象徵太陽，整個
> 圖像畫成紅色，似有宗教意義，故稱之為「太陽鳥」。下面的
> 「⊥」型符號表示立柱，太陽鳥落在立柱的頂端，立柱插在橫

---

96 〔周〕左丘明傳，〔晉〕杜預注，〔唐〕孔穎達疏，陸德明音義：《春秋左傳注疏》，
　　《景印文淵閣四庫全書》，第144冊，卷48，頁405-408。

木上，以固著於地面，可視為鳥圖騰柱。[97]

圖 D　大汶口鳥形圖像文字

更可佐證東夷族以鳥為圖騰，同時也可以看出太陽和鳥已經有某種程度結合，很可能再進一步，演變成日中金烏神話。

除了上述證據外，在《楚辭》〈天問〉也提到「羿焉彃日，烏焉解羽。」[98]王逸章句：「《淮南》言：『堯時十日並出，草木焦枯。堯令羿仰射十日，中其九日，日中九鳥皆死，墮其羽翼。』」[99]這是說天神羿射日時，日中的金烏被射死，羽毛掉落。一般說法，天神羿射日是在堯的時候，當然這可能只是神話，卻可看出日中金烏的神話起源很早。而且「羿焉彃日，烏焉解羽」八字後面接的是「禹之力獻功，降省下土四方」，可見天神羿射日最遲應該在夏禹之前，換言之，仲康之時已經有日中金烏神話，當時人應該熟知這神話。

還有個旁證，仲康是被有窮后羿逼迫，而有窮氏取名羿的原因，就是因為仰慕天神羿，取名為羿。《山海經》〈海內經〉：「羿是始去恤下地之百艱。」，郭璞注：「言射殺鑿齒、封豕之屬也。有窮后羿慕羿

---

97 鐘珮綾：〈三重證據法的運用——《左傳》「少昊以鳥名官」為鳥圖騰說之商榷〉，《花蓮教育大學學報》第22期（2006年5月），頁49-50。

98 〔漢〕王逸：《楚辭章句》（臺北市：臺灣商務印書館，1986年《景印文淵閣四庫全書》），第1062冊，卷3，頁27。

99 同上註。

射，故號此名也。」[100]可見天神羿的時代一定比有窮后羿早，也就是比仲康要早。

日中有金烏，金烏停留在固定位置，應該可以用「集」。「房」是指太陽原來停留的位置。太陽在天空有固定位置。發生日食時，太陽突然不見了，原有的固定位置看不見太陽，記載這事的人誤以為太陽離開了位置，消失不見了，才會記載「辰弗集于房」。簡單說，太陽不集合在舍次＝太陽不在應該在的位置＝太陽不見了＝日食。

傳統的註釋，最有問題的就是對「辰」字的解釋。孔安國說：「辰，日月所會」，是用後代天文知識來解釋「辰」字，幾乎所有學者都毫不懷疑的接受這種說法。「辰」字解釋錯誤，就造成整句無法解釋，只好將「集」字解釋成「輯」，是輯睦的意思，又有日月陰陽輯睦之說。「房」字也出問題，只好解釋成二十八星宿的房宿，試問夏代就懂這麼複雜的二十八星宿嗎？不要說夏代，就算到今天，大部分人都不懂二十八星宿。

再從另一角度，來看這五個字。以下先列出各種可能解釋，再逐一排除說不通的解釋，如果所有解釋都說不通，那就要另作新解。先用英文字母代表各種現象，再解釋各種說法。

A＝日月所會；N＝不；B1＝集合；B2＝輯睦；C1＝房宿；C2＝舍次。

1 A＋N＋B1＋C1

日月所會不集合在房宿。這種解釋問題在於如果日食不集合在房宿，那日食時豈不是集合在其他星宿，那豈不是有一大堆日食，這是不可能的。這種說法是錯的，無法處理「不」字問題，如果房是房宿，日食時應該是在房宿，怎麼會不在房宿。

---

100 袁珂：《山海經校注》（臺北市：里仁書局，1982年），頁467。

2 A＋N＋B1＋C2

日月所會不集合在舍次。這種說法也是錯的。日食時，照理應該日月所會集合在舍次，而不是不集合在舍次。比如《春秋》〈桓公三年〉：「秋七月壬辰朔，日有食之。既。」杜預注：「日月同會，月奄日，故日食。」[101]很明確說出日月同會，才會有日食。因此，日月所會不集合在舍次的說法，還是無法處理「不」字問題。

3 A＋N＋B2＋C1

日月所會不輯睦在房宿。因為上面兩種說法，都說不通，有人就動腦筋到「集」字上，認為「集」通「輯」，意思是輯睦，不是集合。但不輯睦在房宿，和不集合在房宿有何差別，意思還是差不多，「不」字問題還是無解。

4 A＋N＋B2＋C1

日月所會不輯睦在舍次。這種說法和第2其實是一樣的，說不通的，「不」字還是卡在那裡。

「辰弗集于房」，不過是區區五個字，上面做了四種排列組合，都有問題。[102]可見問題關鍵並不在「集」字、「房」字，而是在「辰」字。因為「辰」字解釋錯誤，所以下面的「集」字、「房」字，不管怎麼解釋，都說不通。「辰」字最重要，是關鍵字。

---

101 〔周〕左丘明傳，〔晉〕杜預注，〔唐〕孔穎達疏，陸德明音義：《春秋左傳注疏》，《景印文淵閣四庫全書》，第143冊，卷5，頁128-129。

102 還有一種解釋，認為「辰」字、「房」字應該互換。林飝順說：「應該是房弗集于辰。這是古文的飾辭筆調。」林飝順：《書經我讀》（臺中市：書軒氏，2006年），頁70。按：房弗集於辰，就不是日食，那替為何要奏鼓。

五 「辰弗集于房」之時間

以上已經探討「辰弗集于房」的真偽及意義，下面接著研究「辰弗集于房」的時間。這部分主要是兩個問題：「辰弗集于房」究竟發生在仲康幾年？這一年的確定年代是西元前幾年。

第一個問題很複雜，至少有仲康元年、仲康二年、仲康五年、仲康六年、仲康十一年等五種說法。分別探討於下：

1、仲康元年說。這種說法，主要是根據是〈胤征〉本文，是傳統的說法，相信這種說法的人很多。如：〔元〕金履祥《御批資治通鑑綱目前編》說：

> 古者天官氏，因時以治歷，而後世言天者，執歷以求天。執歷以求天者，既有差於將來，豈無迷於既往哉？……經書仲康肇位四海，胤侯命掌六師，羲和廢厥職，酒荒于厥邑，胤侯承王命徂征。書「肇位」以冠其首，則徂征是其初即位之年，而季秋月朔之變，是其初年之秋無疑也。[103]

金氏認為不應該執歷以求天，而要「以經斷歷」，以經文為本。這種說法以〈胤征〉本文為根據，當然是最可靠說法。

2、仲康二年說。這種說法主要根據還是在〈胤征〉本文，但和第1說不同。〔明〕朱睦㮮《五經稽疑》：

> 仲康即位次年，乃季秋月朔，辰弗集于房，羲和尸厥官，若罔聞知王命，胤侯征之。傳引《唐》〈志〉云：「日蝕在五年。」以經文「肇位」二字觀之，當從前說。《經世書》亦云：「次年

---

103 〔元〕金履祥：《御批資治通鑑綱目前編》（臺北市：臺灣商務印書館，1986年，《景印文淵閣四庫全書》），第692冊，卷3，「季秋月朔辰弗集于房」條，頁99。

也。」[104]

同樣是以〈胤征〉經文為本，不知為何會有元年、二年的不同，可能是元年決定要出征，整頓軍備，到二年才正式出征。

3、仲康五年說。〔宋〕林之奇《尚書全解》認為是仲康五年的事，元年的記載，是推本其意。林氏說：

> 案《唐書》〈志〉季秋月朔辰弗集於房，在仲康即位之五年。而序書者首言肇位四海，蓋推本其所以徂征之意也。[105]

這種說法比較獨特，但和《竹書紀年》吻合。《竹書紀年》：「帝仲康五年，秋，九月，庚戌朔，日有食之。命胤侯帥師征羲和。」[106]〔唐〕張說〈曆議〉：「新曆仲康五年癸巳歲，九月庚戌朔，日食在房二度。」[107]新曆，謂〔唐〕一行《大衍曆》。〔元〕李謙〈授時曆議〉：

> 今按：《大衍曆》作仲康即位之五年癸巳，距辛巳三千四百八年，九月庚戌朔，泛交二十六日五千四百二十一分入食限。[108]

〔明〕徐光啟《新法算書》引唐《大衍曆》、元《授時曆》仲康五年癸巳歲九月庚戌朔日食之說，然後指出二曆錯誤。徐氏說：

104 〔明〕朱睦㮮：《五經稽疑》（臺北市：臺灣商務印書館，1986年《景印文淵閣四庫全書》），第184冊，卷2，「日食年月」條，頁701。《唐》〈志〉指《新唐書》〈曆志〉。

105 〔宋〕林之奇：《尚書全解》，《景印文淵閣四庫全書》，第5冊，卷13，頁243。

106 〔梁〕沈約注：《竹書紀年》（臺北市：臺灣商務印書館，1986年《景印文淵閣四庫全書》），第303冊，卷上，頁9。

107 《新唐書》〈曆志〉三上。〔宋〕歐陽脩、宋祁撰：《新校本新唐書附索引一》，卷27上，頁601。

108 〔明〕宋濂等撰：《新校本元史并附編二種二》，卷53，頁1154。

月不能掩日，而癸巳年九月庚戌朔絕無食。又以歷年考之，仲康五年無癸巳，乃丙寅也，癸巳去丙寅後二十七年。就使九月朔日有食，亦非《書》所載之食，況本不食乎！[109]

徐氏指出仲康五年不是癸巳，而是丙寅。而且在仲康五年九月庚戌朔，並沒有日食，也就是說唐《大衍曆》、元《授時曆》都推算錯誤了。徐氏應該是據西洋曆法重新推算過這次日食，才能指出二曆的錯誤。

4、仲康六年說。〔明〕邢云路《古今律歷考》先引《大衍曆》、《授時曆》仲康五年之說，然後再以曆法推算，得仲康六年說。刑氏說：

> 今以法推仲康元年至十三年之九月朔，惟六年九月朔入食限。……其餘一十二年之九月朔，俱不入食限。當時羲和失職之年，或是六年未可知也。[110]

這也是用曆法推算仲康日食，卻和別家曆法推算結果不同。不過刑氏用「或是六年」，並不是很肯定日食在仲康六年。〔清〕吳守一說：

> 仲康六年丁卯九月辛巳朔，日食。以冬至日躔虛六度起算，則是朔食房二度八十五分，將出食限。所食甚微，是以羲和未之知也。[111]

---

109 〔明〕徐光啟：《新法算書》（臺北市：臺灣商務印書館，1986年，《景印文淵閣四庫全書》），第789冊，卷71，頁279。

110 〔明〕邢云路：《古今律歷考》（臺北市：臺灣商務印書館，1986年，《景印文淵閣四庫全書》），第787冊，卷3，頁36。

111 〔清〕盛百二：《尚書釋天》（臺北市：漢京文化事業有限公司，《重編本皇清經解》，出版年不詳），第5冊，卷489，頁3042引吳守一《春秋日食質疑》。

吳氏用曆法推算，結果和刑氏相同。吳氏並說明羲和不知此次日食的原因，但如果是「所食甚微」，為何會「瞽奏鼓，嗇夫馳，庶人走」？

5、仲康十一年說。這是閻若璩的推算結果。閻氏用《授時曆》、《時憲曆》[112]推出三個仲康日食時間，而認定〈胤征〉中的日食，是在仲康十一年閏四月朔。閻氏說：

> 仲康始即位之歲，乃五月丁亥朔日食，非季秋月朔也。食在東井，非房宿也。在位十三年中，惟四年九月壬辰朔，日有食之，卻又與經文肇位四海不合，且食在氐末度，亦非房宿也。[113]

閻氏按語中又說：

> 蓋予推步以歷仲康十三年中，惟十一年壬申歲，⋯⋯則瞽奏鼓等禮的在十一年閏四月朔無疑矣。偽作古文者苟知此，將「肇位四海」易作「十一年季秋」，「月朔」易作「閏四月朔」，既合曆法，又協典禮，雖有百喙，豈能折其角哉？[114]

閻氏堅持夏、周同禮，正陽之月（周六月，夏四月）才擊鼓救日，所以認為仲康日食一定是在夏四月。閻氏根據曆法推算，仲康十一年有閏四月，確定仲康日食即在此年。閻氏此說有贊成者，有反對者。贊成者如：〔清〕宋鑒《尚書考辨》先引閻氏之說，然後說：

---

112 清初，根據耶穌會教士湯若望所呈《西洋曆法新書》，編製成曆書《時憲曆》。
113 〔清〕閻若璩：《尚書古文疏證》，《景印文淵閣四庫全書》，第66冊，卷6上，頁308。
114 同上註，卷6上，頁310。

敬考從古曆法至《授時》、《時憲》二曆而始精，閻氏以二曆推
步，誠能正其譌謬。但仲康元年定為壬戌，乃《皇極經世》云
爾，非經傳確有明文可據。作偽之敢于妄下季秋諸語，亦恃其
代遠難稽。惟奏鼓之禮，確為建巳之月，而不得移于季秋，其
顯與《左》所引〈夏書〉悖，則無可置辨也。[115]

宋氏以為閻氏推算能「正其譌謬」。現代學者的推算卻和閻氏不同，
李勇、吳守賢說：

> 閻氏的研究給出了三次所謂的仲康年代的日食推算結果。其日
> 期分別為公元前2155年10月22日、公元前2158年6月29日（該
> 次日食的日期閻氏誤推為公元前2158年7月5日，此值為筆者根
> 據他的計算所應得出的朔日日期結果）和公元前2148年6月9
> 日。根據複算，我們對此持否定態度。縱觀其計算過程，閻氏
> 似乎只是計算了三個定朔值。他與郭守敬的推算前提並不一
> 致：郭氏是為了驗證其編製的《授時曆》的精確性，它應以即
> 時資料為背景，曆法的精確程度只有通過推步結果與即時資料
> 之間的比較才能得到；而閻氏僅僅給出他的推算結果以證明
> 《古文尚書》為偽作，其證據是不充分的。……就定朔而言，
> 閻氏的推算還存有不同程度的錯誤，其中一個計算就連定朔的
> 日期都誤算，更無從談及發生日食了。[116]

就李、吳二氏的說法，閻若璩的計算顯然有誤。不過閻若璩有幾句

---

115 〔清〕宋鑒：《尚書考辨》（臺北市：新文豐出版公司，《尚書類聚初集》，1984年），
　　第6冊，卷4，頁64。

116 李勇、吳守賢：〈仲康日食古代推算結果的復原〉，《自然科學史研究》第18卷第3
　　期（1999年7月），頁239。

話，頗值得重視，閻氏說：

> 予嘗思〈書序〉：「羲和湎淫，廢時亂日，胤往征之，作〈胤
> 征〉」，未詳何王之世。太史公固受逸書二十四篇，內有〈胤
> 征〉篇者，知出中康之世。故〈夏本紀〉曰：「帝中康時，羲
> 和湎淫，廢時亂日，胤往征之，作〈胤征〉。」夫不曰「帝中
> 康初」，而曰「帝中康時」，最確。[117]

看了閻氏這段話，再仔細閱讀〈書序〉、〈夏本紀〉，發現〈書序〉確
實沒有說是那位君主；〈夏本紀〉記載「帝中康時」，並未指出胤侯出
征時間。再仔細看《古文尚書》〈胤征〉本文，也沒有說明胤侯出征
時間，只是因為開頭有「肇位四海」四個字，所以一般就認為是在仲
康初年出征，實際上原文並未沒有明確年月。換言之，這次日食不一
定發生在仲康初年，可能在仲康在位十三年[118]中的任何一年。

　　以上五種說法中，可以分成兩大類：一、根據〈胤征〉本文，有
仲康元年、二年之說。二、用曆法推算。有仲康五年、六年、十一年
之說。其中仲康五年，見《竹書紀年》。《新唐書》〈曆志〉[119]也認為
這次日食在仲康五年，這是一行《大衍曆》推算出來的，郭守敬《授
時曆》贊成這說法，接受的人較多。

117　〔清〕閻若璩，《尚書古文疏證》，《景印文淵閣四庫全書》，第66冊，卷6上，頁310。
118　山名宗綱說：「《今本竹書紀年》說仲康在位七年，將日食放在他的五年。《通鑒外
　　紀》和《路史》注引的《紹運圖》都說他在位十三年，《年代曆》說在位二十六年，
　　《路史》〈後紀〉說在位十八年。也就是說，仲康在位有七年、十三年、十八年、
　　二十六年四種說法。」山名宗綱：〈用日食來斷代〉，雲外山名歷史與文化社區，
　　（http://www.famana.com/bbs/showtopic.asp?ThreadID=84）。按：〔清〕徐文靖說：
　　「仲康元己丑，在位九年。」徐氏認為仲康元年是己丑年，仲康在位九年。〔清〕
　　徐文靖：《竹書統箋》（臺北市：臺灣商務印書館，1986年，《景印文淵閣四庫全
　　書》），第303冊，目錄，頁44。
119　〔宋〕歐陽脩，宋祁撰：《新校本新唐書附索引一》，卷27上，頁601。

　　按:「曆法疏密,驗在交食。」曆法的準確度,主要是靠日食來驗證。如果推算日食不準確,就要另作新曆。《新唐書》〈曆志〉載:「高宗時,戊寅曆益疏,淳風作《甲子元曆》以獻。詔太史起麟德二年頒用,謂之《麟德曆》。」[120]據此記載,李淳風《麟德曆》係在麟德二年頒用,亦即西元六六五年。《新唐書》〈曆志〉又載:

> 開元九年,《麟德曆》署日蝕比不效,詔一行作新曆,推大衍數立術以應之,較經史所書氣朔、日名、宿度可考者皆合。十五年,草成而一行卒,詔特進張說與曆官陳玄景等次為〈曆術〉七篇、〈略例〉一篇、〈曆議〉十篇,玄宗顧訪者則稱制旨。明年,說表上之,起十七年頒于有司。[121]

據《新唐書》〈曆志〉所載,在開元九年(西元721年),《麟德曆》推算日食就有了誤差。《麟德曆》在西元六六五年頒用,才經過五十六年,到了西元七二一年就有誤差,所以才會「詔一行作新曆」。一行卒於開元十五年(西元727年),開元十七年(西元729年)頒行《大衍曆》。《授時曆》編撰情形見《元史》,《元史》〈曆志〉載:

> 至元四年,西域札馬魯丁撰進萬年曆,世祖稍頒行之。十三年,平宋,遂詔前中書左丞許衡、太子贊善王恂、都水少監郭守敬改治新曆。……十七年冬,曆成,詔賜名曰:《授時曆》。十八年,頒行天下。[122]

據《元史》〈曆志〉所載,至元十八年(西元1281年)頒行《授時

---

120 〔宋〕歐陽脩,宋祁撰:《新校本新唐書附索引一》,卷26,頁559。

121 同上註,卷27上,頁587。

122 〔明〕宋濂等撰:《新校本元史并附編二種二》,卷52,頁1120。

曆》。郭守敬撰新曆原因，應該是一行《大衍曆》已經推算日食失
誤。如果舊曆無誤差，何必編新曆？從唐玄宗開元十七年（西元729
年）頒行《大衍曆》，到至元十八年（西元1281年）頒行《授時曆》，
其間有五五二年。換言之，一行《大衍曆》用了五五二年，推算日食
就不準確了。姑且以李勇、吳守賢：仲康元年為西元前二一二八年來
說，[123]距開元十七年（西元729年）有一三九九年。一行《大衍曆》
推算五五二年後就不準了，往前推算一三九九年就會準確嗎？讓人如
何信服。〔元〕金履祥說的：「執曆以求天者，既有差於將來，豈無迷
於既往哉？」[124]確實有道理。〔清〕吳光耀也曾說：「此則推測上古日
食，徒自欺耳。」[125]〔清〕王鳴盛更說：

> 但（閻氏）又言仲康十三季，始壬戌終甲戌，因據《授時》、
> 《時憲》二曆，推得日食當在仲康十一年閏四月朔，此則閻之
> 誤也。夏、商年數本無可考。此日食《左傳》引〈夏書〉，但
> 言其典禮，不指何王之世。〈夏本紀〉雖言「仲康時，羲和廢
> 時亂日」，而劉歆《三統曆》不載仲康日食，則《左傳》云
> 云，未見必為仲康。[126]

王氏認為「夏、商年數本無可考」，不贊成閻氏的推算。如照王氏說
法，這次日食是否在仲康時，也有疑問。〔清〕盛百二說：「自近日曆

---

123 李勇、吳守賢：〈授時曆議中的仲康日食記錄研究〉《南京大學學報》（自然科學
　　版）第37卷第1期（2001年1月），頁20。

124 〔元〕金履祥：《御批資治通鑑綱目前編》（臺北市：臺灣商務印書館，1986年，
　　《景印文淵閣四庫全書》），第692冊，卷3「季秋月朔辰弗集于房」條，頁99。

125 〔清〕吳光耀，《古文尚書正辭》（臺北市：新文豐出版公司，1987年，《尚書類聚
　　初集》），第6冊，卷11，頁501。

126 〔清〕王鳴盛：《尚書後案》（臺北市：漢京文化事業有限公司，出版年不詳，《重
　　編本皇清經解》），第4冊，卷434中，頁2624。

元，逆推前古氣朔交食，無不可得。但其所值為何王之世，則難言矣。」[127]盛氏說法和王氏雷同。〔清〕洪良品說：

> 辨曰：《史記》〈三代世表〉自共和庚申以前，並無甲子紀年，則夏、商以前日食年月自無可考。後之以曆法推古者，不得其甲子年數，妄謂日食當在夏、商某年，皆欺人語耳，王鳴盛駁閻氏諸家誠當。至夏時日食自當以〈夏書〉為據。[128]

洪氏說法，也是不信曆法的推算。洪氏並認為要以〈夏書〉為據。考《左傳》〈昭公十七年〉引〈夏書〉，並未明言是何時，如以〈夏書〉為據，則只知此次日食發生在夏代，無法得知是否發生在仲康之時。但如以《史記》〈夏本紀〉為據，則日食應當發生在仲康時。在「辰弗集于房」之真偽，已有論辯。以上論證主要在說明後代曆家，用曆法推算仲康日食年月，是不準確的。「辰弗集于房」之時間，無法用曆法準確推算出來。

　　第二個問題：仲康五年究竟是西元前幾年？這牽涉到曆法的推算、天文知識，比第一個問題更複雜。大陸學者曾發表多篇論文，討論仲康五年的時間。如：黃歷鴻、吳晉生提到：

> 「仲康日食」曾引起西方天文學界的矚目，他們根據中國史家提供的不同的夏代紀年，如辛亥革命時《民報》提供的前2158年、《黃帝魂》提供的前2171年、《江蘇》提供的前1948年等夏代紀年進行推算，得出了前2165、2155、2154、2137、2135、

---

127 〔清〕盛百二：《尚書釋天》（臺北市：漢京文化事業有限公司，出版年不詳，《重編本皇清經解》），第5冊，卷489，頁3043。

128 〔清〕洪良品：《古文尚書辨惑》（臺北市：新文豐出版公司，1984年，《尚書類聚初集》），第7冊，卷11，頁643。

2127、2106、2056、1948年等九個年代。其中只有前1948年是
正確無誤的。[129]

又說：

> 據《竹書》所記，仲康日食的公曆年月日時是前1948年10月28
> 日上午10時。我們的這一考證如果得到天文學家的檢驗是正確
> 無誤的話，那末，《竹書》所記的夏代紀年也應該是正確無誤
> 的。[130]

吳晉生又在〈人類最早記錄的一次日食——中國夏代「仲康日食」〉[131]
中說：

> 「仲康日食」是在夏代第四代帝王仲康五年夏曆9月1日上午10
> 時，換為西曆就是前1948年10月28日。

吳氏主張仲康日食發生在仲康五年，即西元前一九四八年十月二十八
日。另外，南京大學天文系的李勇和中國科學院陝西天文臺的吳守
賢，曾發表多篇論文，討論仲康日食時間。有些論文單獨署名，有些
聯合署名。吳守賢〈夏代仲康日食記載再讀〉發表最早，其中未提到
仲康日食的時間。其次是李勇、吳守賢的〈仲康日食古代推算結果的
復原〉，文中說：

---

129 黃歷鴻、吳晉生：〈古代日食與三代紀年〉，（山東大學）《人文雜誌》第4期（1998
    年4月），頁68。
130 同上註，頁69。
131 吳晉生：〈人類最早記錄的一次日食——中國夏代「仲康日食」〉，《貴州文史叢刊》
    第2期（1999年），頁52。

唐代僧一行的推算結果載于《新唐書》〈曆志〉：「新曆仲康五年癸巳歲九月庚戌朔，日食在房二度」元代郭守敬的推算結果見《授時曆議》（見《元史》〈曆志〉）：「詩、書所載日食二事；《書胤征》『惟仲康肇位四海。乃季秋月朔，辰弗集于房』」。今按：《大衍曆》作「仲康即位之五年癸巳，距辛巳（1281年，本文注）三千四百八十年，九月庚戌朔，泛交二十六日五千四百二十一分入食限」。根據《授時曆議》可知郭守敬是用《授時曆》驗證並認可了《大衍曆》的結果。[132]

又說：

我們根據《授時曆》的複算結果以及其曆日與公曆曆日的關係，得出的結果表明，僧一行和郭守敬推算的這次日食發生的日期所對應的正是公元前2128年10月13日（庚戌日）。[133]

李氏、吳氏兩位天文專家，認為仲康日食發生在西元前二一二八年十月十三日。李勇〈《授時曆》與仲康日食推算〉也說：

如果這樣還不足以肯定該日期就是西元前2128年10月13日的話，那麼，同時我們還用該法求得了「仲康日食」的儒略日數值，從而嚴格證明了一行和郭守敬的推算日期所對應的Julian曆就是西元前2128年10月13日（庚戌）。[134]

---

132 李勇、吳守賢：〈仲康日食古代推算結果的復原〉，《自然科學史研究》第18卷第3期（1999年7月），頁234。

133 同上註。

134 李勇：〈《授時曆》與仲康日食推算〉，《南京大學學報》（自然科學版）第36卷第1期（2000年1月），頁54。

這和前篇文章的結論相同。不過我們要注意，他們是以《大衍曆》、《授時曆》推算的仲康五年來和西曆相對應的。第三篇論文是：吳守賢〈夏仲康日食年代確定的研究史略〉，這篇文章詳盡說明對仲康日食年代的研究歷史，極有參考價值。吳氏說：

> 對於一行與郭守敬的年代結論，1839年，伊得勒（Ideles）作了復核後認為公元前2128年10月13日的一次日食「在中國不可見」。1880年奧泊爾子（Th. V. Oppolzer）使用漢森（P. Hansen）的月亮軌道根數和勒威耶（U. J. J. Leverrier）的太陽根數再次複算，仍然得出「在中國不可見」的結論。1895年羅素（S. M. Russell）用紐康（S. Newcomb）的太陽曆表推算，也得出了「在中國看不見」的結論。1914年和1928年，日本人平山清次先後採用了8種不同的日月軌道根數進行反復計算，也得出了公元前2128年10月13日這次日食「在中國看不見」的結論。可以說根據現代日食計算的這一批研究，都否決了一行和郭守敬的結果。[135]

西方、日本天文家用各種方法一再複算結果，得出一樣的結論，這證明仲康五年日食是錯的，中國古代曆家推算仲康日食在仲康五年，確實不可靠。[136]吳氏又說：

> 1944年董作賓發表了《中康日食》的論文，他自稱「在確定殷曆譜之便，對中康日食材料加以整理」後完成的。他認定夏年

---

135 吳守賢：〈夏仲康日食年代確定的研究史略〉，《自然科學史研究》第19卷第2期（2000年），頁118-119。按：吳氏的這段說法，是綜合了陳遵媯：《中國天文學史》，第3冊，頁13-14，注3、4的文字。

136 〔明〕徐光啟已指出仲康五年無日食。〔明〕徐光啟：《新法算書》（臺北市：臺灣商務印書館，1986年，《景印文淵閣四庫全書》），第789冊，卷71，頁279。

代總數為432年，殷商年代總數為629年，夏禹至仲康為37-48
年之間，並認定武王即位為公元前1122年等前提，得出了仲康
日食發生于公元前2146-公元前2123年之間。[137]

董氏說法，似乎並無確定年代，只說在西元前二一四六至西元前二一
二三年之間，中間有二十三年差距。

　　這一系列文章的最後一篇是李勇、吳守賢的〈授時歷議中的仲康
日食記錄研究〉。文中提到：「古代的推算結果：西元前2128年10月13
日」、「古代的年代學結論：西元前2128年為仲康五年」[138]這就是最後
結論了。

　　除了上述年月外，董立章〈夏商斷代再研究〉中，提出的時間
是：「仲康日食發生于公元前2072年10月23日」。[139]此篇論文發表於二
○○三年，這是提到仲康日食，較晚的一篇論文。

　　一般認為周召共和元年（西元前841年）之前的年代不可考，無
法推算。中國大陸的夏商周斷代工程，試圖將中國年代往上推，目前
公布的〈夏商周年表〉中〈夏代年表〉，認為夏朝從約前二○七○年
到前一六○○年，而對仲康日食的時間認為有四種可能。劉次沅〈夏
商周斷代工程及其天文學問題〉說：

　　在對文獻和天文學背景作出全面分析的基礎上，用現代天文方

137 吳守賢：〈夏仲康日食年代確定的研究史略〉，《自然科學史研究》第19卷第2期
　　（2000年），頁119。陳遵媯說：「據董作賓推算，這次日食發生在仲康元年夏正九
　　月朔，當時太陽所在宿度為房四度二十二分。」陳遵媯：《中國天文學史》，第3
　　冊，頁15。
138 李勇、吳守賢：〈授時歷議中的仲康日食記錄研究〉，《南京大學學報》（自然科學
　　版）第37卷第1期（2001年1月），頁20。
139 董立章：〈夏商斷代再研究〉，《中山大學學報》（社會科學版）第43卷第2期（2003
　　年），頁95。

法對三個世紀中中國可見的日食進行了搜索。在斷代工程史學
方面提出的相應年代的範圍內，提出 BC2045，2019，1970和
1961四種可能的方案（見：吳守賢。「尚書仲康日食再研究」
專題結題報告）。[140]

「夏商周斷代工程」計算：

在2250-1850B.C.之間，在今河南洛陽地區可以看到的大食分
日食有11次，其中2043.10.3 B.C.、2019.12.6 B.C.、1970.11.5
B.C.、1961.10.26 B.C.這四次均可作夏初年代的參考。[141]

這四次中的第一次是西元前二〇四三年，劉氏似誤作「二〇四五
年」。綜合上面所引各家說法，仲康日食的時間有下列幾種說法：
1. 吳晉生：西元前一九四八年十月二十八日。2. 李勇、吳守賢：西元
前二一二八年十月十三日。3. 奧泊爾子（《日月食典》作者）：西元前
二一三七年十月二十二日。4. 董立章：西元前二〇七二年十月二十三
日。除了這四個時間外，還有多種說法，[142]可見這問題的複雜性，可
以說目前對這問題，尚無公認的結論。依各家說法，只能推定這次日

---

140 劉次沅：〈夏商周斷代工程及其天文學問題〉，《天文學進展──中國天文學首屆學
術大會論文集》第19卷第2期（專輯）（2001年6月），頁96。

141 〈「夏商周斷代工程」成果〉，見（http://www.china10k.com/Trad/history/1/12/12z/12
z18/12z1801.htm）。

142 其他的推算時間有：西元前一六四三年、西元前一九五〇年、西元前一九五二年、
西元前一九六一年、西元前一九七〇年、西元前二〇〇七年、西元前二〇四三年、
西元前二一〇六年、西元前二一二七年、西元前二一三五年、西元前二一三六年、
西元前二一五四年、西元前二一五五年、西元前二一五六年、西元前二一五八年、
西元前二一五九年、西元前二一六五年、西元前二一七一年等。科學家認為地球
每一千年自轉約慢一小時，仲康日食約在西元前二〇〇〇年，當時地球自轉速度，
約比現在慢三-四小時，推算時必須將地球自轉速度也算進去，這使推算更複雜。

食最早在西元前二一三七年，最晚在西元前一九四八年，約在西元前
二〇〇〇年左右。

六　結論

　　《古文尚書》〈胤征〉中有：「辰弗集于房，瞽奏鼓，嗇夫馳，庶
人走。」《左傳》〈昭公十七年〉魯太史曾引用過這些文字。本文第二
節中，已舉出證據，證明在真《尚書》真〈胤征〉中，應該也有這幾
句。還特別說明本文是立基在真《尚書》真〈胤征〉上，基礎穩固可
信。

　　歷代學者或以為「辰弗集于房」是指曆法錯誤，或以為是地震，
這些說法似乎也有道理，但都無法解釋「瞽奏鼓」這三個字。就目前
所能看到的文獻，只有日食會擊鼓，如《春秋》〈莊公二十五年〉：
「六月辛未，朔，日有食之，鼓、用牲于社。伯姬歸于杞。秋，大
水，鼓、用牲于社、于門。」《左傳》：「秋，大水。鼓，用牲于社、
于門，亦非常也。凡天災，有幣無牲。非日月之眚，不鼓。」[143]如果
是曆法錯誤，或是地震，為何要擊鼓呢？從「鼓」這個關鍵字看來，
「辰弗集于房」還是做日食解釋，是最合理的。

　　在地球上，每年最少會有兩次日全食，最多有五次日全食。日全
食次數這麼多，應該能常看到日全食，為何日全食會是罕見天文景
觀？主要有兩個原因，一是日全食常會落在海上、沙漠、高山，人跡
罕至的地方。第二全食帶寬度很窄，只有兩百多公里，全食帶內的
人，才可以看到日全食。因此，對同一地方而言，大約要兩、三百年
才會看到一次日全食。

　　日全食分成初虧、食既、食甚、生光、復圓五個階段，各階段時

143　〔周〕左丘明傳，〔晉〕杜預注，〔唐〕孔穎達疏，陸德明音義：《春秋左傳注
　　疏》，《景印文淵閣四庫全書》，第143冊，卷9，頁219-221。

間不同。二〇〇八年八月一日，新疆哈密地區日全食（沙羅週期一二六號），[144]初虧在十八時〇九分；食既在十九時〇八分；食甚在十九時〇九分；生光在十九時十分；復圓在二十時〇四分。從十八時〇九分初虧到二十時〇四分復圓，整個日全食過程，約兩小時。從食既到生光，月亮完全遮住太陽的時間在十九時〇八分到十九時十分，約兩分鐘（實際是一分五十六秒）。日全食最長可到七分三十一秒。

二〇〇八年八月一日這次日全食，在新疆阿勒泰地區，可以看到日全食。[145]剛開始是初虧，月亮慢慢遮住太陽。再來是食既、食甚，食甚時出現鑽石環。再來是生光，生光時，可以看到日冕、日珥。食甚時，太陽完全被遮住，天色昏暗，水星、金星出現，現場溫度下降攝氏四度。

雖然可確定「辰弗集于房」是日食，但是歷來對「辰弗集于房」解釋紛紜，主要原因是各種說法都有矛盾之處，無法讓人心服。最主要的關鍵點，是無法處理「弗」字。不管「集」字怎麼解釋，「房」字怎麼解釋，都無法處理「弗」字問題，顯然重點不在「集」字、「房」字。

本文另起爐灶，從「辰」字入手。傳統將「辰」字解釋成日月交會，如果單獨解釋「辰」字，這種說法是合理的，問題在於和「辰弗集于房」相連時，怎麼都無法說通。所以我認為「辰」字不能解釋成日月交會，應該另作別種解釋。比較合理的解釋，「辰」字應該是太陽。這樣解釋「辰」字，「辰弗集于房」五個字都可以說通。還有一種特殊狀況，就是這五個字中，可能有錯字，才無法解釋。

除了試圖解釋「辰弗集于房」五個字外，本文第五節「辰弗集于房」之時間，討論仲康日食的時間及西元對應年代。主要結論是：

---

144 日、月全食的時間，有所謂沙羅（Saros cycle，本意是重複）週期，十八年十一又八小時，根據沙羅週期可以推算出日、月全食時間。

145 這次日食，筆者全程觀看新疆電視臺網路直播，見到整個日食過程。

一、「辰弗集于房」之時間，無法用曆法準確推算出來。二、仲康日食約發生在西元前二〇〇〇年左右。就目前所能看到的史料、專家學者的研究，對仲康日食，只能做出這些推斷。真正要解決問題，或許還要期待對「清華簡」的研究。[146]

　　本文投稿學報後，送請校外匿名學者審稿。外審匿名學者的審查意見，都鞭辟入裡，特此致謝。本文第二節「辰弗集于房」之真偽，已參考審查意見，重新改寫。其餘各節中，或增添些文字，或刪除些文字，並調整了些文字順序。希望經過修正後，本文能更臻於完美。

徵引文獻

一　古籍

〔漢〕孔氏傳，〔唐〕陸德明音義，孔穎達疏　《尚書注疏》　臺北市　臺灣商務印書館　1986年　《景印文淵閣四庫全書》第54冊

〔漢〕鄭氏注，〔唐〕陸德明音義，賈公彥疏　《周禮注疏》　臺北市　臺灣商務印書館　1986年　《景印文淵閣四庫全書》第90冊

〔周〕左丘明傳，〔晉〕杜預注，〔唐〕孔穎達疏，陸德明音義　《春秋左傳注疏》　臺北市　臺灣商務印書館　1986年　《景印文淵閣四庫全書》　第143、144冊

---

146 本論文「審查意見」中，提到大陸新出土清華竹簡有《尚書》資料。追查後，發現在二〇〇八年十月二十三日，大陸媒體曾刊登「清華簡」新聞。「清華簡」約有兩千一百枚，負責整理這批竹簡的歷史學家李學勤教授指出，這批竹簡主要內容是《尚書》，竹簡上是楚國文字，釋讀困難。筆者已經撰寫短文〈略談清華簡與《尚書》〉，在google中輸入「談清華簡」就可找到。

〔晉〕范甯集解，〔唐〕陸德明音義，楊士勛疏　《春秋穀梁傳注疏》　臺北市　臺灣商務印書館　1986年　《景印文淵閣四庫全書》　第145冊

〔漢〕司馬遷，〔南朝宋〕裴駰集解，〔唐〕司馬貞索隱，〔唐〕張守節正義　《新校本史記三家注并附編二種一》　臺北市　鼎文書局　1978年

〔漢〕班固　《白虎通義》　臺北市　臺灣商務印書館　1986年　《景印文淵閣四庫全書》　第850冊

〔漢〕許慎撰，〔清〕段玉裁注，王瓊珊編寫　《段注說文解字》　臺北市　廣文書局　1969年

〔漢〕王逸　《楚辭章句》　臺北市　臺灣商務印書館　1986年　《景印文淵閣四庫全書》　第1062冊

〔梁〕沈約注　《竹書紀年》　臺北市　臺灣商務印書館　1986年　《景印文淵閣四庫全書》　第303冊

〔宋〕歐陽脩、宋祁撰　《新校本新唐書附索引一》　臺北市　鼎文書局　1976年

〔宋〕蘇軾　《書傳》　臺北市　臺灣商務印書館　1986年　《景印文淵閣四庫全書》　第54冊

〔宋〕林之奇　《尚書全解》　臺北市　臺灣商務印書館　1986年　《景印文淵閣四庫全書》　第55冊

〔宋〕夏僎　《夏氏尚書詳解》　臺北市　臺灣商務印書館　1986年　《景印文淵閣四庫全書》　第56冊

〔宋〕史浩　《尚書講義》　臺北市　臺灣商務印書館　1986年　《景印文淵閣四庫全書》　第56冊

〔宋〕黃度　《尚書說》　臺北市　臺灣商務印書館　1986年　《景印文淵閣四庫全書》　第57冊

〔宋〕蔡沈　《書經集傳》　臺北市　臺灣商務印書館　1986年　《景印文淵閣四庫全書》　第58冊

〔宋〕張耒 《詩說》 臺北市 臺灣商務印書館 1986年 《景印
　　文淵閣四庫全書》 第87冊

〔元〕金履祥 《御批資治通鑑綱目前編》 臺北市 臺灣商務印書
　　館 1986年 《景印文淵閣四庫全書》 第692冊

〔元〕陳櫟 《書集傳纂疏》 臺北市 臺灣商務印書館 1986年
　　《景印文淵閣四庫全書》 第61冊

〔明〕宋濂等撰 《新校本元史并附編二種二》 臺北市 鼎文書局
　　1977年

〔明〕朱睦㮮《五經稽疑》 臺北市 臺灣商務印書館 1986年
　　《景印文淵閣四庫全書》 第184冊

〔明〕邢云路 《古今律歷考》 臺北市 臺灣商務印書館 1986年
　　《景印文淵閣四庫全書》 第787冊

〔明〕徐光啟 《新法算書》 臺北市 臺灣商務印書館 1986年
　　《景印文淵閣四庫全書》 第789冊

〔清〕朱鶴齡 《尚書埤傳》 臺北市 臺灣商務印書館 1986年
　　《景印文淵閣四庫全書》 第66冊

〔清〕閻若璩 《尚書古文疏證》 臺北市 臺灣商務印書館 1986
　　年 《景印文淵閣四庫全書》 第66冊

〔清〕徐文靖 《竹書統箋》 臺北市 臺灣商務印書館 1986年
　　《景印文淵閣四庫全書》 第303冊

〔清〕王鳴盛 《尚書後案》 臺北市 漢京文化事業有限公司 出
　　版年不詳 《重編本皇清經解》 第4冊

〔清〕盛百二 《尚書釋天》 臺北市 漢京文化事業有限公司 出
　　版年不詳 《重編本皇清經解》 第5冊

〔清〕宋鑒 《尚書考辨》 臺北市 新文豐出版公司 1984年
　　《尚書類聚初集》 第6冊

〔清〕吳光耀 《古文尚書正辭》 臺北市 新文豐出版公司 1984
　　年 《尚書類聚初集》 第6冊

〔清〕洪良品　《古文尚書辨惑》　臺北市　新文豐出版公司　1984年　《尚書類聚初集》　第7冊

二　專書

屈萬里　《尚書釋義》　臺北市　華岡出版部　1972年增訂版

丁福保　《說文解字詁林》　臺北市　臺灣商務印書館　1976年

袁　珂　《山海經校注》　臺北市　里仁書局　1982年

黎建寰　《百篇書序探討》　臺北市　文津出版社　1982年

陳遵媯　《中國天文學史》　臺北市　明文書局　1987年　第3、4冊

劉君燦　《中國天文學新探》　臺北市　明文書局　1988年

陳久金、楊怡　《中國古代的天文與曆法》　臺北市　臺灣商務印書館　1993年

江灝、錢宗武譯注；周秉鈞審校　《尚書》　臺北市　地球出版社　1994年

薄樹人主編；石雲里、孫小淳、胡鐵珠、馮時、鹿通執筆　《中國天文學史》　臺北市　文津出版社　1996年

程元敏　《書序通考》　臺北市　臺灣學生書局　1999年

李學勤主編　《尚書正義》　臺北市　臺灣古籍出版有限公司　2001年

朱啟新主編　《中國著名古墓發掘記》　臺北市　聯經出版事業公司　2001年

古文字詁林編纂委員會　《古文字詁林》　上海市　上海教育出版社　2004年

林觥順　《尚書》　臺中市　書軒氏　2006年

蘇　宜　《天文學概要》　高雄市　麗文文化事業股份有限公司　2007年

三　論文

胡秋原　〈關於「古文尚書孔安國傳」之公案〉　《中華雜誌》第7
　　　　卷9月號（1969年9月）

王保德　〈閻若璩「尚書古文疏證」駁議（續完）〉　《中華雜誌》
　　　　第8卷1月號（1970年1月）

胡秋原　〈書經日食與中國歷史文化之天文學性──論閻若璩之虛妄
　　　　與李約瑟中國科學史天文篇〉　《中華雜誌》第8卷1月號
　　　　（1970年1月）

王保德　〈古文尚書非偽作的新考證〉（六）　《文壇》第129期
　　　　（1971年3月）

王保德　〈古文尚書非偽作的新考證〉　《文壇》第124期（1970年
　　　　10月）

劉君燦　〈「曆法的起源和先秦四分曆」導介〉　劉君燦《中國天文
　　　　學新探》　臺北市　明文書局　1988年

潘　鼐　〈我國早期的二十八宿觀測及其時代考〉　劉君燦《中國天
　　　　文學新探》　臺北市　明文書局　1988年

張聞玉　〈釋辰〉　《貴州大學學報》（社會科學版）1994年第2期
　　　　（1994年）

關增建　〈日食觀念與傳統禮制〉　《自然辨證法通訊》第2期
　　　　（1995年）

趙恩語　〈中康日食的認證〉　《安徽史學》第1期（1997年1月）

黃歷鴻、吳晉生撰　〈古代日食與三代紀年〉　（山東大學）《人文
　　　　雜誌》第4期（1998年）

吳守賢　〈夏代仲康日食記載再讀〉　《自然科學史研究》第17卷第
　　　　3期（1998年）

吳晉生　〈人類最早記錄的一次日食──中國夏代「仲康日食」〉
　　　　《貴州文史叢刊》第2期（1999年）

李勇、吳守賢 〈仲康日食古代推算結果的復原〉 《自然科學史研究》第18卷第3期（1999年）

李　　勇 〈《授時曆》與仲康日食推算〉 《南京大學學報》（自然科學版）第36卷第1期（2000年1月）

吳守賢 〈夏仲康日食年代確定的研究史略〉 《自然科學史研究》第19卷第2期（2000年）

李學勤 〈仲康日食的文獻學研究〉 《煙臺師範學院學報》（哲學社會科學版）第17卷第1期（2000年3月）

何幼琦 〈仲康日食辨偽〉 《殷都學刊》第1期（2001年）

李勇、吳守賢 〈授時歷議中的仲康日食記錄研究〉 《南京大學學報》（自然科學版）第37卷第1期（2001年1月）

劉次沅 〈夏商周斷代工程及其天文學問題〉 《天文學進展——中國天文學首屆學術大會論文集》第19卷第2期（專輯）（2001年6月）

譚維四 〈湖北隨縣曾侯乙墓發掘記〉 朱啟新主編 《中國著名古墓發掘記》臺北市 聯經 2001年

董立章 〈夏商斷代再研究〉 《中山大學學報》（社會科學版）第43卷第2期（2003年）

鐘如雄 〈釋辰〉 《西南民族大學學報》（人文社科版）總24卷第7期（2003年10月）

許兆昌 〈胤征羲和事實考〉 《吉林大學社會科學學報》第2期（2004年3月）

鐘珮煖 〈三重證據法的運用——《左傳》「少昊以鳥名官」為鳥圖騰說之商榷〉 《花蓮教育大學學報》第22期（2006年5月）

離　揚 〈《尚書》輯佚辯證〉 見國學論壇 發表於2005年3月28日（ http://bbs.guoxue.com/viewthread.php?tid=258467&extra=&page=1 ）

張　岩　〈閻若璩〈疏證〉偽證考〉　見國學網　（http://www.guoxue.
　　　　com/zt/yrq/yrq.htm）

（本文刊於《國立臺中技術學院通識教育學報》第二期（97年12月））

《古文尚書》〈胤征〉篇字句出處考釋

一　前言

　　尚者，上也。《尚書》是上古之書，主要是夏、商、周三代君王的典、謨、訓、誥、誓、命，君臣的對話紀錄。原來可能是一篇一篇流傳，孔子編次《詩》、《書》，做了番整理工作。

　　孔子編的真本《書》，在秦始皇焚書時，已經焚毀。漢初，伏生傳《今文尚書》；武帝時（或謂景帝），孔壁發現《古文尚書》。漢代曾流傳《古文尚書》，有傳授源流，在永嘉之亂時散佚，東晉元帝時梅頤獻《古文尚書》。[1]

　　唐貞觀年間，孔穎達據梅頤獻書作《正義》，《古文尚書》就一直流傳下來。宋代，朱熹等人覺得《古文尚書》文字和《今文尚書》難易不同，開始懷疑《古文尚書》。明代，梅鷟撰《尚書考異》，考辨《古文尚書》。陳第撰《尚書疏衍》，排詆梅鷟說法。清代，閻若璩撰《尚書古文疏證》，提出一百二十八條證據，證明《古文尚書》為偽作。

　　在閻若璩當時，已經有毛奇齡撰《古文尚書冤詞》，替《古文尚書》辯護。毛氏之後，清代陸續有學者反對閻氏看法，認為《古文尚書》是真書。臺灣研究《尚書》的學者，大多數相信閻若璩說法。在

1　梅或作枚，頤或作賾，據虞萬里考證，應是梅頤。虞萬里說：「梅頤字仲真，乃取頤養天真之意。」（虞萬里：〈獻《古文尚書》者梅頤名氏地望辨證〉，《文史》2004年第4輯（總第69輯）（2004年11月），頁數不詳）。按：梅頤獻書詳情，今已不可得知。

一九七〇年左右，有王保德、劉善哉、胡秋原等人，反對閻若璩說法。其中以王保德用力最勤，撰有多篇專文，逐條駁斥閻氏之說。

最近幾年，有些大陸學者開始懷疑閻若璩的證據，甚至有學者認為閻氏所用並非科學方法。除了專書外，還有不少論文討論閻氏說法。整體來說，閻氏證據已非鐵證，在逐漸動搖中。對《古文尚書》的真偽，還要重新審理。

〈胤征〉是《古文尚書》中的一篇，如果《古文尚書》是偽書，〈胤征〉當然也是偽作。有些學者就認為〈胤征〉字句，大都是采輯典籍字句，補綴而成。本文深入研究此一問題，取〈胤征〉字句和典籍對比，討論歷代學者說法，探討真相。

又：臺灣和〈胤征〉相關的論文，約有三篇；大陸約有兩篇；網路有一篇。其中只有宗靜航〈《尚書》〈胤征〉的成書年代——一個語言學的考察視角〉，和本論文研究主題有關，其餘無關的五篇，不引用。

二 《古文尚書》傳授源流

漢代典籍中，有《古文尚書》資料。《史記》〈儒林列傳〉：「孔氏有《古文尚書》，而安國以今文讀之，因以起其家。」[2]並未載孔安國獻書事。《漢書》〈藝文志〉：「安國獻之。遭巫蠱事，未列于學官。」[3]、〈儒林傳〉：「遭巫蠱，未立於學官。」[4]提到孔安國獻書，並沒有明確獻書時間。〈楚元王傳〉中劉歆〈移讓太常博士書〉說：「天

---

2 〔漢〕司馬遷，〔南朝宋〕裴駰集解，〔唐〕司馬貞索隱，〔唐〕張守節正義：《新校本史記三家注并附編二種》（臺北市：鼎文書局，1978年）。

3 〔漢〕班固撰，〔唐〕顏師古注：《新校本漢書并附編二種》（臺北市：鼎文書局，1978年3版），卷30，頁1706。

4 同上註，卷88，頁3607。

漢之後，孔安國獻之，遭巫蠱倉卒之難，未及施行。」[5]劉歆認為是在「天漢之後」，孔安國獻《古文尚書》。姑且不論孔安國「蚤卒」、是否孔安國家獻書，這些繁雜問題，可確定的是漢武帝末年，《古文尚書》已獻給朝廷。獻書之後，雖未立於學官，而孔安國應抄有副本，傳授給弟子。《漢書》〈儒林傳〉載《古文尚書》傳授源流：

> 安國為諫大夫，授都朝尉，而司馬遷亦從安國問故。遷書載〈堯典〉、〈禹貢〉、〈洪範〉、〈微子〉、〈金縢〉諸篇，多古文說。都朝尉授膠東庸生。庸生授清河胡常少子，以明《穀梁春秋》為博士、部刺史，又傳《左氏》。常授虢徐敖。敖為右扶風掾，又傳《毛詩》，授王璜、平陵塗惲子真。子真授河南桑欽君長。[6]

所載傳授源流為：孔安國—授都朝尉—授庸生—授胡常—授徐敖—授王璜、塗惲—塗惲授桑欽。在記載傳授者時，常用格式是：籍貫＋姓名＋字，偶然會有少數例外。

又《後漢書》〈賈逵傳〉：「父徽，從劉歆受《左氏春秋》，兼習《國語》、《周官》，又受《古文尚書》於塗惲，學《毛詩》於謝曼卿。」[7]又：「逵悉傳父業。」[8]那麼，塗惲所傳不只桑欽一人，還傳給賈徽。傳授源流為：塗惲—授桑欽、賈徽—授賈逵。

和《古文尚書》相關記載還有：西漢平帝時，《古文尚書》曾立學官。[9]《後漢書》中提到《古文尚書》處很多，尤其〈賈逵傳〉

5　〔漢〕班固撰，〔唐〕顏師古注：《新校本漢書并附編二種》，卷36，頁1969。

6　同上註，卷88，頁3607。按：王璜，或謂當作王橫。

7　〔南朝宋〕范曄撰，〔唐〕李賢等注：〈鄭范陳賈張列傳〉，《新校本後漢書并附編十三種》（臺北市：鼎文書局，1977年），卷36，頁1234。

8　同上註，卷36，頁1235。

9　〔漢〕班固撰，〔唐〕顏師古注：〈儒林傳〉，《新校本漢書并附編二種》，卷88，頁

載:「蕭宗立,降意儒術,特好《古文尚書》、《左氏傳》。」[10]蕭宗
(漢章帝)特別喜好《古文尚書》。又:「逵數為帝言《古文尚書》與
經傳《爾雅》詁訓相應,詔令撰歐陽、大小夏侯《尚書》《古文》同
異。逵集為三卷,帝善之。」[11]可見賈逵懂《尚書古文》,能和歐陽、
大小夏侯比較同異。賈逵又曾「與班固並校秘書」[12],如祕書有《古
文尚書》,賈逵也能看到。建初八年十二月,蕭宗曾下詔說:

> 五經剖判,去聖彌遠,章句遺辭,乖疑難正,恐先師微言將遂
> 廢絕,非所以重稽古,求道真也。其令群儒選高才生,受學
> 《左氏》、《穀梁春秋》、《古文尚書》、《毛詩》,以扶微學,廣
> 異議焉。[13]

又〈賈逵傳〉:「八年,乃詔諸儒各選高才生,受《左氏》、《穀梁春
秋》、《古文尚書》、《毛詩》,由是四經遂行於世。」[14]和〈蕭宗孝章帝
紀〉記載相同。據此,蕭宗時,當有儒者熟悉《古文尚書》,能傳授
《古文尚書》。

3607:「王莽時,諸學皆立。劉歆為國師,璜、惲等皆貴顯。」。〔漢〕班固撰,
〔唐〕顏師古注:〈贊〉〈儒林傳〉,《新校本漢書并附編二種》,卷88,頁3621:「平
帝時,又立《左氏春秋》、《毛詩》、《逸禮》、《古文尚書》,所以罔羅遺失,兼而存
之,是在其中矣。」按:璜,王璜。惲,塗惲。考〈平帝紀〉、〈王莽傳〉、〈劉歆
傳〉,皆未載《古文尚書》立學官。

10 〔南朝宋〕范曄撰,〔唐〕李賢等注:〈鄭范陳賈張列傳〉,《新校本後漢書并附編十
三種》,卷36,頁1236。

11 同上註,卷36,頁1239。

12 同上註,卷36,頁1235。

13 〔南朝宋〕范曄撰,〔唐〕李賢等注:〈蕭宗孝章帝紀〉,《新校本後漢書并附編十三
種》,卷3,頁145。

14 〔南朝宋〕范曄撰,〔唐〕李賢等注:〈鄭范陳賈張列傳〉,《新校本後漢書并附編十
三種》,卷36,頁1239。

　　賈逵之後，《古文尚書》傳授源流不明，但並未失傳。至鄭玄，從張恭祖學《古文尚書》。〈鄭玄傳〉載：「又從東郡張恭祖受《周官》、《禮記》、《左氏春秋》、《韓詩》、《古文尚書》。」[15]張恭祖所授的《古文尚書》，或許傳自賈逵。由以上所述，東漢時有《古文尚書》流傳，[16]應無疑義。

　　到了西晉時，《古文尚書》仍在流傳，還是有傳授源流。據孔穎達《尚書正義》中所引《晉書》，其傳授源流為：

　　　　《晉書》又云：「晉太保公鄭沖以《古文》授扶風蘇愉，愉字休預。預授天水梁柳，字洪季，即謐之外弟也。季授城楊曹臧，字彥始。始授郡守子汝南梅頤，字仲真，又為豫章內史。遂於前晉奏上其書，而施行焉。」[17]

據此，晉代傳授源流為：鄭沖—蘇愉—梁柳—曹臧—梅頤。記載傳授者時，基本格式是：籍貫＋姓名＋字，和《漢書》〈儒林傳〉格式相似。鄭玄卒於漢獻帝建安五年（西元200年），〈鄭玄傳〉：「有遺腹子，玄以其手文似己，名之曰小同。」[18]據此，鄭玄子為鄭小同。《魏氏春秋》：「小同，高貴鄉公時為侍中。」[19]考《晉書》〈鄭沖傳〉：「及

15 〔南朝宋〕范曄撰，〔唐〕李賢等注：〈張曹鄭列傳〉，《新校本後漢書并附編十三種》，卷35，頁1207。

16 劉起釪認為東漢《古文尚書》傳授源流，為「攀附宣傳托始於孔安國」（劉起釪：《尚書學史》（北京市：中華書局，1989年），頁125）。按：劉說只是揣測，並無證據。

17 〔漢〕孔安國傳，〔唐〕孔穎達疏，陸德明音義：《尚書注疏》（臺北市：臺灣商務印書館，1986年，《景印文淵閣四庫全書》），第54冊，〈堯典〉第一，〈虞書〉，孔穎達《正義》，原目，頁23。按：不見今本《晉書》。

18 〔南朝宋〕范曄撰，〔唐〕李賢等注：〈張曹鄭列傳〉，《新校本後漢書并附編十三種》（臺北市：鼎文書局，1977年），卷35，頁1212。

19 同上註。

高貴鄉公講《尚書》，沖執經親授，與侍中鄭小同俱被賞賜。」[20]鄭小同與鄭沖同朝為官，鄭沖要從鄭小同得到《古文尚書》，並不困難。

從賈逵到鄭沖之間，《古文尚書》可能的傳授源流是：賈逵─張恭祖─鄭玄─鄭小同─鄭沖。鄭沖之後，經過蘇愉、梁柳、曹臧，傳授給梅頤，[21]最後由梅頤獻書。從孔安國到梅頤，整個《古文尚書》傳授源流，比較有問題的是賈逵到鄭玄這一段，其餘的傳授源流，都很清楚。這種傳授源流，散見諸書之中，不可能全部偽造。就以鄭沖到梅頤這段而言，載於《晉書》，並非梅頤獻書時所說的，梅頤要如何偽造？孔穎達《正義》引這段傳授源流，也沒偽造必要。

又《隋書》〈經籍志〉：「後漢扶風杜林，傳《古文尚書》，同郡賈逵為之作訓，馬融作傳，鄭玄亦為之注。然其所傳，唯二十九篇，又雜以今文，非孔舊本。」[22]這是杜林在西州得到的漆書《古文尚書》一卷本，其來源不明，姑附於此。

東晉元帝時，西元三一七年或三一八年，梅頤獻《古文尚書》，[23]《古文尚書》立博士，開始流傳。程元敏說：

> 按：梅氏獻書年歲，《釋文》序錄云在元帝世，《隋志》云在「東晉」，《尚書正義》「昔東晉之初，豫章內史梅頤上孔氏傳」：三說無悖。何則？考諸〈元帝紀〉，太興二年（西元319

---

20 〔唐〕房玄齡等撰：〈鄭沖傳〉，《新校本晉書并附編六種》（臺北市：鼎文書局，1976年），卷33，頁992。

21 劉起釪說：「上引《晉書》所說的《古文尚書》傳授系統，實際是編造的一個托始於鄭沖的偽《古文尚書》傳授系統。」（劉起釪：《尚書學史》，頁178）。按：劉說證據不足。

22 〔唐〕魏徵，長孫無忌等撰：〈經籍志〉，《新校本隋書附索引》（臺北市：鼎文書局，1975年），卷32，頁915。

23 《隋書》〈經籍志〉：「至東晉豫章內史梅頤始得安國之傳奏之。」（同上註）。按：毛奇齡據此，謂梅頤所獻為《孔傳》，不是《古文尚書》。

年）（一曰四年）立博士，鄭（玄）、孔（安國）學竝立，孔即
梅氏所獻古文經、傳，則獻事在太興二年之前。[24]

今考《晉書》〈元帝紀〉，只在太興二年六月丙子，有「置博士，員五
人」六字，[25]並未記載「鄭、孔學竝立」。《晉書》〈荀崧傳〉：

> 元帝踐阼，徵拜尚書僕射，使崧與刁協共定中興禮儀。……轉
> 太常。時方修學校，簡省博士，置《周易》王氏、《尚書》鄭
> 氏、《古文尚書》孔氏、《毛詩》鄭氏、《周官》《禮記》鄭氏、
> 《春秋左傳》杜氏服氏、《論語》《孝經》鄭氏，博士各一人，
> 凡九人，其《儀禮》、《公羊》、《穀梁》及鄭《易》皆省不置。[26]

細數之，《周易》博士一人、《尚書》博士一人、《古文尚書》博士一
人、《毛詩》博士一人、《周官》博士一人、《禮記》博士一人、《春秋
左傳》杜氏博士一人、《春秋左傳》服氏博士一人、《論語》博士一
人、《孝經》博士一人，共十人。〈荀崧傳〉「凡九人」，當中可能有兩
經共立一博士。程氏所說「鄭、孔學竝立」，應是根據〈荀崧傳〉。

　　〈荀崧傳〉又載：荀崧認為《儀禮》、《公羊》、《穀梁》及鄭
《易》不可不立博士，上疏建議：「宜為鄭《易》置博士一人、鄭
《儀禮》博士一人、《春秋公羊》博士一人、《穀梁》博士一人。」[27]
上疏後，元帝下詔書「……可共博議者詳之」，[28]經過討論後，「議者

---

24 程元敏：《尚書學史》（臺北市：五南圖書股份有限公司，2008年），頁1062。

25 〔唐〕房玄齡等撰：〈元帝紀〉，《新校本晉書并附編六種》，卷6，頁152。劉起釪說：
　　「晉元帝初設博士五人，後增為九人，再增為十一人，最後為十六人。」（劉起釪：
　　《尚書學史》，頁171）。按：〈荀崧傳〉所載為九人。

26 〔唐〕房玄齡等撰：〈荀崧傳〉，《新校本晉書并附編六種》，卷75，頁1976-1977。

27 同上註，卷75，頁1978。

28 同上註。

多請從崧所奏。詔曰：『《穀梁》膚淺，不足置博士，餘如奏。』會王敦之難，不行。」[29]元帝同意置鄭《易》博士、鄭《儀禮》博士、《春秋公羊》博士。但正好有「王敦之難」，沒有置三經博士。

〈元帝紀〉載太興四年「三月，置《周易》、《儀禮》、《公羊》博士」，[30]那麼，荀崧上疏後，沒有立刻置博士，後來還是置博士了。荀崧上疏一定在太興四年三月前。又〈元帝紀〉載太興三年冬十月丙辰「王敦殺武陵內史向碩」，[31]這應該就是〈荀崧傳〉中說的「會王敦之難」，荀崧上疏當在太興三年冬十月丙辰之前。立博士是在荀崧上疏之前，〈元帝紀〉太興二年六月丙子「置博士員五人」，時間可信。由此可知《古文尚書》置博士，確定是在太興二年六月丙子，梅頤獻《古文尚書》當在置博士之前。建武元年（西元317年）三月，司馬睿即晉王位；太興元年（西元318年）三月丙辰，即皇帝位。學者多認為梅頤獻《古文尚書》，當在建武元年（西元317年）或太興元年（西元318年）。

上文撰寫完後，再細讀《尚書古文疏證》。該書第十七條「言安國古文學源流真偽」，說的就是《古文尚書》傳授源流，閻若璩並未否認此傳授源流。閻氏只是認為《古文尚書》亡於西晉永嘉時。閻氏說：

> 又按：吳文正公《尚書敘錄》信可為不刊之典矣。然其誤亦有六。一謂孔壁真古文《書》不傳，不知傳至西晉永嘉時始亡失也。[32]

---

29 〔唐〕房玄齡等撰：〈荀崧傳〉，《新校本晉書并附編六種》，卷75，頁1978。

30 〔唐〕房玄齡等撰：〈元帝紀〉，《新校本晉書并附編六種》，卷6，頁154。

31 同上註。按：王敦舉兵於武昌，在永昌元年春正月戊辰，已是立三經博士次年，並非〈荀崧傳〉中說的「會王敦之難」。

32 〔清〕閻若璩撰，閻詠輯：《尚書古文疏證》（臺北市：臺灣商務印書館，1986年，《景印文淵閣四庫全書》），第66冊，卷2，第17，頁163。按：《四庫全書》本《尚書古文疏證》無目錄，本文所用目錄，據《皇清經解續編》本《尚書古文疏證》。

可見閻氏認為《古文尚書》一直流傳，到了永嘉時才散佚。第十八條又說：「《古文尚書》雖甚顯於東漢，然未立學官。當時諸儒，苟非從師講授，則亦莫之見也。」[33]閻氏認為在東漢時，有老師講授《古文尚書》。

三　〈胤征〉篇的字句出處

〈胤征〉如果是采輯典籍文字偽作的，那麼〈胤征〉字句必然有出處。屈萬里曾經取朱駿聲《尚書古注便讀》，「刪其繁蕪，檃括其注語」，[34]撰寫〈偽《古文尚書》〉，列出《古文尚書》字句出處。茲錄其中〈胤征〉字句出處如下：[35]

1. 「聖有謨訓，明徵定保」——「改易襄公二年《左傳》引《書》之文」。
2. 「遒人以木鐸徇于路，官師相規，工執藝事以諫」——「襄公十四年《左傳》引〈夏書〉之文」。
3. 「邦有常刑」——「改易《周禮》〈小宰職〉文」。
4. 「顛覆厥德，沈亂于酒」——「改易《詩》〈大雅〉〈抑〉之文」。
5. 「辰弗集于房，瞽奏鼓，嗇夫馳，庶人走」——「昭公十七年《左傳》引《書》之文」。
6. 「先時者殺無赦，不及時者殺無赦」——「改易《荀子》〈君道篇〉引《書》之文」。

---

33 〔清〕閻若璩撰，閻詠輯：《尚書古文疏證》，《景印文淵閣四庫全書》，第66冊，卷2，第18，頁167。

34 屈萬里：《尚書釋義》（臺北市：華岡出版部，1972年增訂版），附錄三，《偽古文尚書》，頁171。

35 同上註，頁174-175。

7.「火炎崐岡，玉石俱焚」──「見《三國志》」。

8.「威克厥愛，允濟」──「改易昭公二十三年《左傳》之文」。

本文主要討論的是上面八項〈胤征〉字句出處，檢視諸家對這八項說法，希望能經由討論，得知此八項是襲用、改易典籍，還是〈胤征〉原有字句。

這八項〈胤征〉字句出處，有些前人已經舉出過。〔明〕梅鷟《尚書考異》中，舉出第八項、第六項（按：《尚書考異》誤作「君臣篇」）、第二項、第三項、第一項、第七項出處（以上依照《尚書考異》順序），³⁶梅氏沒提到四、五項出處。

〔清〕閻若璩《尚書古文疏證》第八條「言《左傳》載夏日食之禮今誤作季秋」，³⁷指出「遒人以木鐸徇于路，官師相規，工執藝事以諫」，是襄公十四年師曠所引〈夏書〉之文；也提到《周禮》〈小宰〉「國有常刑」；「先時者殺無赦，不及時者殺無赦」，出自《荀子》〈君道〉所引《書》；「殲厥渠魁，脅從罔治」，出自《易經》〈離卦〉〈上九〉爻辭：「王用出征，有嘉折首，獲匪其醜，无咎」；「威克厥愛，允濟」，出自《左傳》〈昭公二十三年〉：「公子光曰：『吾聞之，作事威克其愛，雖小必濟。』」。第六十四條「言〈胤征〉有玉石俱焚語出魏晉間」，³⁸談的是第七項。第八十一條「言以歷法推仲康日食〈胤征〉都不合」，³⁹談的是第五項。閻氏舉出六項出處，沒提到一、四項。

閻氏所舉出的字句出處，梅鷟《尚書考異》大都已提過。只有《易

36 〔明〕梅鷟：《尚書考異》（臺北市：臺灣商務印書館，1986年，《景印文淵閣四庫全書》），第64冊，卷2，頁45-46。

37 〔清〕閻若璩撰，閻詠輯：《尚書古文疏證》，《景印文淵閣四庫全書》，第66冊，卷1，第8，頁147-148。

38 同上註，卷4，第64，頁241。

39 同上註，卷6上，第81，頁310。

經》〈離卦〉〈上九〉爻辭，是閻氏最先提出。但此條要說是〈胤征〉
襲用《易經》，實在牽強，最多只能說是語意相似，字句並不相同。

〔清〕宋鑒《尚書攷辨》，指出第一項出自「襄二十一年」；第二
項出自「襄十四年」；第五項出自「昭十七年」；第六項出自《荀子》
〈君道〉；第八項出自「昭二十三年」。[40]宋氏書中，並未提到第三、
四、七項的出處。

八項中的第四項「顛覆厥德，沈亂于酒」——「改易《詩》〈大
雅〉〈抑〉之文」，梅氏、閻氏、宋氏都沒提到。

分析這八項字句出處的來源，分別來自《左傳》（第一、二、
五、八項）、《周禮》（第三項）、《詩經》（第四項）、《荀子》（第六
項）、《三國志》（第七項），不同的五本書。除了《三國志》是魏晉時
書外，其餘四本書，都是先秦典籍。

來自《左傳》的四項，引〈夏書〉二項，引《書》一項，「聞
曰」一項。這四項，第一項、第二項出自襄公時，第五項、第八項出
自昭公時，都是君臣對話時，臣子引用。

又：這八條〈胤征〉字句出處，實際上，都沒提到是引自真本
〈胤征〉。《左傳》中的四項，只說是「引〈夏書〉」、「引《書》」、「聞
曰」；其餘的第三、四、六、七項，都是改易典籍文字，沒提到〈胤
征〉。

四 〈胤征〉文字與《左傳》對照

這八項中，第一、二、五、八項和《左傳》有關，疑似〈胤征〉
襲用《左傳》文字。本節集中在這四項，依屈氏〈偽《古文尚書》〉
文中次序，分別討論如下：

---

40 〔清〕宋鑒：《尚書攷辨》，杜松柏編：《尚書類聚初集》（臺北市：新文豐出版公司，
　　1984年），第6冊，卷3，頁45。按：《尚書釋義》誤作襄公二年。

（一）聖有謨訓，明徵定保。

第一項：「聖有謨訓，明徵定保」──「改易襄公二十一年《左傳》引《書》之文」。

《左傳》〈襄公二十一年〉原文是：

> 於是祁奚老矣，聞之，乘駒而見宣子，曰：「《詩》曰：『惠我無疆，子孫保之。』《書》曰：『聖有謨勳，明徵定保。』夫謀而鮮過，惠訓不倦者，叔向有焉，社稷之固也，猶將十世宥之，以勸能者。……」[41]

杜預注：「謨，謀也。勳，功也。言聖哲有謀功者，當明定安之。」[42]
楊伯峻注：「句言有謀略、有訓誨者，當明信而安保之。」[43]襄公二十一年秋天，晉平公時，晉國發生一件大事。欒盈被誣告將要叛亂，欒盈被迫逃到楚國，同黨多人被殺，其中有羊舌虎。羊舌虎異母哥哥叔向，是晉平公老師，因連坐被囚禁。大夫祁奚遊說范宣子，請求免除叔向之罪。祁奚引《書》目的是要救叔向，從杜預注、楊伯峻注中，可以看出「聖有謨勳」的「聖」，是指叔向。

〈胤征〉中，胤侯誓詞有「聖有謨訓，明徵定保」八字，一般認為是采輯自《左傳》〈襄公二十一年〉。這八字，和祁奚引《書》，只差兩字。

〈胤征〉孔安國傳：「徵，證。保，安也。聖人所謀之教訓，為

---

41 〔周〕左丘明傳，〔晉〕杜預注，〔唐〕孔穎達疏，陸德明音義：《春秋左傳注疏》（臺北市：臺灣商務印書館，1986年，《景印文淵閣四庫全書》），第144冊，卷34，頁119。

42 同上註。

43 楊伯峻：《春秋左傳注》（臺北市：洪葉文化事業有限公司，1993年），頁1060。

世明證，所以定國安家。」[44]和《左傳》祁奚引《書》相比：「謨訓」解釋不同。杜預注：「謩，謀也。勳，功也」，將「謨訓」解釋成「謀功」；孔安國將「謨訓」解釋成「聖人所謀之教訓」，意義差別很大。「明徵定保」解釋也相異。杜預解釋成「當明定安之」，四字一起解釋；孔安國分別解釋了「徵」、「保」的意思，又說：「為世明證，所以定國安家」，將「明徵」和「定保」分開解釋。更重要的是，《左傳》中的「聖」，是指叔向；〈胤征〉中的「聖」，泛指一般聖人，兩者不同。

而且，〈胤征〉「聖有謨訓，明徵定保」，和上下文語意連貫，上文先說「嗟予有眾」，再說「聖有謨訓，明徵定保」，下面的「先王」、「臣人」、「百官」、「厥后」，都是承接這八字。孔安國的解釋，也和文義貫通。換言之，在〈胤征〉中，這八字是不能或缺的。

由上述字句比較看來，似乎是祁奚引《書》時，斷章取義，並不像是作〈胤征〉者，改易《左傳》文字。

（二）遒人以木鐸徇于路，官師相規，工執藝事以諫。

第二項：「遒人以木鐸徇于路，官師相規，工執藝事以諫」——「襄公十四年左傳引〈夏書〉之文」。

《左傳》〈襄公十四年〉，師曠回答晉侯的話：

> 師曠侍於晉侯。晉侯曰：「衛人出其君，不亦甚乎？」對曰：「……〈夏書〉曰：『遒人以木鐸徇於路，官師相規，工執藝事以諫。』正月孟春，於是乎有之，諫失常也。……」[45]

---

44 〔漢〕孔安國傳，〔唐〕孔穎達疏，陸德明音義：《尚書注疏》，《景印文淵閣四庫全書》，第54冊，卷6，頁151。

45 〔周〕左丘明傳，〔晉〕杜預注，〔唐〕孔穎達疏，陸德明音義：《春秋左傳注疏》，《景印文淵閣四庫全書》，第144冊，卷32，頁84-86。

楊伯峻註：「蓋春秋以前天子諸侯有大臣及諫官，遇事可諫；至于在下位以至百工等，唯正月遒人徇路，始得有進言機會。」[46]這年夏天四月二十六日，衛侯出奔齊，所以晉侯才會問師曠這問題。師曠引〈夏書〉這十八字，和〈胤征〉文字全同。唯一差異的是，〈胤征〉這十八字前面有「每歲孟春」四字，師襄引〈夏書〉這十八字，後面有「正月孟春」四字。孔穎達《正義》說：「此在〈胤征〉之篇，……此傳引彼，略去每歲孟春，直引遒人以下，乃以正月孟春結之，殷勤以示歲首，恒必然也。」[47]孔氏以〈胤征〉為真《古文尚書》，所以說是《左傳》引〈胤征〉。

夏、商、周曆法不同，夏代正月是建寅之月，商代正月是建丑之月，周代正月是建子之月。師襄所謂「正月孟春」，用的是夏代曆法，孟春是一月，周代孟春是三月。

在〈胤征〉中為何用「每歲孟春」，而不說是「每歲正月孟春」？因為〈胤征〉本來是夏代文章，夏代以正月為孟春，不需要特別註明，所以就略去「正月」二字，直接說「每歲孟春」。師襄為何要說「正月孟春」，而不用「每歲孟春」？因為到了周朝，孟春是三月，不是一月，和夏代不同。如果直接用「每歲孟春」，晉侯可能以為是一月，所以略去「每歲孟春」四字，在後面加上「正月孟春」四字。師曠已經先說「〈夏書〉曰」，後面再加「正月孟春」，就可以很明白的知道是夏代的一月，不會弄錯月份。

這樣說來，從「每歲孟春」、「正月孟春」的位置，可以看出是師曠引用〈胤征〉，不是〈胤征〉抄襲《左傳》。如果作〈胤征〉者襲用《左傳》，應該用「正月孟春」，而不是用「每歲孟春」，師曠引用〈夏書〉，並無「每歲」二字，襲用者如何得知是「每歲」。

---

46 楊伯峻：《春秋左傳注》，頁1018。

47 〔周〕左丘明傳，〔晉〕杜預注，〔唐〕孔穎達疏，陸德明音義：《春秋左傳注疏》，《景印文淵閣四庫全書》，第144冊，卷32，頁85-86。

　　「每歲」二字，有些爭議。在清代之前，沒人懷疑「每歲」二字，閻若璩也沒提到「每歲」問題。只有〔清〕陸奎勳認為「每歲」二字「鄙俚之甚」。[48]陸氏說見惠棟《古文尚書考》〈胤征〉「每歲孟春」注：

> 陸奎勳曰：予讀〈胤征〉，至「每歲孟春」，不覺失笑。夫經說理造極，「每歲」二字，鄙俚之甚，漢人所不道者。猥以入〈夏書〉，吾未信能欺明眼人也。[49]

「每歲」二字，《左傳》中已有，漢人也常用。〔清〕吳光耀說：

> 昭二十九年，《左傳》曰：「平子每歲賈馬，具從者之衣履，而歸之於乾矦。」《左傳》是何時人書，乃亦道每歲二字。……《後漢書》〈王丹傳〉：「每歲農時，輒載酒肴於田間，候勤者而勞之。」〈儒林傳〉敘本初元年，梁太后詔曰：「大將軍下至六百石，悉遣子就學，每歲則於鄉射月一饗會之，以此為常。」《續漢書》〈百官志〉「司徒公」注：「應劭曰：『每歲州郡聽採長吏臧否，民所疾苦，還條奏之。』」《後漢紀》安帝元初二年：「自上即位，至于是年，頻有水旱之災，百姓飢饉，每歲遣使者開倉廩，賑飢民。」……是漢人道每歲者甚多。[50]

吳氏所舉證據有十五證，茲錄其重要者如上。由此諸證，可見漢人屢

---

48 陸奎勳，字聚緱，號坡星，又號陸堂，浙江平湖人。清聖祖康熙二年生，高宗乾隆三年卒，年七十六歲。著有《今文尚書說》三卷。

49 〔清〕惠棟：《古文尚書考》，〔清〕阮元編刊，〔民國〕王進祥重編：《重編本皇清經解》（臺北市：漢京文化事業有限公司，未印出版時間），第5冊，卷352，頁3074。

50 〔清〕吳光耀：《古文尚書正辭》（臺北市：新文豐出版公司，1987年，《尚書類聚初集》），第6冊，卷11，頁500。

言「每歲」，不知陸氏為何說「漢人所不道者」。而且《爾雅》〈釋天第八〉：「夏曰歲，商曰祀，周曰年，唐虞曰載。」[51]夏代紀年用「歲」字，「每歲」和夏代紀年習慣符合。

（三）辰弗集于房，瞽奏鼓，嗇夫馳，庶人走。

第五項：「辰弗集于房，瞽奏鼓，嗇夫馳，庶人走」——「昭公十七年《左傳》引《書》之文」。

《左傳》〈昭公十七年〉原文是：

> 大史曰：「在此月也。日過分而未至，三辰有災，於是乎百官降物，君不舉，辟移時，樂奏鼓，祝用幣，史用辭。故〈夏書〉曰：『辰不集于房，瞽奏鼓，嗇夫馳，庶人走』，此月朔之謂也。當夏四月，是謂孟夏。」平子弗從。昭子退曰：「夫子將有異志，不君君矣。」[52]

在昭公十七年六月甲戌朔，魯國發生日食，祝史請示所用幣，昭子認為日食用幣合乎禮。平子卻禁止用幣，以為只有正月日食用幣。平子以為正月是一月，不是六月。所以魯國太史說了這段話，解釋周的六月就是夏的四月，是正月。[53]結果平子還是不從，日食沒用幣。

---

51 〔晉〕郭璞注，〔宋〕邢昺疏，陸德明音義：《爾雅注疏》（臺北市：臺灣商務印書館，1986年，《景印文淵閣四庫全書》），第221冊，卷5，頁109。按：閻若璩也說：「《爾雅》為詁訓之書，……〈胤征〉『每歲孟春，道人以木鐸徇于路』，即『夏曰歲』。」（〔清〕閻若璩、閻詠輯：《尚書古文疏證》，《景印文淵閣四庫全書》，第66冊，卷7，第97，頁429）。

52 〔周〕左丘明傳，〔晉〕杜預注，〔唐〕孔穎達疏，陸德明音義：《春秋左傳注疏》，《景印文淵閣四庫全書》，第144冊，卷48，頁404-405。

53 按：正月有兩個意義：一是指一月，以歲首之月為正月，這是平常的用法。二是指正陽之月、純陽之月、建巳之月，也就是周的六月、夏的四月，所謂的孟夏，夏天的第一個月。

　　考〈胤征〉原文是：「乃季秋月朔，辰弗集于房，瞽奏鼓，嗇夫馳，庶人走。」但是魯太史引用的是「辰不集于房，瞽奏鼓，嗇夫馳，庶人走」，少了「乃季秋月朔」五個字。如果〈胤征〉是偽作，「乃季秋月朔」五個字，由何而來，作偽者怎麼知道是「乃季秋月朔」日食，[54]而且為何不加上「干支」。考《春秋經》所載三十七次日食，[55]其中三十四次日食都有干支，只有少數例外，如果〈胤征〉是偽作的，應該會依照後代習慣，加上干支。由「乃季秋月朔」未加干支來看，〈胤征〉所記載的，應該就是當時日食的實際時間，是當時人的記錄。

　　再以《左傳》〈昭公十七年〉這次日食來說，《春秋》經文記載：「十有七年……夏六月甲戌朔，日有食之。」《左傳》記載：「十七年……夏六月甲戌朔，日有食之。」[56]和《春秋》經文記載相同。這次日食，《春秋》、《左傳》記載的月份是錯的，不是六月日食，而是在九月甲戌朔，或十月癸酉朔日食。

　　古代曆法學家，已經發現這次日食是在九月，不是在六月。在

54　《竹書紀年》：「帝仲康……五年秋九月庚戌朔，日有食之，命胤侯帥師征羲和。」（〔梁〕沈約注：《竹書紀年》（臺北市：臺灣商務印書館，1986年，《景印文淵閣四庫全書》），第303冊，卷上，頁9）。按：學者多以《竹書紀年》為偽書。而且所記夏朝四七一年，只記載此次日食，也只有此年有干支記日，皆可疑。又按〔清〕惠棟註：「棟按：梅賾據汲冢書，故不用左氏四月之說。」（〔清〕惠棟：《古文尚書考》，〔清〕阮元編刊，〔民國〕王進祥重編：《重編本皇清經解》，第5冊，卷352，頁3075）。如果梅賾是據《竹書紀年》，為何只有月份，沒有日「干支」？沒寫出「庚戌」二字？〔清〕洪良品說：「惠氏謂梅賾據汲塚書，自是臆決之詞。」（〔清〕洪良品：《古文尚書辨惑》（臺北市：新文豐出版公司，1984年，《尚書類聚初集》），第7冊，卷10，頁635）。洪說是。

55　哀公十四年五月庚申朔，春秋最後這次日食，《公羊傳》、《穀梁傳》均未記載。如此次日食列入計算，《春秋經》共記載三十七次日食；如此次日食不計算，《春秋經》只記載三十六次日食。襄公二十一年「冬十月庚辰朔，日有食之」、襄公二十四年「八月癸巳朔日有食之」，這兩次日食記載錯誤，其餘35次日食都可信。

56　〔周〕左丘明傳，〔晉〕杜預注，〔唐〕孔穎達疏，陸德明音義：《春秋左傳注疏》，《景印文淵閣四庫全書》，第144冊，卷48，頁403。

《元史》〈曆志二〉〈授時曆議下〉「春秋日食三十七事」,「昭公十七年丙子歲,夏六月甲戌朔,日有食之。」後說:

> 姜氏云:「六月乙巳朔,交分不叶,不應食,當誤。」《大衍》云:「當在九月朔,六月不應食,姜氏是也。」今曆推之,是歲九月甲戌朔,加時在晝,交分二十六日七千六百五十分入食限。[57]

曆法學家已確認《春秋》、《左傳》記載月份錯了。現代學者用天文學推算,就更準確了。關立言說:

> 用現代天體力學的辦法來推算,昭公十七年(西元前525年)的這次日食發生於西曆8月21日,即 JD1529900日癸酉。……這一年有閏月。如果閏在前九月,則魯曆九月甲戌朔,與《元史》所云合;如果閏在九月後,則十月甲戌朔。……《春秋》經誤差在於一個「六」字。[58]

在關氏另一篇論文中提到:「二十九號日食,為昭公十七年,夏六月甲戌朔日有食之」,計算結果為 BC 525年8月21日(JD=1529900癸酉),當為十月朔,日食。」[59]關氏確定是在十月癸酉日食。不論是九月或十月,總之不是在六月,《春秋》、《左傳》記載都錯了。為何會發生這種錯誤?關氏已有答案,關氏說:「春秋魯國曆法是一部正自

---

57 〔明〕宋濂等撰:《新校本元史并附編二種》(臺北市:鼎文書局,1977年),第2冊,卷53,頁1159。

58 關立言:〈春秋日食三十七事考〉,《史學月刊》「科技史研究」1998年第2期(1998年3月),頁102。按:關氏任教開封大學物理系。

59 關立言:〈春秋日食考補遺〉,《開封大學學報》第14卷第1期(2000年3月),頁65。

不拘、閏餘乖次、有失規範的曆法。」[60]發生錯誤的原因，是魯國的
曆法有問題，所以，實際上是九月或十月日食，魯國曆法記成六月。

　　這就可以解釋一個問題，為何魯太史引〈夏書〉時，沒有仲康日
食的時間。〈胤征〉記載仲康日食，是「季秋月朔」，九月初一日食，
魯太史引用〈夏書〉，不引時間，第一個原因，可能是太史看到的
〈夏書〉上，只有「辰弗集于房，瞽奏鼓，嗇夫馳，庶人走」這十四
個字，沒有時間。在古代，日食是件大事，應該記清楚時間的。這次
日食沒記時間，可能性很低。第二個原因，可能是太史看到的〈夏
書〉上，就有「乃季秋月朔」，但太史故意不引。為何故意不引？因
為根據魯國曆法，這次日食是在六月，如果太史引的是「乃季秋月
朔，不弗集於房，瞽奏鼓，嗇夫馳，庶人走」，就無法說服平子了。
所以太史引了十四字，說明救日之禮，而不引日食時間。以上是就日
食月份錯誤，所做的合理推測。〔清〕洪良品說：

> 史記日食，必詳年月。左氏引〈夏書〉不及日食年月，可知其
> 原書為「季秋月」，因與本文不合，而截去之也。蓋日食有奏
> 鼓典禮，故引〈夏書〉奏鼓以證之。[61]

洪氏以此為「語不求備，所謂斷章取義也」。[62]洪氏可能沒看過《元
史》〈曆志〉，當然也不知道現代天文學家的計算結果。但他發現太史
可能是斷章取義，引〈夏書〉時，故意不引「季秋月朔」。

　　又閻若璩《尚書古文疏證》第八十一條「言以曆法推仲康日食胤
征都不合」，[63]閻氏自己說已通曆法，並以《授時》、《時憲》二曆推算

60　關立言：〈春秋日食考補遺〉，《開封大學學報》第14卷第1期（2000年3月），頁62。
61　〔清〕洪良品：《古文尚書辨惑》，《尚書類聚初集》，第7冊，卷11，頁643。
62　同上註。《尚書類聚初集》，第8冊，卷1，頁6。
63　〔清〕閻若璩，閻詠輯：《尚書古文疏證》，《景印文淵閣四庫全書》，第66冊，卷6
　　上，第81，頁307。

仲康日食時間。那閻氏應該看過《元史》〈曆志〉中的〈授時曆議〉，也知道「授時曆」的推算，是昭公十七年九月甲戌朔日食，可是閻氏完全不提這件事。閻氏只提對自己有利證據，不利證據就避而不談。

就以上所論，應該是太史引用〈胤征〉文字，而不是〈胤征〉襲用《左傳》。閻若璩想用太史引文證明〈胤征〉是偽作，卻不知是魯國曆法錯誤，並不是六月日食。太史引〈胤征〉，是斷章取義。

（四）威克厥愛，允濟。

第八項：「威克厥愛，允濟」是「改易昭公二十三年《左傳》之文」。

《左傳》〈昭公二十三年〉原文是：

> 吳人伐州來，楚薳越帥師及諸侯之師奔命救州來。吳人禦諸鍾
> 離。子瑕卒，楚師熸。吳公子光曰：「諸侯從於楚者眾，而皆
> 小國也，畏楚而不獲已，是以來。吾聞之曰：『作事威克其
> 愛，雖小，必濟。』胡、沈之君幼而狂，陳大夫齧壯而頑，頓
> 與許、蔡疾楚政。楚令尹死，其師熸。帥賤、多寵，政令不
> 壹。七國同役而不同心，帥賤而不能整，無大威命，楚可敗
> 也。若分師先以犯胡、沈與陳，必先奔。三國敗，諸侯之師乃
> 搖心矣。諸侯乖亂，楚必大奔。請先者去備薄威，後者敦陳整
> 旅。」吳子從之。[64]

這一年，秋七月時，吳人伐州來，楚及諸侯六國聯軍，來救州來。吳公子光提出作戰策略，先敗胡、沈、陳三國，就可敗諸侯聯軍。吳用

---

64 〔周〕左丘明傳，〔晉〕杜預注，〔唐〕孔穎達疏，陸德明音義：《春秋左傳注疏》，《景印文淵閣四庫全書》，第144冊，卷50，頁457-458。

公子光策略，果然在七月二十九日先敗胡、沈、陳三國，又戰敗楚國軍隊。公子光，是吳王諸樊兒子，刺殺堂弟吳王僚，篡位，是為吳王闔閭。

在這段話中，公子光引用了「作事威克其愛，雖小，必濟。」這十個字。但公子光只說是聽人說的，並沒指出是誰說的。〈胤征〉中有「威克厥愛，允濟；愛克厥威，允罔功」，閻若璩就說：

> 論「威克厥愛，允濟」四句曰：此襲《左傳》。吳公子光曰：「吾聞之曰：『作事威克其愛，雖小，必濟。』」任威滅愛之言，必是祖述桀紂之殘虐而云者，且又出亂臣賊子口，其不可為訓明甚。光所與處者，鱄諸之輩，所習謀者，弒逆之事，焉知《詩》《書》者耶？後世申商之法，厥由以興。今作偽者但以「吾聞之曰」為《書》辭，不知既載聖經，生心而害政，發政而害事，罪可勝誅乎？[65]

這是〔清〕姚際恆的論點，閻若璩採入《尚書古文疏證》第一百二十一條。說公子光「焉知《詩》《書》者耶」，閻氏不知有何證據？「所習謀者弒逆之事」，就不知《詩》《書》嗎？〔清〕吳光耀駁斥說：

> 且「作事」二字泛論，乃光所加，烏得誨經？誅光以弒逆，光不得辭，謂光焉知《詩》《書》，春秋時，幾人不知《詩》《書》者。光為公子時，豈無師傅？古之奸人，多有才無德，能知《詩》《書》，何異於光？[66]

---

65 〔清〕閻若璩撰，閻詠輯：《尚書古文疏證》，《景印文淵閣四庫全書》，第66冊，卷8，第121，頁503。
66 〔清〕吳光耀：《古文尚書正辭》，《尚書類聚初集》，第6冊，卷11，頁509。

春秋時代，雖不至於人人知《詩》《書》，但以公子光貴族身分，必然
會從小接受良好教育，應該能知《詩》《書》。吳氏說法，較為合理。
楊善群也反對閻氏說法，楊氏說：

> 古文〈胤征〉記胤的誓詞曰：「威克其愛，允濟。」《左傳》
> 〈昭公二十三年〉載吳公子光言：「吾聞之曰：作事，威克其
> 愛，雖小必濟。」顯然，春秋時吳公子光所「聞」，即《夏書》
> 〈胤征〉的誓詞。然而《疏證》第一百二十一卻說：〈胤征〉
> 之論是「襲《左傳》」。接著解釋道：「（公子）光所與處者專諸
> 之輩，所習謀者弒逆之事，焉知《詩》《書》者耶？」吳公子
> 光是吳王室至親，必有相當高的文化修養，難道不能「知
> 《詩》《書》」？這裏，《疏證》顛倒先後、混淆是非的手法，
> 乃暴露無遺！[67]

公子光已經明白說，是聽人說的，即使公子光沒看過《詩》《書》，也
可以聽人說「作事威克其愛，雖小，必濟」。而且，伍子胥曾透過專
諸去見公子光，公子光見了伍子胥很高興，後來重用伍子胥。伍子胥
父親伍奢是楚國太子建的太傅，父子應當都是飽讀詩書的人。公子光
身邊並不是只有專諸，也有伍子胥這類知識分子，聽人說《尚書》中
名言，不足為奇。

再說，戰爭是「死生之地，存亡之道」，必須用盡各種手段，戰
勝敵人。帥軍嚴厲，才能指揮作戰，所以軍法自古嚴厲。這和桀、紂
有何關係？〈胤征〉誓詞用「威克厥愛，允濟；愛克厥威，允罔
功」，是很正常的，誓師之詞本來就如此。

公子光聽人說的是：「作事威克其愛，雖小，必濟」，十個字。〈胤

---

67 楊善群：〈辨偽學的歧途——評《尚書古文疏證》〉，《淮陽師範學院學報》（哲學社
會科學版）第27卷第3期（2005年5月），頁397。

征〉中的文字是「威克厥愛，允濟；愛克厥威，允罔功」，十三字。
兩段文字相比較，只有「威克厥愛，允濟」六個字，和公子光聽人說
的類似，但沒有「作事」、「雖小」四字。「愛克厥威，允罔功」七字，
公子光沒引到。〈胤征〉中的文字，有正反兩面，語意比較完整。

從「雖小」兩字來看，似乎有強化「威克其愛」的意思，在強調
「威克其愛」雖小，必濟，〈胤征〉中反而沒這意思。就這兩字來
看，可能是告訴公子光的人，引用〈胤征〉文字，加上「雖小」二
字，也可能是公子光自己加上的。再從《左傳》原文來看，公子光講
「吾聞之曰」之前，先講「諸侯從於楚者眾，而皆小國也」；「吾聞之
曰」之後，公子光所說的是胡、沈、陳三小國。所以，「雖小」兩
字，應該是針對三小國言，要先對付小三國。

〈胤征〉中的十三字，是在誓詞結尾，十三字後，接著就是「其
爾眾士懋戒哉」。因此，孔穎達《正義》說：

> 又言，將軍之法，必有殺戮。嗚呼，重其事，故嘆而言之。將
> 軍威嚴能勝其愛心，有罪者雖愛必誅，信有成功。若愛心勝其
> 威嚴，親愛者有罪不殺，信無功矣。言我雖愛汝，有罪必殺。
> 其汝眾士，宜勉力以戒慎哉，勿違我命以取殺也。[68]

依照孔穎達解釋，這十三字不過像〈甘誓〉的「弗用命，戮于社。予
則孥戮汝」、〈湯誓〉的「爾不從誓命，予則孥戮汝，罔有攸赦」、〈牧
誓〉的「爾所弗勖，其于爾躬有戮」、〈費誓〉的「汝則有大刑」，是
誓詞結尾常用的。所謂「威克厥愛」是針對「眾士」而言，將軍必須
威嚴能勝其愛心。閻氏說的「生心而害政，發政而害事」，不知有何
根據。

---

68 〔漢〕孔安國傳，〔唐〕孔穎達疏，陸德明音義：《尚書注疏》，《景印文淵閣四庫全
　　書》，第54冊，卷6，頁154。

以上是就《左傳》引《書》的四項，略作論證。祁奚引書時，只說「《書》曰」。師曠、太史引《書》時，有「〈夏書〉曰」三字。吳公子光只說「聞之曰」。此四人中，祁奚、師曠是晉國人，太史是魯國人，公子光是吳國人，可見當時真《書》流傳頗廣，晉國人、魯國人、吳國人，都看過真《書》，引用其中文字。其中師曠是生而無目的盲人，當是透過他人協助，學習《書》。

五 〈胤征〉文字與《周禮》、《詩經》、《荀子》、魏晉語

八項中，第三項和《周禮》有關，第四項和《詩經》有關，第六項和《荀子》有關，第七項和魏晉語有關，疑似〈胤征〉改易典籍文字。本節分別就這四項，依屈氏〈偽《古文尚書》〉文中次序，討論如下：

（一）邦有常刑。

第三項：「邦有常刑」——「改易《周禮》〈小宰職〉文」。

《周禮》中有四處提到「國有常刑」，列之於下：〈天官冢宰〉〈小宰〉：「正歲，帥治官之屬而觀治象之灋，徇以木鐸，曰：『不用灋者，國有常刑。』」[69]、〈地官司徒〉〈大司徒〉：「正歲，令于教官曰：『各共爾職，修乃事，以聽王命。其有不正，則國有常刑。』」[70]、〈地官司徒〉〈小司徒〉：「正歲，則帥其屬而觀教法之象，徇以木鐸，曰：『不用法者，國有常刑。』」[71]、〈秋官司寇〉〈小司寇〉：「正

---

69 〔漢〕鄭玄注，〔唐〕賈公彥疏，陸德明音義：《周禮注疏》（臺北市：臺灣商務印書館，1986年，《景印文淵閣四庫全書》），第90冊，卷3，頁58。
70 同上註，卷10，頁196。
71 同上註，卷11，頁208。

歲，帥其屬而觀刑象，令以木鐸，曰：『不用灋者，國有常刑。』」。[72]

　　分析《周禮》這四段文字，可以發現〈天官冢宰〉〈小宰〉、〈地官司徒〉〈小司徒〉、〈秋官司寇〉〈小司寇〉文字都很類似，同樣都有「木鐸」，同樣是「不用法者，國有常刑」。〈地官司徒〉〈大司徒〉沒有「木鐸」，文字是「其有不正，則國有常刑」。四段文字，都有「正歲」。〈天官冢宰〉〈小宰〉鄭玄注：「正歲，謂夏之正月。」[73]

　　再看〈胤征〉文字：「每歲孟春，遒人以木鐸徇于路，官師相規，工執藝事以諫，其或不恭，邦有常刑。」[74]整段文字是連在一起的。「孟春」，夏的正月，和《周禮》「正歲」同。文字中也有「木鐸」。和《周禮》主要差異，在於《周禮》用「國有常刑」，〈胤征〉用「邦有常刑」。是作〈胤征〉的人，改易《周禮》文字嗎？其實不然。

　　以《今文尚書》來說，「邦」字常見於〈虞夏書〉中。如：〈堯典〉有「協和萬邦」；〈皋陶謨〉有「亮采有邦」、「無教逸欲有邦」、「萬邦作乂」、「萬邦黎獻」；〈禹貢〉有「三邦厎貢厥名」、「中邦錫土」、「二百里男邦」。[75]〈堯典〉、〈皋陶謨〉、〈禹貢〉，都是〈虞夏書〉，都用「邦」字，不用「國」字。〈商書〉有「國」字、「邦」字。〈周書〉也是有「國」字、「邦」字。

　　以《周禮》來說，「邦國」常合用，有「邦」字，有「國」字，其他經書也差不多。可是在《今文尚書》中，區分的很清楚。從上述用字調查，可以得一結論：在《今文尚書》中，〈虞夏書〉只用

72　〔漢〕鄭玄注，〔唐〕賈公彥疏，陸德明音義：《周禮注疏》，《景印文淵閣四庫全書》，第90冊，卷34，頁630。

73　同上註，卷3，頁58。

74　〔漢〕孔安國傳，〔唐〕孔穎達疏，陸德明音義：《尚書注疏》，《景印文淵閣四庫全書》，第54冊，卷6，頁151。

75　〈大禹謨〉有「萬邦咸寧」、「克勤於邦」、「罔與守邦」；〈五子之歌〉有「太康失邦」、「民惟邦本」、「本固邦寧」、「萬邦之君」。按：姑且只引《今文尚書》作證，不引《古文尚書》。

「邦」，不用「國」；〈商書〉、〈周書〉有「國」，有「邦」。在《今文
尚書》中，沒有「邦國」合用例子。

這樣就明白了，《周禮》用「國」有常刑，是那時代的用法。而
〈胤征〉用「邦」有常刑，是因為在夏代時，只用「邦」，不用
「國」，並不是〈胤征〉改易《周禮》文字。

（二）顛覆厥德，沈亂于酒。

第四項：「顛覆厥德，沈亂于酒」——「改易《詩》〈大雅〉
〈抑〉之文」。

據屈萬里，《尚書釋義》，「附錄三，《偽古文尚書》」，[76]統計出
《偽古文尚書》中引用、改易《詩經》的字句，共計十則。有三則直
接引用《詩經》文字，七則改易《詩經》文字。十則中，〈大雅〉五
則，〈小雅〉三則，〈周頌〉兩則。《詩經》三百〇五篇中，〈國風〉一
百六十篇，占一半以上。但引用、改易《詩經》的字句，只見於〈大
雅〉、〈小雅〉、〈周頌〉，完全沒有〈國風〉字句。

《偽古文尚書》只引用〈大雅〉、〈小雅〉字句，第一個可能是：
〈國風〉中，沒有可以引用的字句。可是〈國風〉占《詩經》一半以
上，要說完全沒有可引用的字句，不太合理。第二個可能是：作古文
的人沒看過〈國風〉，所以不引用〈國風〉。如果作古文的是魏晉間
人，為何只看到〈大雅〉、〈小雅〉，看不到〈國風〉呢？第三個可
能，《古文尚書》在〈大雅〉、〈小雅〉之前，是〈大雅〉、〈小雅〉引
用、改易《古文尚書》字句。作〈大雅〉、〈小雅〉的人是士大夫，讀
過《古文尚書》，在作詩時，就引用、改易《古文尚書》字句。作
〈國風〉的人，是各國民間詩人，當時教育尚不普及，民間詩人看不

76　屈萬里：《尚書釋義》，頁171-192。

到《古文尚書》，無法引用、改易。第三個可能，應該最合理。

〈胤征〉文字是「顛覆厥德，沈亂于酒」，〈大雅〉〈抑〉原文作「顛覆厥德，荒湛于酒」，[77]和〈胤征〉兩個字不同，六個字相同。字句那麼相像，應該彼此之間有關係。依上文所論，可能是原本的〈胤征〉有這八字，被〈大雅〉〈抑〉模仿。

從另一角度來思考，〈大雅〉〈抑〉詩序：「衛武公刺厲王，亦以自警也」，[78]可知「顛覆厥德，荒湛于酒」，是譏刺厲王。如果〈胤征〉是真〈夏書〉，那就是衛武公讀過〈胤征〉，改易〈胤征〉字句，用來譏刺厲王。如果〈胤征〉是偽作，那就是作〈胤征〉的人，改易〈大雅〉〈抑〉字句，用來指責羲和。厲王是昏君，但還是君王。羲和只是天文官，不是君王。在君主專制時代，尊君是很重要的。從尊君觀點來看，如果作〈胤征〉的是魏晉間人，應該不會改易譏刺厲王的詩句，用來指責羲和罪狀。衛武公之所以敢指責厲王，一方面是其特殊身分（周公弟康叔九世孫），另一方面因為衛武公已經九十五歲了，無所畏懼。

（三）先時者殺無赦，不及時者殺無赦。

第六項：「先時者殺無赦，不及時者殺無赦」是「改易《荀子》〈君道篇〉引書之文」。

《荀子》〈君道篇〉原文作「《書》曰：『先時者殺無赦，不逮時者殺無赦。』」[79]和〈胤征〉文字只差一個「逮」字。荀子引《書》沒

---

77 〔漢〕毛亨傳，鄭玄箋，〔唐〕孔穎達正義，陸德明音義：《毛詩注疏》，（臺北市：臺灣商務印書館，1986年，《景印文淵閣四庫全書》），第69冊，卷25，頁816。

78 同上註，卷25，頁814。

79 〔周〕荀況撰，〔唐〕楊倞註：《荀子》（臺北市：臺灣商務印書館，1986年，《景印文淵閣四庫全書》），第695冊，卷8，頁193。

有「政典曰」三個字，〈胤征〉作：「政典曰：『先時者殺無赦，不及時者殺無赦。』」，有「政典曰」三字。惠棟說：

> 《荀子》〈君道〉篇引《書》曰：「先時者殺無赦，不逮時者殺無赦。」《韓詩外傳》云：「周制曰：先時者死無赦，不及時者死無赦。」若然，荀子所引乃《周書》也。梅氏載之〈嗣征〉，又以為先代政典之言。其後偽造《三墳書》者，遂以《政典》為三皇時書矣。誰之作俑歟！[80]

惠氏所引見《韓詩外傳》卷六。[81]按：《韓詩外傳》此段文字與《荀子》〈君道篇〉類似，應是韓嬰改寫《荀子》〈君道篇〉文字。但是〈君道篇〉只說是「《書》曰」，並未說是周制，韓嬰可能是望文生義，說是「周制曰」。荀子沒說是引《周書》，惠棟只憑《韓詩外傳》就判定荀子所引乃《周書》，顛倒荀子、韓嬰時代先後順序。韓嬰可能襲用《荀子》〈君道篇〉，荀子不可能襲用《韓詩外傳》。

　　而且，既然荀子引用這幾個字，註明是「《書》曰」，可見荀子所看到的《書》中，確實有這幾個字。至於今傳〈胤征〉，是不是荀子看到的〈胤征〉，下面分四點討論：

　　1.就「政典曰」三字看：如果〈胤征〉是假造的，作偽的人改易《荀子》文字，那「政典曰」三個字，又由何而來，是作偽的人自己加上的嗎？不加「政典曰」三個字，不是更不容易被識破？其實，「政典」不是作〈胤征〉的人編出來的，《周禮》已有記載。〈胤征〉孔安國傳：「政典，夏后為政之典籍。若〈周官〉六卿之治典。」[82]孔

80　〔清〕惠棟：《古文尚書考》，《重編本皇清經解》，第5冊，卷351，頁3064。

81　〔漢〕韓嬰：《韓詩外傳》（臺北市：臺灣商務印書館，1986年，《景印文淵閣四庫全書》），第89冊，卷6，頁821。

82　〔漢〕孔安國傳，〔唐〕孔穎達疏，陸德明音義：《尚書注疏》，《景印文淵閣四庫全書》，第54冊，卷6，頁152。

穎達疏：「《周禮》：太宰掌建邦之六典，以佐王治邦國。一曰治典，二曰教典，三曰禮典，四曰政典，五曰刑典，六曰事典。若〈周官〉六卿之治典，謂此也。」[83]太宰所掌的六典中，就有「政典」。如果不是作〈胤征〉的人，編造出「政典」，那在「先時者殺無赦，不及時者殺無赦」的前面，可能原來就有「政典曰」三個字，是荀子在引〈胤征〉時，不引「政典曰」三個字。

2.就〈胤征〉本文語意看：〈胤征〉本文是「羲和尸厥官罔聞知，昏迷于天象，以干先王之誅。政典曰：『先時者殺無赦，不及時者殺無赦。』今予以爾有眾，奉將天罰。……」本文中先說「以干先王之誅」，緊接說政典曰：「先時者殺無赦，不及時者殺無赦」，這是說羲和「尸厥官罔聞知，昏迷于天象」，將會被殺，並引「政典」文字作證。下面「今予以爾有眾，奉將天罰」字句，接著敘述征伐羲和之事。上下文語意連貫，完全看不出補綴痕跡，應該不是改易《荀子》文字。

3.就「先時」、「不及時」看：〈胤征〉中，「先時者殺無赦，不及時者殺無赦」，指的是天文官羲和失職，「先時」、「不及時」都是指天文，語意非常清楚。〈胤征〉孔安國傳：「先時，謂曆象之法，四時節氣，弦望晦朔。先天時，則罪死無赦。」又：「不及，謂曆象後天時。」[84]孔穎達疏：「先時、不及者，謂此曆象之法，四時節氣，弦望晦朔，不得先天時，不得後天時。」又：「先天時者，所名之日，在天時之先。假令天之正時，當以甲子為朔，今曆乃以癸亥為朔，是造曆先天時也。若以乙丑為朔，是造曆後天時也。後，即是不及時也。其氣望等，皆亦如此。」[85]孔安國、孔穎達解釋「先時」、「不及時」，

---

83 〔漢〕孔安國傳，〔唐〕孔穎達疏，陸德明音義：《尚書注疏》，《景印文淵閣四庫全書》，第54冊，卷6，頁153。

84 同上註，卷6，頁152。

85 同上註，卷6，頁153。

很詳盡。「時」，是指天時。羲和是天文官，他的職責就是造出的曆
法，必須合乎天時，不能先天時，也不能後天時。「先時」、「不及
時」是扣緊羲和職責，並非泛論。也就是說「先時者殺無赦，不及時
者殺無赦」，就是針對羲和而言，只能用在天文官身上。

　　4.就「殺無赦」看：夏代法律非常嚴酷，從禹殺防風氏，就可看
出端倪。《國語》〈魯語〉：「仲尼曰：『丘聞之，昔禹致群神於會稽之
山，防風氏後至，禹殺而戮之，其骨節專車，此為大矣。』」[86]防風氏
只不過因事遲到，就被殺戮。又：《尚書大傳》：「夏刑三千條。」[87]可
見夏刑嚴酷，條目多達三千條。《隋書》〈經籍志〉：「夏后氏正刑有
五，科條三千。」[88]五刑加起來是三千條。五刑的內容，鄭玄說：「夏
刑，大辟二百，臏辟三百，宮辟五百，劓、墨各千。」[89]大辟兩百
條、臏辟三百條、宮辟五百條，加起來是一千條；劓刑一千條、墨刑
一千條。有這麼嚴酷的法律，羲和失職被征伐，就不足為奇了。楊善
群也說：

　　　夏有《政典》規定各種刑法，其中「先時者殺無赦，不及時者
　　　殺無赦」云云，可與《左傳》引《夏書》「昏、墨、賊，殺」
　　　並觀，以見夏代法律之嚴酷。由此而大大加深我們對夏代史事
　　　和制度的瞭解。[90]

86 〔吳〕韋昭注：《國語》（臺北市：臺灣商務印書館，1986年，《景印文淵閣四庫全
　　書》），第406冊，卷5，〈魯語下〉，頁62。

87 〔唐〕長孫無忌等奉敕撰：《唐律疏義》（臺北市：臺灣商務印書館，1986年，《景
　　印文淵閣四庫全書》），第672冊，卷1，〈名例一〉，頁25。

88 〔唐〕魏徵，長孫無忌等撰：〈經籍志〉，《新校本隋書附索引》（臺北市：鼎文書
　　局，1975年），卷33，頁973。

89 〔漢〕鄭玄注，〔唐〕賈公彥疏，陸德明音義：《周禮注疏》，《景印文淵閣四庫全
　　書》，第90冊，〈秋官〉〈司刑〉鄭注，卷35，頁645。

90 楊善群：〈論古文《尚書》的學術價值〉，《孔子研究》2004年第5期（2004年9月），
　　頁31。

〈胤征〉記載羲和因「先時」、「不及時」失職被征伐，正和夏代法律相合，可見「先時者殺無赦，不及時者殺無赦」是〈胤征〉中，原有的文字。

從上面四點分析來看，「政典曰：『先時者殺無赦，不及時者殺無赦。』」，不是改易《荀子》文字。再就《荀子》〈君道篇〉上下文義來看，談的是為君之道，講的是臣子職分，引「先時者殺無赦，不逮時者殺無赦」，只是泛論，而〈胤征〉是針對羲和職責。

另外，閻若璩《尚書古文疏證》第八條「言左傳載夏日食之禮今誤作季秋」中，也談到〈胤征〉引《荀子》。閻氏說：

> 又按：仁山金履祥《通鑑前編》曰：「兵法莫整於〈胤征〉曰：『先時者殺無赦；不及時者殺無赦』也。」……愚請得而證之曰：「『先時者殺無赦；不及時者殺無赦』，此出《荀子》〈君道篇〉所引《書》曰：（夾注：《韓詩外傳》作「周制曰」。）『先時者殺無赦；不逮時者殺無赦』，是整乃見於《荀子》也。」[91]

閻氏引金履祥《通鑑前編》，認為「先時」、「不及時」是在談兵法，這是錯誤的。從上面第二、第三，就可得知，「先時」、「不及時」和征伐、兵法完全無關，孔安國傳、孔穎達疏都解釋的很清楚。金履祥為何會以為「先時者殺無赦，不及時者殺無赦」是談兵法？翻查金履祥《尚書表注》，發現金氏說：「政典以下誓師之辭」。[92]原來金氏誤讀

---

91 〔清〕閻若璩撰，閻詠輯：《尚書古文疏證》，《景印文淵閣四庫全書》，第66冊，卷1，第8，頁147。

92 〔元〕金履祥：《尚書表注》，〔清〕徐乾學輯，〔清〕納蘭成德校訂：《通志堂經解》（臺北市：漢京文化事業有限公司，未印出版時間），第13冊，頁7950。按：《四庫全書》本《尚書表注》，無此八字。宋乾道淳熙間建安王朋甫刊本《尚書表注》，也有此八字（見〔宋〕金履祥：《尚書表注》，國立中央圖書館特藏組編：《國

〈胤征〉，不知「政典」應屬上文讀，不是誓師之辭，因此誤會「政典」二句是談兵法。

（四）火炎崑岡，玉石俱焚

第七項：「火炎崑岡，玉石俱焚」——「見《三國志》」。

這八項中，最複雜的是第七項，只有這項和魏晉時代有關，其餘七項都和先秦典籍有關。梅鷟《尚書考異》最先指出「火炎崑岡，玉石俱焚」是晉人語，他提出二個證據。梅氏說：

> 《晉書》袁宏〈三國名臣序贊〉云：「滄海橫流，玉石同碎。」又：〈劉琨傳〉：「火炎崑岡。」可見是晉人語。[93]

考《晉書》〈文苑傳〉中，有袁宏〈三國名臣頌〉[94]，在贊「文若」

立中央圖書館善本叢刊；第2~3種》（臺北市：國立中央圖書館，1991年），頁49）。金履祥，宋、元間人，生於宋理宗紹定五年（1232年），卒於元成宗大德七年（1303年）。《四庫全書》、王朋甫刊本列為宋人，《通志堂經解》列為元人。

93 〔明〕梅鷟：《尚書考異》，《景印文淵閣四庫全書》，第64冊，卷2，頁46。《平津館叢書》本《尚書考異》，在「可見是晉人語」後，有「又漢董卓列傳論曰崑岡之火自茲而焚」數字。（〔明〕梅鷟：《尚書考異》，孫星衍校刊：《平津館叢書》，第五函，嚴一萍輯選：《原刻景印百部叢書集成》（新北市：藝文印書館，1964年），卷2，頁38）。按：〈董卓列傳〉〈論〉，當為《後漢書》作者范曄所作。考范曄為南朝宋人，生存年代是西元三九八年到四四五年，已在梅頤獻書之後，此證據不能成立。又：林慶彰引《平津館叢書》本《尚書考異》，袁宏〈三國名臣贊〉（按：脫一「序」字）、〈劉琨傳〉、〈董卓列傳〉〈論〉，然後說：「可見偽書襲晉人語。」（林慶彰：《明代考據學研究》（臺北市：臺灣學生書局，1983年），頁149）。又按：《平津館叢書》本《尚書考異》，袁宏〈三國名臣序贊〉、〈劉琨傳〉在「可見是晉人語」之前；〈董卓列傳〉〈論〉在「可見是晉人語」之後。梅鷟只以袁宏〈三國名臣序贊〉、〈劉琨傳〉引文為晉人語，並未以〈董卓列傳〉〈論〉引文為晉人語。

94 〔唐〕房玄齡等撰：〈文苑傳〉，《新校本晉書并附編六種》，卷92，頁2392-2398。

（按：荀彧字文若。）時，用了「滄海橫流，玉石俱碎」八字。[95]這應當就是梅鷟所引的《晉書》資料。可是《晉書》中，袁宏的篇名是〈三國名臣頌〉，不是〈三國名臣序贊〉，文中作「玉石俱碎」，不是「玉石同碎」。袁宏的這篇文章，也見於《文選》卷四十七，[96]題目作〈三國名臣序贊〉，有「玉石同碎」四字。梅鷟所引篇名和《文選》同，字句和《文選》同，都和《晉書》不同，可見梅鷟實際上，是引自《文選》，不是引自《晉書》，梅鷟可能沒有翻查《晉書》。

試拿「滄海橫流，玉石同碎」和「火炎崑岡，玉石俱焚」相比較，只有「玉石」兩個字相同，六個字不同。考東晉元帝時（西元317年或318年），梅頤獻《古文尚書》（詳見第二節）。袁宏為東晉人，生存年代在西元三二八年到三七六年之間。袁宏出生前，梅頤已獻書，並已立《古文尚書》博士，袁宏很可能看到〈胤征〉，模仿〈胤征〉字句。此項證據不能成立。

《晉書》有〈劉琨傳〉[97]，詳查〈劉琨傳〉，並沒有「火炎崑岡」四字。梅鷟是否引自臧榮緒《晉書》？考《宋史》〈藝文志〉，僅載：「房玄齡《晉書》一百三十卷」，[98]並無臧榮緒《晉書》，其書宋代當已散佚，梅鷟應該看不到。不知梅鷟是否誤記？在上一則，梅鷟引《晉書》袁宏〈三國名臣序贊〉，實際並沒有翻查《晉書》。此處〈劉琨傳〉中沒有「火炎崑岡」，很可能梅氏並沒有翻查《晉書》〈劉琨傳〉。

閻若璩也認為「玉石俱焚」是魏晉人語。閻氏大概知道梅鷟證據有問題，不用梅鷟證據，另外舉出兩個證據，並以此為《古文尚書》出於魏晉間的佐證之一。《尚書古文疏證》第六十四條「言胤征有玉

---

95 同上註，頁2395。

96 〔梁〕蕭統編，〔唐〕李善註：《文選註》（臺北市：臺灣商務印書館，1986年，《景印文淵閣四庫全書》），第1329冊，卷47，頁830-837。

97 〔唐〕房玄齡等撰：《新校本晉書并附編六種》，卷62，頁1679-1690。

98 〔元〕脫脫等撰：〈藝文志〉，《新校本宋史并附編三種》（臺北市：鼎文書局，1978年），卷203，頁5086。

石俱焚語出魏晉間」，閻氏說：

> 安得有火炎崑岡，玉石俱焚，如後世檄文，以兵威恐敵之事。
> 既讀《陳琳集》有〈檄吳將校部曲〉，文末云：「大兵一放，玉
> 石俱碎，雖欲救之，亦無及已。」《三國志》〈鍾會傳〉會移檄
> 蜀將士吏民曰：「大兵一發，玉石俱碎，雖欲悔之，亦無及
> 已。」會與琳不相遠，辭語並同，足見其時自有此等語，而作
> 偽者偶忘為三代王者之師，不覺闌入筆端，則此書之出魏晉
> 間，又一佐已。[99]

考《陳琳集》原文作「大兵一放，玉石俱碎，雖欲救之，亦無及
已。」[100]、《三國志》〈蜀志〉〈鍾會傳〉檄文中有：「大兵一發，玉石
皆碎，雖欲悔之，亦無及已。」[101]，都有和「玉石俱焚」相似句子。
閻氏在第十七條中，認為《古文尚書》亡於西晉。然則，漢末、三國
時，《古文尚書》尚存，陳琳、鍾會或許是改易〈胤征〉文字。又
《陳琳集》、〈鍾會傳〉字句幾乎完全相同，應該是鍾會襲用《陳琳
集》。這兩個證據，實際上，只能算一個證據。

　　再深入思索，「玉石俱碎」和「玉石俱焚」很像，只差一字，其
實不一樣。「玉石俱碎」、「玉石俱焚」，都需要外在力量，玉石才能
「碎」、「焚」，但所需的力量不同。

　　《陳琳集》作「「大兵一放，玉石俱碎」、〈鍾會傳〉作「大兵一
發，玉石皆碎」，「碎」的力量來自「大兵一發」。而「玉石俱焚」的

99　〔清〕閻若璩撰，閻詠輯：《尚書古文疏證》，《景印文淵閣四庫全書》，第66冊，
　　卷4，第64，頁241。
100　俞紹初輯校：《建安七子集》（臺北市：文史哲出版社，1990年），頁67。
101　〔晉〕陳壽撰，〔宋〕裴松之注：《新校本三國志注附索引》（臺北市：鼎文書局，
　　1977年3版），卷28，頁789。按：〈鍾會傳〉作「玉石皆碎」，不是「玉石俱碎」，
　　閻氏所引有誤。

力量，來自「火炎崑岡」之火。這樣看來，八字必須連用，無法拆開，而且不能互換成「大兵一發，玉石俱焚」、「火炎崑岡，玉石俱碎」，因為是不同外在力量造成的。也就是說，如果要襲用，必須八字一起襲用。除非在魏晉書中，找到「火炎崑岡，玉石俱焚」八字連用的例子，否則，〈胤征〉應該不是襲用魏晉人語。

另外，在李豔芳〈魏晉典籍引《尚書》與梅氏《古文尚書》二十五篇對照表〉中，[102] 陳壽《三國志》引述《古文尚書》的有〈君奭〉、〈大禹謨〉、〈仲虺之誥〉、〈太甲中〉等篇，並沒有引述〈胤征〉。李氏並不認為「火炎崑岡，玉石俱焚」是襲用《三國志》。

以上逐一討論完八項，結論是：應是典籍襲用、改易〈胤征〉文字，不是作〈胤征〉的人襲用、改易典籍。閻若璩等人，先認定《古文尚書》是偽書，〈胤征〉是偽作，出於魏晉人之手，看到和〈胤征〉相似字句，就以為是〈胤征〉襲用、改易典籍。實際上，並未深入考證，也沒有廣搜證據。我針對〈胤征〉篇，深入探討襲用、改易的問題，結果是如此。即使不能完全證明〈胤征〉清白，也應該可以動搖閻氏證據，不再鐵案如山。

六 〈胤征〉文字的商榷

（一）〈胤征〉文字襲用典籍的可能性

綜合第四、第五節分析，〈胤征〉確實有些字句，和典籍中字句相同或相似。但字句的相同或相似，無法百分之百認定是有人采輯這些字句，來偽作〈胤征〉。

據辨偽者的說法，偽作〈胤征〉的人，襲用、改易典籍的字句，

---

102 李豔芳：《東晉古文《尚書》真偽研究》（大連市：遼寧師範大學碩士學位論文，2009年），頁19-20。

總共有八個地方，六個改易，兩個襲用，合計有七十九字。下面是
〈胤征〉全文，黑體字字元框線部分，就是可能襲用、改易典籍的七
十九字。

惟仲康肇位四海胤侯命掌六師羲和廢厥職酒荒于厥邑胤后承王命
徂征告于眾曰嗟予有眾 聖有謨訓明徵定保 先王克謹天戒臣人克有常憲
百官修輔厥后惟明明每歲孟春 遒人以木鐸徇于 路官師相規工執藝事以
諫 其或不恭 邦有常刑 惟時羲和 顛覆厥德沈亂于酒 畔官離次俶擾天紀
遐棄厥司乃季秋月朔 辰弗集于 房瞽奏鼓嗇夫馳庶人走 羲和尸厥官罔聞
知昏迷于天象以干先王之誅政典曰 先時者殺無赦不及時者殺無赦 今予
以爾有眾奉將天罰爾眾士同力王室尚弼予欽承天子威命 火炎崑岡玉石
俱焚 天吏逸德烈于猛火殲厥渠魁脅從罔治舊染污俗咸與維新嗚呼 威
克厥愛允濟 愛克厥威允罔功其爾眾士懋戒哉

〈胤征〉全文字數合計為兩百五十五字。如果〈胤征〉是偽作，
那就是偽作者，襲用、改易七十九字，自己再偽作一百七十六字，並
將這七十九字穿插到一百七十六字中，合成兩百五十五字。偽作者必
須熟讀《左傳》、《周禮》、《詩經》、《荀子》、《三國志》，抄下或記得
原文字句，才能偽作。偽作的一百七十六字，還必須和七十九字，融
合在一起，文義連貫，天衣無縫，讓人看不出補綴痕跡。

如果把七十九字，集中在一起，比較容易偽作。可是，從上面
〈胤征〉原文，可以看出插入的七十九字，分散在偽作的一百七十六
字之間，要偽作極為困難。不知偽作者，如此大費工夫，動機何在？
為名？至今何人偽作，尚有爭議。為利，東晉獻書有利可圖嗎？梅頤
獻書得到什麼利益？

〈胤征〉全文兩百五十五字的三分之一，約為七十七字，襲用或
改易的七十九字，已經超過〈胤征〉全文的三分之一。換言之，如果
〈胤征〉出自後人偽作，最保守的說法，〈胤征〉本文中，至少有三

分之一文字，采輯自典籍（含《三國志》），也可算是輯佚作品，還是有其價值。

（二）厥匪玄黃，昭我周王

唯一明白說是引〈胤征〉文字的，見於鄭玄注〈禹貢〉。屈萬里說：「篚厥玄黃，昭我周王。（〈堯典正義〉云：『鄭注〈禹貢〉引〈胤征〉云。』）」[103]今考在〈堯典〉中，「虞書」這兩個字下面，孔穎達疏：「鄭玄……又註〈禹貢〉引〈胤征〉云：『厥匪玄黃，昭我周王。』」這就是屈氏所本。[104]這八個字，也見於《孟子》、〈武成〉，一般認為是〈武成〉抄襲《孟子》。林政華說：

> 〈尚書正義〉〈禹貢篇〉鄭注引〈胤征〉，云：「厥篚玄黃，昭我周王。」此八字佚文，與《孟子》〈滕文公下篇〉所引之書相似，《孟子》云：「《書》曰：『徯我后，后其來無罰，有攸不為臣東征，綏厥士女，匪厥玄黃，紹我周王見休，惟臣附于大邑商。』」東晉時梅賾所偽《古文尚書》，誤以《孟子》所引為〈武成〉文，並約其文，云：「肆予東征，綏厥士女。惟其士女，篚厥玄黃，昭我周王，天休震動，用附我大邑周。」朱子反謂《孟子》約〈武成〉之文而成，蓋不辨〈武成〉之偽所致也。[105]

---

103 屈萬里：《尚書釋義》，附錄一，《尚書逸文》，頁150。

104 按：〈堯典正義〉，鄭注〈禹貢〉引〈胤征〉，作「厥匪玄黃」，不是「篚厥玄黃」。「篚厥玄黃」是〈武成〉中文字。屈氏《尚書集釋》已更正為「厥匪玄黃」。見屈萬里：《尚書釋義》，頁272。

105 林政華：〈漢人知見尚書篇目考〉，劉德漢等著：《尚書論文集》（臺北市：黎明文化事業股份有限公司，1981年），頁79。此篇論文原發表於《孔孟學報》第29期（1975年4月）。按：《孟子》趙岐註，認為：「《書》曰：『徯我后，后其來無罰。』是指湯征葛。『有攸不為臣』至『惟臣附于大邑周』，是指周武王伐紂。（〔漢〕趙岐註，〔宋〕孫奭音義并疏：〈滕文公下〉，《孟子注疏》（臺北市：臺灣商務印書館，1986年，《景印文淵閣四庫全書》），第195冊，卷6上，頁144）。

陳夢家說：

> 釋詁「剑，見也」注云「逸書曰剑我周王」。〈堯典正義〉云
> 「鄭注〈禹貢〉引〈胤征〉云厥匪玄黃，昭我周王」，《孟子》
> 〈滕文公〉下曰「匪其玄黃，紹我周王見休」。偽書採此入
> 〈武成〉。[106]

由林、陳二氏所引看來，這八個字和〈胤征〉、〈武成〉、《孟子》都有
關。〈武成〉和《孟子》中，這幾句話都是指周武王伐紂。至於〈堯
典正義〉中，鄭注〈禹貢〉引〈胤征〉，孔穎達的這段話，可真是疑
點重重。

第一、翻查〈禹貢正義〉，竟然沒有鄭玄這條注。〈禹貢正義〉
中，「鄭玄云」細數之有十六條，「鄭玄引地記書云」一條，「鄭玄以
為……」五條，「鄭玄以此經……」一條，都沒有引用〈胤征〉文
字。很可能本來就沒這條注，是孔穎達誤記。因為〈禹貢〉中，一再
提到「厥篚織文」、「厥篚檿絲」、「厥篚玄纖縞」、「厥篚織貝」、「厥篚
玄纁璣組」、「厥篚纖纊」，[107]使得孔穎達誤記成是〈禹貢〉的注。那
「引〈胤征〉云：『厥匪玄黃，昭我周王。』」，又是由何而來的？這
八個字，並不見今傳〈胤征〉。第二、還有個可能，那就是〈禹貢〉
中，原來有這條鄭玄注，後來佚失了。不過，這也太巧合了，這條關
鍵性的注，甚至可以證明今傳〈胤征〉是偽作的注，偏偏就佚失了。
十六條「鄭玄云」都存在，只佚失一條注的可能性很小。

---

106 陳夢家：《尚書通論》（北京市：中華書局，2005年），頁227。此書新竹「仰哲出
　　版社」，一九八七年曾出版。按：陳氏所引，見《爾雅注疏》〈釋詁第一〉（〔晉〕
　　郭璞注、〔宋〕邢昺疏，陸德明音義：《爾雅注疏》，《景印文淵閣四庫全書》，第
　　221冊，卷1，頁24）。

107 〔漢〕孔安國傳，〔唐〕孔穎達疏，陸德明音義：《尚書注疏》，《景印文淵閣四庫
　　全書》，第54冊，卷5，頁113-137。

　　再進一步探討，就算原來有這一條鄭玄注，鄭氏也引錯了。原因如下：1、「篚厥玄黃，昭我周王」，見於〈武成〉；[108]「篚厥玄黃，紹我周王見休」，見於《孟子》。[109]孟子曾說：「盡信《書》，則不如無《書》。吾於〈武成〉，取二三策而已矣。」[110]可見孟子確實見過〈武成〉。孟子回答萬章問題時，所引的這段話，是否引自〈武成〉，今已不可得知，但可以確定是指周武王伐紂的事。朱熹注：「玄黃，幣也。紹，繼也，猶言事也。言其士女以匪盛玄黃之幣，迎武王而事之也。」[111]更是明白說出是「迎武王」。「周王」就是「周武王」。[112]2、〈胤征〉一文，《史記》〈夏本紀〉認為是帝中康時，命胤侯征羲和。〈胤征〉應是夏朝文章，記夏朝之事，和周武王無關。換言之，「厥匪玄黃，昭我周王」，這種「迎武王」的文字，不可能和〈胤征〉有關，絕對不是〈胤征〉中文字。就算鄭玄有引這段文字注〈禹貢〉，也應該是引自〈武成〉，誤記成〈胤征〉。《詩經》〈小雅〉〈鹿鳴〉「承筐是將」下，鄭玄箋：「《書》曰：『篚厥玄黃』」，[113]孔穎達

108　〔漢〕孔安國傳，〔唐〕孔穎達疏，陸德明音義：《尚書注疏》，《景印文淵閣四庫全書》，第54冊，卷10，頁231。

109　〔漢〕趙岐註，〔宋〕孫奭音義并疏：〈滕文公章句下〉，《孟子注疏》，《景印文淵閣四庫全書》，第195冊，卷6上，頁144。

110　〔漢〕趙岐註，〔宋〕孫奭音義并疏：〈盡心章句下〉，《孟子注疏》，《景印文淵閣四庫全書》，第195冊，卷14上，頁310。

111　〔宋〕朱熹：〈孟子集注〉，《四書章句集注》（臺北市：臺灣商務印書館，1986年，《景印文淵閣四庫全書》），第197冊，卷3，頁134。

112　〔清〕孫星衍疏：「周王者，鄭注《禮記》云：『忠信為周。』非殷周之周也。」（〔清〕孫星衍：《孫觀察尚書今古文注疏》，〔清〕阮元編刊，〔民國〕王進祥重編：《重編本皇清經解》（臺北市：漢京文化事業有限公司，未印出版時間），冊4，卷772，頁2954）。按：孫氏所引，見《禮記》〈緇衣〉「自周有終」鄭玄注。「周」雖有忠信之義，但此處如解釋成忠信，則和下文「大逸周」不合。如果「惟臣附于大邑商」單獨成一句，則和上下文義不連貫。而且，〈多士〉有「今惟我周王，丕靈承帝事」，〈多方〉有「惟我周王，靈承于旅」、「爾曷不夾介乂我周王，享天之命」，「周王」都解釋做周代君王。

113　〔漢〕毛亨傳，鄭玄箋，〔唐〕孔穎達正義，陸德明音義：《毛詩注疏》，

《正義》說：

> 箋以筐篚得盛幣帛之意也。今〈禹貢〉止有「厥篚玄纁」之
> 文，而鄭〈禹貢〉注引〈胤征〉曰：「篚厥玄黃」，則此所引亦
> 為〈胤征〉，鄭誤也，當在《古文》〈武成〉篇矣。鄭不見《古
> 文》，而引張霸《尚書》，故不同耳。[114]

張霸偽《古文尚書》〈胤征〉篇，也不可能有「厥匪玄黃，昭我周
王」八字（說詳上）；張偽本早佚，孔氏不可能看到張霸偽《古文尚
書》，如何得知鄭玄引張霸《尚書》，孔說無據。〔清〕張穆說：

> 康成注〈禹貢〉引〈胤征〉云「厥篚玄黃，昭我周王」……以
> 孟子論湯、武事證之，知康成斥為〈胤征〉必是誤記。蓋周王
> 之周可以比傅於忠信為周之義，而大邑周之稱則非岐周莫屬。
> 既大邑周為岐周，則周王必非夏王甚明。故趙邠卿直斷東征為
> 道周武王伐紂時事，而許君說文匚部匪字下引「實玄黃于匪」
> 亦明著曰逸周書也。趙、許皆與康成同時，其說符於孟子，學
> 者所當取信矣。[115]

張氏以為是鄭玄誤記，這種說法應該可信。鄭玄如果能看到《古文尚
書》〈胤征〉，應當也能看到〈武成〉，可能會誤記。蔣善國說：

《景印文淵閣四庫全書》，第69冊，卷16，頁438。按：鄭玄箋只說「《書》
曰」，沒有說「〈胤征〉曰」。

114 〔漢〕毛亨傳，鄭玄箋，〔唐〕孔穎達正義，陸德明音義：《毛詩注疏》，
《景印文淵閣四庫全書》，第69冊，卷16，頁439。

115 程元敏：《尚書學史》（臺北市：五南圖書有限公司，2008年），頁180-181引〔清〕
張穆《□齋文集》卷1〈胤征序義〉。

鄭注〈禹貢〉引〈胤征〉說：「篚厥玄黃，昭我周王。」江聲
《尚書集注音疏》以「周」為「君」。劉逢祿《書序述聞》
說：「鄭康成注〈禹貢〉引〈胤征〉云：『篚厥玄黃，昭我周
王。』蓋誤以〈成王征〉為〈胤征〉云耳，否則〈夏書〉不當
云周王也。」吳承志《橫陽札記》卷一說：「〈胤征〉，今文作
〈嗣征〉，又疑是〈東征〉之誤，鄭注本當作〈嗣王征〉，《正
義》所據本脫『王』，因而誤為〈嗣征〉耳。」[116]

或以為字誤，或以為當是「成王征」、「嗣王征」之誤，皆因「周王」
二字難以解釋。楊善群說：

夏代所作的〈胤征〉，怎麼會出現「周王」此類詞語？使人感
到茫然。今查古文〈胤征〉無此語，而古文〈武成〉有曰：
「肆予東征，綏厥士女。惟其士女，筐厥玄黃，昭我周王。」
原來鄭注所引「〈胤征〉」乃是〈周書〉〈武成〉之訛。[117]

楊氏是從「周王」一詞，認為這八個字，不可能是〈胤征〉文字，他
也認為是鄭玄引錯。從上文討論，可以看出不是孔穎達記錯，就是鄭
玄引錯。認為「厥匪玄黃，昭我周王」是〈胤征〉文字的學者，唯一
根據就是鄭玄〈禹貢〉注，而這條注實在不可靠。閻若璩也未舉這條
證據。

　　〔清〕惠棟在《古文尚書考》中，也提到「《書》正義云：『鄭氏
注〈禹貢〉引〈嗣征〉云：「厥篚元黃，昭我周王。」』……愚按：孔

116　蔣善國：《尚書綜述》（上海市：上海古籍出版社，1988年），頁407。
117　楊善群：〈論古文《尚書》的學術價值〉，《孔子研究》2004年第5期（2004年9
　　月），頁34。

氏逸書有〈嗣征〉篇，漢末猶存，故鄭氏引之。」[118]上文已查〈禹貢正義〉中，並無鄭玄這條注，並且從「周王」二字，可以看出是周代君王（武王）的事，孔壁《古文尚書》〈胤征〉中應該無此八字。

（三）其他詞語──「猛火」、「天戒」、「常憲」

二〇一〇年，宗靜航發表一篇論文：〈《尚書》〈胤征〉的成書年代──一個語言學的考察視角〉，專門從語言學角度，研究〈胤征〉詞語的年代。宗氏發現「火炎崑岡」、「玉石俱焚」、「猛火」、「天戒」、「常憲」這五個詞語，都見於東漢或西晉典籍。[119]宗氏所說的五個詞語中，「火炎崑岡」、「玉石俱焚」前人已經舉出過，「猛火」、「天戒」、「常憲」三個詞語是宗氏首先提出。

第一、二個詞語：「火炎崑岡，玉石俱焚」。第五節中，已經討論過了。宗氏文中舉出五個證據，第一個證據出自〔東晉〕袁宏〈三國名臣序贊〉。這個證據，梅鷟《尚書考異》已舉出，此證據不能成立（說見第五節）。宗氏舉出的第二到第四個證據，都出於梁代書籍、文章，不能成立。第五個證據，〔梁〕蕭子顯《南齊書》〈高帝紀上〉，「火炎崑岡，玉石俱焚」連用，明顯是用〈胤征〉文字。梅頤獻《古文尚書》後的典籍、文章，都不能做為證據。

第三個詞語「猛火」，宗氏舉出七個證據，第一、第二出自東漢。東漢時，《古文尚書》曾流傳。東漢書籍中，出現和《古文尚書》相同字句，很可能是看過《古文尚書》，襲用《古文尚書》字句。第三到第七證，都是在梅頤獻《古文尚書》後，不能成立。

第四個詞語「天戒」，宗氏舉出五個證據。一、二、三都是出自

---

118 〔清〕惠棟：《古文尚書考》，〔清〕阮元編刊，〔民國〕王進祥重編：《重編本皇清經解》，第5冊，卷351，頁3064。按：雍正，姓愛新覺羅，名胤禛。為了避諱，〈胤征〉或作〈嗣征〉、〈允征〉。

119 宗靜航：〈《尚書》〈胤征〉的成書年代──一個語言學的考察視角〉，《徐州師範大學學報》（哲學社會科學版）第36卷第1期（2010年1月），頁74。

〔東漢〕班固《漢書》，不能成立。第四個出自〔西晉〕陳壽《三國志》《魏書》〈高堂隆傳〉。東漢人已用「天戒」，而且，西晉時，《古文尚書》有傳授源流，尚未亡佚，這條也不能成立。第五個證據，晚於梅頤獻《古文尚書》，不能成立。

第五個詞語「常憲」，宗氏舉出四個證據。第一、第二出自西晉，不能成立，理由同上。第三、第四出自宋、梁，不能成立。

宗氏結論是：「當然，並不能就此而判斷〈胤征〉為偽書。但是，可據此推斷〈胤征〉的最後成書可能在東漢魏晉時期。」[120]從上面的分析來看，宗氏的結論，證據不足，還有待斟酌。

又：宗氏文中常見：「不見於先秦典籍」。要以「不見於先秦典籍」為標準，前提是先秦典籍必須完整無缺。秦始皇焚書後，先秦典籍已有殘缺，不能以今存先秦典籍沒有這詞語，就認為所有先秦典籍都沒有這詞語。用詞語來判定古籍真偽，是很困難的。

另外還有個小問題，姑附於此。目前臺灣習慣用「於」字，大陸則用「于」字。一般人可能認為「于」是「於」的簡體字，其實「于」、「於」是古今字。段玉裁說：「（於）此字蓋古文之後出者，此字既出，則又于、於為古今字。」[121]又說：「凡《詩》、《書》用亐（于）字，凡《論語》用於字，蓋于、於二字，在周時為古今字。」[122]一般人在讀《詩》、《書》時，除非特別留意，大概不會注意到「于」、「於」是古今字。今考《今文尚書》都用「于」字，《古文尚書》也都用「于」字。如果《古文尚書》是魏晉人偽作，那麼作古文者應是特別注意到「于」、「於」是古今字，否則，依照魏晉當時習慣，作古文者會用「於」字。

---

120 宗靜航：〈《尚書》〈胤征〉的成書年代──一個語言學的考察視角〉，《徐州師範大學學報》（哲學社會科學版）第36卷第1期（2010年1月），頁75。

121 〔漢〕許慎撰，〔清〕段玉裁注，王瓊珊編寫：《真書標眉筆畫索引段注說文解字》（臺北市：廣文書局，1969年），四篇上，頁158。

122 同上註，五篇上，頁206。

七　結論

　　以上各節，敘述了《古文尚書》的傳授源流，討論八項字句襲用、改易問題，並涉及〈胤征〉詞語問題。這些討論，無法完全證明〈胤征〉是真的，但已經釐清一些誤解。另外，在第六節中，說明其中至少有三分之一文字來自典籍，也就是說〈胤征〉可以視之為古人輯佚的成果。

　　今傳〈胤征〉的內容，主要是記載夏代仲康帝時，天文官羲和沉醉於酒，廢時亂日，嚴重失職，仲康命胤侯出征羲和，和《史記》〈夏本紀〉、〈書序〉記載相合。即使〈胤征〉是偽造的，那真正的〈胤征〉字句和今傳〈胤征〉或許不同，但內容應該差不多。

　　《古文尚書》〈胤征〉真偽有爭議，但〈胤征〉中的：「辰弗集于房，瞽奏鼓，嗇夫馳，庶人走。」這十四字，亦見於《左傳》太史引〈夏書〉，應該是真的。「辰弗集于房」有多種解釋，但由下文「瞽奏鼓，嗇夫馳，庶人走」，可以確定就是日食。筆者另撰有專文，考證「辰弗集于房」這五個字。

　　先秦之時，確實有〈胤征〉流傳。此真〈胤征〉是否失傳？《古文尚書》中的〈胤征〉是後人偽造，還是先秦流傳之真〈胤征〉，以目前的文獻資料，難以得知真相，還需要等待出土文物來證明。

　　王國維曾提出「二重證據法」，書面資料要和出土文獻印證。二〇〇八年十月二十三日，大陸清華大學公布「清華簡」消息。這兩千一百枚「清華簡」，是戰國時楚國竹簡，最重要的是其中有《尚書》資料，目前正由李學勤等學者整理釋讀中。這批「清華簡」或許可以瞭解《尚書》真相，解決《古文尚書》的諸多疑點。

　　由「新華網」二〇一一年一月五日北京電，得知《清華大學藏戰國竹簡（一）》於二〇一〇年底，由上海文藝集團中西書局出版，包括《尹至》、《尹誥》、《程寤》、《保訓》、《耆夜》、《金縢》、《皇門》、

《祭公》和《楚居》九篇文獻。這次出版的「清華簡」，並無〈胤征〉資料。「清華簡」計劃出版十五輯整理報告，希望在未來出版的十四輯中，能有〈胤征〉資料。

徵引文獻

一　古籍

〔周〕左丘明傳，〔晉〕杜預注，〔唐〕孔穎達疏，陸德明音義　《春秋左傳注疏》　臺北市　臺灣商務印書館　1986年　《景印文淵閣四庫全書》　第144冊

〔周〕荀況撰，〔唐〕楊倞註　《荀子》　臺北市　臺灣商務印書館　1986年　《景印文淵閣四庫全書》　第695冊

〔漢〕韓嬰　《韓詩外傳》　臺北市　臺灣商務印書館　1986年　《景印文淵閣四庫全書》　第89冊

〔漢〕毛亨傳，鄭玄箋，〔唐〕孔穎達正義，陸德明音義　《毛詩注疏》　臺北市　臺灣商務印書館　1986年　《景印文淵閣四庫全書》　第69冊

〔漢〕孔安國傳，〔唐〕孔穎達疏，陸德明音義　《尚書注疏》　臺北市　臺灣商務印書館　1986年　《景印文淵閣四庫全書》　第54冊

〔漢〕司馬遷，〔南朝宋〕裴駰集解，〔唐〕司馬貞索隱，〔唐〕張守節正義　《新校本史記三家注并附編二種》　臺北市　鼎文書局　1978年

〔漢〕班固撰，〔唐〕顏師古注　《新校本漢書并附編二種》　臺北市　鼎文書局　1978年3版

〔漢〕許慎撰，〔清〕段玉裁注，王瓊珊編寫　《真書標眉筆畫索引段注說文解字》　臺北市　廣文書局　1969年

〔漢〕趙岐注，〔宋〕孫奭音義并疏　《孟子注疏》　臺北市　臺灣
　　　商務印書館　1986年　《景印文淵閣四庫全書》　第195冊

〔漢〕鄭玄注，〔唐〕賈公彥疏，陸德明音義　《周禮注疏》　臺北
　　　市　臺灣商務印書館　1986年　《景印文淵閣四庫全書》
　　　第90冊

〔吳〕韋昭注　《國語》　臺北市　臺灣商務印書館　1986年　《景
　　　印文淵閣四庫全書》　第406冊

〔晉〕陳壽撰，〔宋〕裴松之注　《新校本三國志注附索引》　臺北
　　　市　鼎文書局　1977年3版

〔晉〕郭璞註，〔宋〕邢昺疏，陸德明音義　《爾雅注疏》　臺北市
　　　臺灣商務印書館　1986年　《景印文淵閣四庫全書》　第
　　　221冊

〔南朝宋〕范曄撰，〔唐〕李賢等注　《新校本後漢書并附編十三
　　　種》　臺北市　鼎文書局　1977年

〔梁〕沈約注　《竹書紀年》　臺北市　臺灣商務印書館　1986年
　　　《景印文淵閣四庫全書》　第303冊

〔梁〕蕭統編，〔唐〕李善註　《文選註》　臺北市　臺灣商務印書
　　　館　1986年　《景印文淵閣四庫全書》　第1329冊

〔唐〕房玄齡等撰　《新校本晉書并附編六種》　臺北市　鼎文書局
　　　1976年

〔唐〕魏徵，長孫無忌等撰　《新校本隋書附索引》　臺北市　鼎文
　　　書局　1975年

〔唐〕長孫無忌等奉敕撰　《唐律疏義》　臺北市　臺灣商務印書館
　　　1986年　《景印文淵閣四庫全書》　第672冊

〔宋〕朱熹　《四書章句集注》　臺北市　臺灣商務印書館　1986年
　　　《景印文淵閣四庫全書》　第197冊

〔宋〕金履祥　《尚書表注》　國立中央圖書館特藏組編　《國立中

央圖書館善本叢刊；第2~3種》　臺北市　國立中央圖書館
1991年

〔元〕金履祥　《尚書表注》　〔清〕徐乾學輯，〔清〕納蘭成德校
訂　《通志堂經解》　臺北市　漢京文化事業有限公司　未
印出版時間　第13冊

〔元〕脫脫等撰　《新校本宋史并附編三種》　臺北市　鼎文書局
1978年

〔明〕宋濂等撰　《新校本元史并附編二種》　臺北市　鼎文書局
1977年

〔明〕梅鷟　《尚書考異》　孫星衍校刊　《平津館叢書》　第五函
嚴一萍輯選　新北市　藝文印書館　1964年　《原刻景印百
部叢書集成》

〔明〕梅鷟　《尚書考異》　臺北市　臺灣商務印書館　1986年
《景印文淵閣四庫全書》　第64冊

〔清〕惠棟　《古文尚書考》　〔清〕阮元編刊，〔民國〕王進祥重
編　臺北市　漢京文化事業有限公司　未印出版時間　《重
編本皇清經解》　第5冊

〔清〕閻若璩　《尚書古文疏證》　臺北市　臺灣商務印書館　1986
年　《景印文淵閣四庫全書》　第66冊

〔清〕宋鑒　《尚書攷辨》　杜松柏編　《尚書類聚初集》　臺北市
新文豐出版公司　1984年　第6冊

〔清〕孫星衍　《孫觀察尚書今古文注疏》　〔清〕阮元編刊，民
國‧王進祥重編　臺北市　漢京文化事業有限公司　未印出
版時間　《重編本皇清經解》　第4冊

〔清〕洪良品　《古文尚書辨惑》　臺北市　新文豐出版公司　1984
年　《尚書類聚初集》　第7冊

〔清〕洪良品　《古文尚書析疑》　臺北市　新文豐出版公司　1984
年　《尚書類聚初集》　第8冊

〔清〕吳光耀　《古文尚書正辭》　臺北市　新文豐出版公司　1984
　　年　《尚書類聚初集》　第6冊

二　專書

屈萬里　《尚書釋義》　臺北市　華岡出版部　1972年增訂版

林慶彰　《明代考據學研究》　臺北市　臺灣學生書局　1983年

蔣善國　《尚書綜述》　上海市　上海古籍出版社　1988年

劉起釪　《尚書學史》　北京市　中華書局　1989年

俞紹初輯校　《建安七子集》　臺北市　文史哲出版社　1990年

楊伯峻　《春秋左傳注》　臺北市　洪葉文化事業有限公司　1993年

陳夢家　《尚書通論》　北京市　中華書局　2005年

程元敏　《尚書學史》　臺北市　五南圖書股份有限公司　2008年

三　論文

林政華　〈漢人知見尚書篇目考〉　劉德漢等著　《尚書論文集》
　　臺北市　黎明文化事業股份有限公司　1981年

關立言　〈春秋日食三十七事考〉　《史學月刊》「科技史研究」
　　1998年第2期（1998年3月）

關立言　〈春秋日食考補遺〉　《開封大學學報》第14卷第1期
　　（2000年3月）

虞萬里　〈獻《古文尚書》者梅頤名氏地望辨證〉　《文史》2004年
　　第4輯（總第69輯）（2004年11月）

楊善群　〈論古文《尚書》的學術價值〉　《孔子研究》第5期
　　（2004年9月）

楊善群　〈辨偽學的歧途——評《尚書古文疏證》〉　《淮陽師範學
　　院學報》（哲學社會科學版）第27卷第3期（2005年5月）

李豔芳　「東晉古文《尚書》真偽研究」　大連市　遼寧師範大學碩
　　士學位論文　2009年

宗靜航　〈《尚書》〈胤征〉的成書年代──一個語言學的考察視角〉
　　　　《徐州師範大學學報》（哲學社會科學版）第36卷第1期
　　　　（2010年1月）

《古文尚書》真偽及〈胤征〉篇研究

一 前言

今日流傳的《尚書》，分成《今文尚書》、《古文尚書》。《今文尚書》是伏生所傳；《古文尚書》由孔安國傳授弟子。《今文尚書》、《古文尚書》在永嘉之亂時，都已亡佚。

東晉元帝初年，梅頤獻《古文尚書》，後來立《古文尚書》博士。梅氏獻《書》詳情，今天已經不知道。〔唐〕孔穎達撰《尚書正義》，采用梅頤獻《書》。孔穎達之後，《古文尚書》一直沒有真偽問題。到了宋代，才有吳棫、朱熹等人質疑《古文尚書》。明代，梅鷟等人懷疑《古文尚書》是偽書。

〔清〕閻若璩撰《尚書古文疏證》，舉出一百二十八條證據（今存九十九條）後[1]，《古文尚書》為偽作，似乎已經定讞。許多學者並

1　《尚書古文疏證》原有一百二十八條，今本《尚書古文疏證》只有九十九條，二十九條已經佚失。按：佚失的二十九條有三種狀況：1、無條目、無內容、註明「闕」：102、108、109、110、122、123、124、125、126、127，共十條。2、有條目、無內容、註明「闕」：28、29、30，共三條。3、第三卷，《四庫全書》本，註明「全闕」，但《皇清經解續編》目錄中（《四庫全書》本無目錄；《皇清經解續編》有目錄），註明「此卷全闕」，卻有條目、無內容：33、34、35、36、37、38、39、40、41，共九條。無條目、無內容、未註明「闕」：42、43、44、45、46、47、48，共七條。第三卷整個佚失，頗為奇特。〔清〕閻若璩撰，閻詠輯：《尚書古文疏證》（臺北市：臺灣商務印書館，1986年，《景印文淵閣四庫全書》），第66冊，卷1-卷8，頁129-522。

未仔細檢視閻氏論證，還沒確定作偽者、作偽時間、作偽動機，[2]就相信閻氏之說，認定《古文尚書》是偽書。甚至，不再研究、註釋《古文尚書》。

〈胤征〉是《古文尚書》一篇，也可能是偽作，很少人研究〈胤征〉，那我為何要研究〈胤征〉呢？其實，這只是因緣巧合。我本來只是想研究日食、月食神話。搜集資料，撰寫文章時，發現中國最早記載的日食，是〈胤征〉中的仲康日食。為了滿足好奇心，我又繼續追蹤，深入研究，寫了篇研究仲康日食的論文，接者就開始研究〈胤征〉了。

本文首先談《古文尚書》的新認識，介紹當代臺灣、大陸學者，對《古文尚書》的新見解、新研究，同時略述個人看法。其次討論〈胤征〉篇中的三個問題：胤侯出征原因、「乃季秋月朔」隱藏的問題、夏禮周禮異同。針對這三個問題，搜集古今學者的說法，分析歸納，提出些個人淺見。

二 《古文尚書》的新認識

（一）臺灣學者對《古文尚書》的新意見

〔清〕閻若璩撰《尚書古文疏證》，認為《古文尚書》是偽書，多數學者都贊同閻氏說法。但在閻若璩當時，已經有毛奇齡撰《古文尚書冤詞》，替《古文尚書》辯護。[3]毛氏之後，陸續有學者維護《古

---

2 按：閻氏並未明確指出偽作者，據學者考證，大致有孔晁、皇甫謐、王肅、鄭沖、東晉人孔安國、梅賾等諸說。

3 閻若璩《尚書古文疏證》所闕二十九條，可能是因毛奇齡《古文尚書冤詞》抨擊而刪除。錢穆說：「即此推之，知冤詞『或曰』即對潛邱發，……而復有冤詞『或曰』云云，今疏證中不見其說者，余疑此由西河據所見疏證而駁，及潛邱見冤詞，見其說有據，乃還減已說。今疏證八卷有缺文並缺其條目，而由留其條數者，殆即是也。」（錢穆：《中國近三百年學術史》（臺北市：臺灣商務印書館，1972年臺5

文尚書》，撰寫書籍駁斥閻說。

臺灣研究《尚書》的學者，大多數相信閻若璩說法，認為《古文尚書》是偽書。到了一九七〇年左右，王保德、劉善哉、胡秋原等人，或考證《古文尚書》非偽作，或以為「尚有重新審理之必要」，[4]都反對閻氏之說。

其中以王保德用力最勤。一九六九年至一九七〇年，在《中華雜誌》發表〈閻若璩《尚書古文疏證》駁議〉四篇，分二十條考證閻若璩錯誤；一九七〇年，在《中華雜誌》發表〈閻若璩《尚書古文疏證》駁議續（一）〉一篇，增加六條，共二十六條。一九七〇年至一九七一年，在《學園》發表四篇短文。並在《文壇》發表〈古文尚書非偽作的新考證〉六篇，共五十五條。一九七八年，在《建設》發表〈再論《古文尚書》非偽作的新考證〉六篇，[5]共四十一條。王氏在一九六九年九月到一九七八年八月間，發表多篇文章，可說是當時唯一對《古文尚書》深入研究的人。他發表的這些文章，有其獨特價值，開啟了對《古文尚書》真偽的新研究。

王氏說：「閻若璩的妄證積疑，胡猜亂想的考證方法。」[6]又說：「我們用鐘鼎金文及甲骨文字所載的真實史料，去考證古文尚書有關的篇章，就可以證明它是『活的真經』而非『偽作』。」[7]王氏認為

版），頁246-247）。按：閻若璩對毛奇齡頗為尊重，對毛奇齡的態度是：託吳尺鳧轉告毛奇齡：「為我致毛先生，老友無幾人能直言教我，我方感之，豈有所芥蒂。特欲我毀所著《疏証》則不能，但各行其是可耳。」（〔清〕毛奇齡：〈附《古文尚書冤詞》餘錄〉，《經問》（臺北市：臺灣商務印書館，1986年，《景印文淵閣四庫全書》），第191冊，卷18，頁216）。

4　王氏、劉氏都以《古文尚書》非偽作。胡氏以為《古文尚書》真偽問題等「尚有重新審理之必要」。（胡秋原：〈關於「古文尚書孔安國傳」之公案〉，《中華雜誌》第7卷9月號（總第74號）（1969年9月），頁38）。

5　按：王氏發表在《建設》的一系列文章，主要是用曆法來考證《古文尚書》非偽作。

6　王保德：〈古文尚書非偽作的新考證〉，《文壇》第124期（1970年10月），頁19。按：所引為第6條條目。

7　王保德：〈古文尚書非偽作的新考證〉（六），《文壇》第129期（1971年3月），頁18。

《古文尚書》是真書。

十多年後,在一九九一年,劉人鵬以博士論文《閻若璩與古文尚書辨偽:一個學術史的個案研究》,取得博士學位,這是到目前為止,臺灣唯一研究閻若璩辨偽《古文尚書》的博士論文。劉人鵬說:

> 正因為他「根柢」(按:指「二十五篇是偽作」,見劉書頁116。)早已確立,因此,二十五篇古文不論出現任何現象,都是偽作的證據。如果它與古書的記載相合,那就是鈔襲;如果與古書所載不相合,那就是破綻;古書所引在其中,就是採輯,古書所引不在其中,就是闕漏。如果有訛誤,絕對不是傳鈔上的問題,不能用校勘的手法來解決;而是偽作者愚昧疏漏的證明。這就是假說演繹法的特色所在:它的結論,必定早已包含在前提當中,不可能有超出前提之外的結論。[8]

閻氏所用的辨偽方法,顯然有邏輯的問題。這種辨偽方法,所得出的結論,應該很難讓人信服。只是在清代當時的整個學術氛圍中,閻氏說法被許多學者肯定,被廣為接受。

到了一九九四年,許華峰認為《古文尚書》問題「還有討論的餘地」,許氏碩士論文《閻若璩《尚書古文疏證》的辨偽方法》,第五章第四節「結語」第三說:

> 由《冤詞》與《疏證》「支節」論證的對比可以看出,《疏證》在「支節」方面的論證受限於所根據的材料以及《尚書》這部

8　劉人鵬:《閻若璩與古文尚書辨偽:一個學術史的個案研究》(臺北市:國立臺灣大學中國文學研究所博士論文,1991年)。劉人鵬:《閻若璩與古文尚書辨偽:一個學術史的個案研究》,潘美月,杜潔祥主編:《古典文獻研究輯刊初編》(臺北市:花木蘭文化工作坊,2005年),第20冊,頁133。

書的特性，其對內容的證誤並非完全可以成立。而對「文句」
部分的考證亦不能保證文句的「襲用」是「古文二十五篇」來
源唯一的解釋。這一方面表示了「古文二十五篇」的問題還有
討論的餘地，更顯示出過去大家所忽略的為「古文二十五篇」
辯護的意見，並非完全沒有價值。[9]

不過，上面所舉的這些篇章，似乎無人重視，臺灣學者還是一面倒向
閻若璩，認為《古文尚書》是偽作。

（二）大陸學者對《古文尚書》的新意見

最近幾年，大陸出土文獻，帶來很多新資料，發現過去以為是偽
書的書，其實可能是真書。尤其是出土竹簡有些《尚書》資料，使得
《古文尚書》重新受到重視。一些大陸學者開始懷疑閻若璩的證據，
甚至有學者檢視閻氏證據，逐條指出閻氏的錯誤，認為所用並非科學
方法，是偽證。比如：張岩〈閻若璩《疏證》偽證考〉，[10]就認為閻氏
的科學方法絕不科學。張氏這篇論文長約六萬字，深入探討《古文尚
書》的問題，論文的副標題是〈清代考據學存在多大問題的一次檢
驗〉。張氏說：

> 我的基本結論是：「作偽」難度太大，大到不可能的程度。從
> 大量文獻的搜集，到引文、用文的查找；從上百個罕見詞語的

9　許華峰：《閻若璩《尚書古文疏證》的辨偽方法》（桃園縣：國立中央大學中國文學
　　研究所碩士論文，1993年）。許華峰：《閻若璩《尚書古文疏證》的辨偽方法》，潘
　　美月，杜潔祥主編：《古典文獻研究輯刊初編》（臺北市：花木蘭文化工作坊，2005
　　年），第21冊，頁139。

10　張岩：〈閻若璩〈疏證〉偽證考〉，見「國學網站」，北京國學時代文化傳播公司製
　　作。網址：（http://www.guoxue.com/zt/yrq/yrq.htm）。後由中華書局二〇〇六年十二
　　月出版，書名為：《審查古文《尚書》案》。章節名稱已改變。

查尋採用，到文化、制度方面的理解歸納和融會貫通；從搞清先秦兩漢文獻與今文《尚書》之間字頻不同，到「偽造」過程中的拼湊引文和「字頻勾兌」。如此這般「偽造」的二十五篇不僅沒有明顯綴輯痕跡，且文采尤富於今文。其工程量之大，非一人一世所能及。其道德文章，是黃鐘大呂，絕世風華。劉勰所謂「義固為經，文亦師矣（《文心雕龍》〈才略〉）」。此人是誰？誰能有此移山倒海之力，靈通造化之巧！[11]

張氏認為作偽難度太大，《古文尚書》應該不是偽造的。偽造古書並非那麼容易的事，偽造一篇要天衣無縫，就很困難，要偽造二十五篇，更不容易。在晉朝時，書籍要靠手寫流通，除非是有特殊地位或狀況，很難掌握大量書籍。想要采輯諸書資料，來拼湊偽造《古文尚書》，絕非輕而易舉之事。楊善群則對閻氏論證不滿，認為《尚書》是真古文獻，非偽書。楊氏說：

閻若璩著《尚書古文疏證》。閻氏此書列出一百二十八條論據證明古文《尚書》為「偽」，其氣勢不可謂不大。但仔細檢查起來，大都是強詞奪理、論證失當、主觀臆斷的東西。[12]

---

11 張岩：〈閻若璩〈疏證〉偽證考〉，（http://www.guoxue.com/zt/yrq/yrq.htm），「二、《疏證》偽證考略（上）、（4）誰是作偽者」。

12 楊善群：〈論古文《尚書》的學術價值〉，《孔子研究》2004年第5期（2004年5月），頁30。按：楊氏另有〈古文《尚書》流傳過程探討〉，《學習與探索》2003年第4期（總第147期）（2003年4月）；〈古文《尚書》與舊籍引語的比較研究〉，《齊魯學刊》2003年第5期（總第176期）（2003年5月）；〈辨偽學的歧途——評《尚書古文疏證》〉，《淮陽師範學院學報》（哲學社會科學版）2005年第27卷第3期（2005年5月）；〈古文尚書研究——學術史上一宗嚴重的冤假錯案〉，《史海偵跡——慶祝孟世凱先生七十歲文集》（2005年7月）；〈古文《尚書》〈說命〉與傳聖思想研究〉，《晉陽學刊》2007年第1期〈歷史學研究〉（2007年1月）等篇討論《古文尚書》問題。

楊氏結論為：

> 歷來提出的古文《尚書》為「偽書」的論據，都是似是而非，
> 經不起查考的。古文《尚書》是西漢以來長期流傳、至魏晉時
> 形成明確傳授關係的真古文獻，十分顯然。[13]

綜合大陸學者對這問題研究的，是二〇一〇年三月丁鼎（程奇立教授）發表的〈「偽古文〈尚書〉案」平議〉，在第三點「當代學術界對『偽《古文尚書》案』的重新審視」中，引用了多位大陸學者對《古文尚書》的意見。程氏結論是：

> 綜上所述，可知閻若璩等人將傳世本《古文尚書》判定為偽書
> 的結論已經發生了動搖。雖然目前徹底推翻閻氏的結論為時尚
> 早，但起碼說明閻氏的結論遠非定論，是可以繼續探討的；而
> 毛奇齡等人對閻若璩等人的駁難以及為傳世本《古文尚書》所
> 作的論證和辯護日益顯示出其學術價值，是難以簡單否定的。[14]

程氏也認為閻若璩說法，並非定論。程氏文中曾引用郭沂、呂紹綱、王世舜，對出土竹簡的研究。郭沂以為「《古文尚書》不偽」，呂紹綱以為「可以再作討論」，王世舜以為《古文尚書》「戰國中期已在流

---

13 楊善群：〈論古文《尚書》的學術價值〉，《孔子研究》2004年第5期（2004年5月），頁30-31。

14 丁鼎（程奇立）：〈「偽古文〈尚書〉案」平議〉，《古籍整理研究學刊》第2期（2010年3月），頁8。按：丁鼎為山東師範大學齊魯文化研究中心程奇立教授筆名。程教授曾於2007年11月2日，在山東師範大學齊魯文化研究中心一樓報告廳，做一學術報告，題目是《毛奇齡與「偽古文〈尚書〉案」》，並於二〇〇八年一月四日刊登在「山東師範大學社會科學處」網站。本文即《毛奇齡與「偽古文〈尚書〉案」》的後半段，略有增加修改。

行」。[15]家歆按：一九九三年出土的「郭店簡」、一九九四年上海博物館收購的「上博簡」中，都有些零星《尚書》資料，學者也發表了考釋、研究論文。但學者意見頗為紛歧，而且竹簡中的《尚書》資料有限，尚無法完全證明《古文尚書》真偽。

另外，在網路上，還有離揚〈《尚書》輯佚辯證〉、劉義峰〈走出疑古後的古文《尚書》研究〉、何焱林〈《古文尚書》不是偽書〉等文，都有自己見解。

由上列諸家之說看來，《古文尚書》這公案，還有很多值得斟酌之處，有討論空間。整體來說，閻氏證據並非鐵證，已逐漸動搖中，對《古文尚書》的真偽，還要重新審理。

（三）閻氏說法商榷

1 偽作《古文尚書》的時間

關於偽作《古文尚書》的時間問題，閻氏論證有矛盾之處。先是在第二條說：「故《古文尚書》之亡，實亡於永嘉。」[16]又在第十七條說：「又按吳文正公《尚書敍錄》，信可為不刊之典矣。然其誤有六：一、謂孔壁真古文書不傳，不知傳至西晉永嘉時，始亡失也。」[17]則閻氏認為《古文尚書》本來流傳於世，在永嘉之亂時，才散佚。

考西元三一一年，懷帝永嘉五年，「劉曜石勒入洛陽，懷帝被虜，諸王公百官士民死者三萬餘人」；[18]西元三一六年，愍帝建興四年，

---

15 丁鼎（程奇立）：〈「偽古文〈尚書〉案」平議〉，《古籍整理研究學刊》第2期（2010年3月），頁6-7。

16 〔清〕閻若璩，閻詠輯：《尚書古文疏證》，《景印文淵閣四庫全書》，第66冊，卷1，第2，頁131。

17 同上註，卷2，第17，頁163。

18 錢穆：《國史大綱》（臺北市：國立編譯館出版、臺灣商務印書館發行，1980年修訂7版），頁175。

「劉曜入長安，愍帝被虜，晉室遂亡」。[19]西晉滅亡後，西元三一七年，晉王建武元年三月辛卯，琅邪王司馬睿在南京即晉王位。西元三一八年，元帝太興元年三月丙辰，晉王司馬睿即皇帝位，史稱東晉。

依閻氏所說，《古文尚書》當亡於西元三一一年永嘉之亂時，西元三一一年之前《古文尚書》還在流傳。

閻氏又說：「《書》古文出魏晉間，距東晉建武元年凡五十三、四年，始上獻於朝，立學官。」[20]則是閻氏認為，梅賾在東晉建武元年（西元317年），獻《古文尚書》。西元三一一年至西元三一七年，長安殘破，洛陽已成荒土，[21]閻氏亦知此段時間，典籍散佚，難以偽作《古文尚書》。故閻氏說《古文尚書》出魏晉間，五十三年或五十四年前就已偽作《古文尚書》。這和閻氏第二條、第十七條所說，《古文尚書》亡於永嘉時，是矛盾的。豈有《古文尚書》尚未亡佚前五十三年或五十四年，就開始偽作《古文尚書》的道理。作古文者豈能預知五十三年或五十四年之後，會有永嘉之亂，《古文尚書》會亡佚，就預先作好《古文尚書》，等待東晉元帝初年獻書。如果沒有永嘉之亂，《古文尚書》沒亡佚，那豈不是白費工夫。閻氏這種說法，實在太不合常理。又：照閻氏說法，作古文的人和獻書者，應非同一人。

在網路上，有何焱林〈《古文尚書》不是偽書〉，[22]主要探討西晉時，《古文尚書》流傳情形，作者認為「古文《尚書》亡佚不可信，偽造不可能」。在討論「鄭沖造或其他人造，都不可能」時，何氏說：

　　鄭沖要造偽書，必定在三一一年，確知古《書》已佚之後，在

---

19 錢穆：《國史大綱》，頁175。

20 〔清〕閻若璩撰，閻詠輯：《尚書古文疏證》，《景印文淵閣四庫全書》，第66冊，卷8，第113，頁473。

21 錢穆：《國史大綱》，頁177-178。

22 何焱林：〈《古文尚書》不是偽書〉，「春秋戰國全球中文網」，發表於2007年12月5日。網址：（http://bbs.cqzg.cn/redirect.php?fid=4&tid=344639&goto=nextnewset）。

三一七年立學官前。五六年時間內造出一本偽《古文尚書》，
誠非易事，要瞞天下人耳目，更非易事，何況，鄭沖已於公元
二七四年辭世，如何造書？[23]

這是否定鄭沖偽作《古文尚書》。何氏說造偽書，必定在三一一年之
後，頗有道理。《古文尚書》還存在時，當然不需要偽作《古文尚書》。
何氏所說的五、六年時間，偽作出《古文尚書》，誠非易事，也很有
道理。上文已提過，當時典籍闕失，動盪不安，流離失所的環境，很
難偽作《古文尚書》。如果《古文尚書》是偽作，偽作《古文尚書》
的時間，還無法確定。

2 閻若璩曆法推算的錯誤──以「仲康日食」為例

閻若璩除了從〈胤征〉文字襲用、改易典籍，證明〈胤征〉是偽
作（第八條、第六十四條、第八十一條），[24]還想用曆法證明〈胤征〉
是偽作。閻氏特別去學了曆法，推算〈胤征〉中的「仲康日食」時
間，得到三種結果：仲康元年五月丁亥朔、仲康四年九月壬辰朔、仲
康十一年閏四月朔，[25]但他的推算是錯誤的。大陸天文學家李勇、吳
守賢說：

閻氏的研究給出了三次所謂的仲康年代的日食推算結果。其日

---

23 同上註。
24 筆者已另撰專文，討論〈胤征〉文字襲用、改易問題。
25 〔清〕閻若璩撰，閻詠輯：《尚書古文疏證》，《景印文淵閣四庫全書》，第66冊，卷
　　6上，第81「言以曆法推仲康日食胤征都不合」，頁308、頁310。〔清〕王鳴盛說：
　　「（閻若璩）因據授時、時憲二曆，推得日食當在仲康十一年閏四月朔，此則閻之
　　誤也。夏商年數本無可考。」（〔清〕王鳴盛：《王光祿尚書後案》，〔清〕阮元編
　　刊，民國・王進祥重編，《重編本皇清經解》（臺北市：漢京文化事業有限公司，未
　　印出版時間），第4冊，卷434中，頁2624）。按：閻氏認為「仲康十一年閏四月朔」
　　是正確的仲康日食時間。

期分別為西元前2155年10月22日、西元前2158年6月29日（該
次日食的日期閻氏誤推為西元前2158年7月5日，此值為筆者根
據他的計算所應得出的朔日日期結果）和西元前2148年6月9
日。根據複算，我們對此持否定態度。縱觀其計算過程，閻氏
似乎只是計算了三個定朔值。……而閻氏僅僅給出他的推算結
果以證明《古文尚書》為偽作，其證據是不充分的。……就定
朔而言，閻氏的推算還存有不同程度的錯誤，其中一個計算就
連定朔的日期都誤算，更無從談及發生日食了。[26]

閻氏計算錯誤，他想用曆法證明〈胤征〉是偽作，已經無法成立了。
事實上，用曆法來作證據，困難重重，是不可靠的方法。以「仲康日
食」來說，近代天文學家推算出來的時間，各不相同。胡秋原曾列出
八種說法：

西元前2128年10月13日　　〔唐〕一行等所主張
西元前2155年10月12日　　〔明〕李天經等所主張
西元前2007年10月25日　　夫累提和噶西尼計算
西元前2156年10月22日　　甘巴士計算
西元前2137年10月22日　　奧泊爾子第一次計算
西元前2072年10月23日　　奧泊爾子第二次計算
西元前2165年5月7日　　　什雷該爾和古納特計算
西元前2127年10月12日　　拉該提安和查爾麥斯計算[27]

---

26 李勇、吳守賢：〈仲康日食古代推算結果的復原〉，《自然科學史研究》第18卷第3期
（1999年7月），頁239。

27 胡秋原，〈書經日食與中國歷史文化之天文學性－論閻若璩之虛妄與李約瑟中國科
學史天文篇〉，《中華雜誌》第8卷1月號（總第78號）（1970.1），頁32。

上列的各種說法，第一、第二是中國古代曆法家的主張，其餘六種，
都是西洋天文學家的計算，計算結果都不一樣。其中以奧地利天文學
家奧泊爾子最具權威，[28]陳遵媯贊同奧泊爾子第一次計算，認為「仲
康日食」發生在西元前二一三七年十月二十二日。[29]除了這八種說法
外，近代天文學家還推算出：

> 西元前1948年10月28日上午10時黃曆鴻、吳晉生[30]
> 西元前2128年10月13日（庚戌日）李勇、吳守賢[31]
> 西元前2072年10月23日董立章[32]

「夏商周斷代工程」的計算是：

> 在2250-1850B.C.之間，在今河南洛陽地區可以看到的大食分日
> 食有11次，其中2043.10.3B.C.、2019.12.6B.C.、1970.11.5B.C.、
> 1961.10.26B.C.這四次均可作夏初年代的參考。[33]

近代天文學家用天文學專業知識來推算，結果差異那麼大。這一方面
可以看出推算的困難、複雜，另一方面也可以知道近代天文學知識都
推算不準，古代的曆法當然更難準確。楊善群說：

---

28 奧泊爾子著的《日月食典》，一八八七年出版，一九六二年有英譯本，是研究日
　食、月食的重要參考書。按：此書臺灣似乎沒有中譯本。

29 陳遵媯：《中國天文學史》（臺北市：明文書局，1988年再版），第3冊，頁16。

30 黃曆鴻、吳晉生，〈古代日食與三代紀年〉，（山東大學）《人文雜誌》第4期
　（1998.4），頁69。

31 李勇、吳守賢，〈仲康日食古代推算結果的復原〉，《自然科學史研究》第18卷第3期
　（1999.7），頁239。

32 董立章，〈夏商斷代再研究〉，《中山大學學報（社會科學版）》第43卷第2期
　（2003.3），頁95。

33 〈「夏商周斷代工程」成果〉，〈夏商周年表〉，第16，2000年11月9日。網址：http://
　www.china10k.com/Trad/history/1/12/12z/12z18/12z1801.htm

以現代的科學方法，夏代每王的紀年已屬難考，其日食在每王
的年月日當更難稽查。近年出版的最新先秦史曆表，僅有商代
《西元前1399——前1000年安陽可見日食表》而未及夏代，可
見其難度之大。然而閻氏對夏代每王日食發生的年月日都非常
清楚，難道清初的天文曆法科學比現代還要發達？[34]

楊氏說法是正確的，「仲康日食」的時間，現代天文學確實也難以推
算，清代更難考定，閻氏考證是錯的。

3 《古文尚書》的學術價值

照閻若璩考證，《古文尚書》是魏晉人作的偽書，那《古文尚書》
是否有學術價值，是否要廢除不讀？閻氏在《尚書古文疏證》中，並
沒有明確表明態度。是不是偽書和該不該讀，是兩個不同的問題。

贊同閻若璩說法，認定《古文尚書》是偽書的清代學者，碰到該
不該讀《古文尚書》，內心是矛盾、掙扎的。最明顯的例子，就是莊
存與，在面對這問題時，他的選擇是反對廢除。龔自珍在〈資政大夫
禮部侍郎武進莊公神道碑銘〉中說：

> 言官學臣則議上言於朝，重寫二十八篇於學官，頒賜天下，考
> 官命題，學僮諷書，偽書毋得與。將上矣，公以翰林學士，直
> 上書房，為師傅，聞之，忽然起，迢然思，鬱然歎，愀然而窹
> 謀。……自語曰：「辨古籍真偽，為術淺且近者也，且天下學
> 僮盡明之矣，魁碩當弗復言。古籍墜湮什之八，頗藉偽書存者
> 什之二，帝胄天孫，不能旁覽雜氏，惟賴幼習五經之簡，長以
> 通於治天下。昔者，〈大禹謨〉廢，『人心道心』之旨、『殺不

---

34 楊善群：〈辨偽學的歧途——評《尚書古文疏證》〉，《淮陽師範學院學報》（哲學社
會科學版）第27卷第3期（2005年5月），頁398。

辜寧失不經』之誡亡矣；〈太甲〉廢，『儉德永圖』之訓墜矣；
〈仲虺之誥〉廢，『謂人莫己若』之誡亡矣；〈說命〉廢，『股
肱良臣啟沃』之誼喪矣；〈旅獒〉廢，『不寶異物賤用物』之誡
亡矣；〈冏命〉廢，『左右前後皆正人』之美失矣。今數言幸而
存，皆聖人之真言，言尤疴癢關後世，宜貶須史之道，以授肄
業者。」公乃計其委曲，思自晦其學，欲以僭援古今之事勢。
退直上書房日，著書曰《尚書既見》如干卷，數數稱〈禹
謨〉、〈虺誥〉、〈伊訓〉，而晉代剟拾百一之罪，功罪且互見。
公是書頗為承學者詬病，而古文竟獲仍學官不廢。[35]

莊氏想到〈大禹謨〉、〈太甲〉、〈仲虺之誥〉、〈說命〉、〈旅獒〉、〈冏
命〉這些篇廢除的後果，甚至還寫了《尚書既見》，而《古文尚書》
因此不廢。莊氏之後，在清代，有幾次遇到該不該廢除《古文尚
書》，清代學者都選擇不廢，整個清代都沒廢除《古文尚書》。反而，
民國以後，近代、當代研究《尚書》的學者，不研究《古文尚書》，
只研究《今文尚書》，這可能是受疑古學派的影響。其實，《古文尚
書》中可能有「真古文」，還是值得重視。〔清〕沈彤說：

毛氏此書（家歆按：指《古文尚書冤詞》。）自謂懼《古文尚
書》將見廢而為之，然吾知其必不廢也。《古文尚書》非獨聚
斂傳記所采語，其中間亦必有真古文之殘編賸簡，如《隋志》
所載《尚書》逸篇之類者。故其尤善者，皆各有精言，以立一
篇之幹。[36]

---

35 〔清〕龔自珍：《定盫文集》卷上，《定盫全集》（臺北市：中華書局，1981年，《四
部備要》），第556冊，頁14-15。按：莊存與撰《尚書既見》三卷，有光緒八年陽湖
莊氏藏板。
36 〔清〕沈彤：《果堂集》（臺北市：臺灣商務印書館，1986年，《景印文淵閣四庫全
書》），第1328冊，卷8，頁344。

沈氏生當閻若璩論辯《古文尚書》真偽的時代，沈氏雖贊同閻若璩之說，但認為《古文尚書》必不廢，而且也指出了《古文尚書》的價值。後來學者只重《今文尚書》，廢《古文尚書》不讀，並非沈氏所能預料。

今人也有認為《古文尚書》不可廢棄，以為其思想對學術教化有影響。如：簡博賢舉出四證，一、二證「偽書有功道學」，三、四證「偽書有功治道教化」，此四證用來「論梅氏偽書未可輕廢」。[37]古國順在論「偽古文尚書之價值」時，舉出三點：一、其書多掇輯逸經成文，偽中有真，具有輯佚之價值。二、書中言心言性論學論政諸語，其旨不悖於倫理。三、以魏晉人傳註視之，亦足與何晏、杜預等書並存。[38]又《古文尚書》中，有不少格言和成語，常被引用。楊善群說：

> 古文《尚書》中的格言和成語，往往被後世引用，產生廣泛而深刻的影響。如〈胤征〉記夏代胤侯曰：「威克厥愛，允濟。」此言打仗，威嚴要勝過愛心，就能成功。春秋時吳公子光宣傳說：「吾聞之曰：作事，威克其愛，雖小必濟。」（《左傳》〈昭公二十三年〉）公子光所「聞」，即〈胤征〉之言。[39]

這些廣泛深刻的影響，就是《古文尚書》的學術價值。在《古文尚書》的流傳過程中，已經有無數人讀過《古文尚書》，深受《古文尚書》的影響。要瞭解中國傳統文化，在今日還是要研究《古文尚書》。

---

37 簡博賢：〈孔穎達尚書正義補正〉，劉德漢等著，《尚書論文集》（臺北市：黎明文化事業股份有限公司，1981年），頁134-135。

38 古國順：《清代尚書學》（臺北市：文史哲出版社，1981年），第三章「偽古文尚書之辨護」，第四節「偽古文尚書之價值」，頁117-120。

39 楊善群：〈論古文《尚書》的學術價值〉，《孔子研究》2004年第5期（2004年9月），頁32。

三　胤侯出征原因

(一)蘇軾新說及贊成者

　　胤侯征羲和的原因，〈胤征〉本文已經說的很清楚。經文「命掌六師」云云，說明是仲康命胤侯出征羲和。誓師之詞也說「承天子之命」，可見是仲康命胤侯出征的。征伐的理由，《史記》、〈書序〉都說是羲和酗酒，廢時亂日，[40]也說的很清楚。命胤侯出征的人、出征的原因，本來是沒有疑義的。

　　可是到了宋代，蘇軾卻有種新說法。他認為仲康未真正掌握政權，權力還是在后羿手中。羲和忠於夏，引起后羿不滿，所以后羿假借仲康之命，派胤侯征伐羲和。蘇軾說：

> 按《史記》及《春秋》傳，〔晉〕魏絳、〔吳〕伍員言帝太康、帝仲康、帝相、帝少康四世事甚詳。蓋羿既逐太康，太康崩，其弟仲康立，而羿為政。仲康崩，其子相立，相為羿所逐。羿為家眾所殺，寒浞代之。浞因羿室，生澆及豷。使澆伐滅二斟，且殺相。相之后曰緡，方娠而逃于有仍，以生少康。少康復逃于有虞，虞思邑之於綸。少康布德以收夏眾，夏之遺民靡收二斟之餘民以滅浞，而立少康。少康滅澆及豷，然後祀夏配天，不失舊物。以此考之，則太康失國之後，至少康祀夏之前，皆羿、浞專政僭位之年，如曹操之於漢，司馬仲達之於魏

40　《史記》〈夏本紀〉：「帝中康時，羲、和湎淫，廢時亂日。胤往征之，作〈胤征〉。」（〔漢〕司馬遷，〔南朝宋〕裴駰集解，〔唐〕司馬貞索隱，〔唐〕張守節正義：《新校本史記三家注并附編二種》（臺北市：鼎文書局，1978年），卷2，頁85）。〈書序〉：「羲和湎淫，廢時亂日，胤往征之，作〈胤征〉。」（〔漢〕孔安國傳，〔唐〕孔穎達疏，陸德明音義：《尚書注疏》（臺北市：臺灣商務印書館，1986年，《景印文淵閣四庫全書》），第54冊，卷6，頁150）。

也。胤征之事，蓋出於羿，非仲康所能專明矣。義和湎淫之臣
也，而貳於羿，蓋忠於夏也，如王淩、諸葛誕之叛晉，尉遲迥
之叛隋。故羿假仲康之命，以命胤侯而往征之。何以知其然
也？曰胤侯數義和之罪，至於殺無赦。然其實狀止於酗酒、不
知日食而已，此一法吏所辦耳，何至於六師取之乎？[41]

按：《史記》〈吳太伯世家〉：

> 伍子胥諫曰：「昔有過氏殺斟灌以伐斟尋，滅夏后帝相。帝相
> 之妃后緡方娠，逃於有仍而生少康。少康為有仍牧正。有過又
> 欲殺少康，少康奔有虞。有虞思夏德，於是妻之以二女而邑之
> 於綸，有田一成，有眾一旅。後遂收夏眾，撫其官職。使人誘
> 之，遂滅有過氏，復禹之績，祀夏配天，不失舊物。」[42]

此即「少康中興」。魏絳之言，見《左傳》〈襄公四年〉：

> （魏絳）對曰：「昔有夏之方衰也，后羿自鉏遷于窮石，因夏
> 民以代夏政。恃其射也，不脩民事，而淫于原獸，棄武羅、伯
> 因、熊髡、尨圉，而用寒浞。寒浞，伯明氏之讒子弟也，伯明
> 后寒棄之，夷羿收之，信而使之，以為己相。浞行媚于內，而
> 施賂于外，愚弄其民，而虞羿于田。樹之詐慝，以取其國家，
> 外內咸服。羿猶不悛，將歸自田，家眾殺而亨之，以食其子，
> 其子不忍食諸，死于窮門。靡奔有鬲氏。浞因羿室，生澆及

---

41 〔宋〕蘇軾：《書傳》（臺北市：臺灣商務印書館，1986年，《景印文淵閣四庫全
   書》），第54冊，卷6，頁536。

42 〔漢〕司馬遷，〔南朝宋〕裴駰集解，〔唐〕司馬貞索隱，〔唐〕張守節正義：《新校
   本史記三家注并附編二種》，卷31，〈吳太伯世家〉，頁1469。

殪，恃其讒慝詐偽，而不德于民，使澆用師，滅斟灌及斟尋氏。處澆于過，處豷于戈。靡自有鬲氏，收二國之燼，以滅浞而立少康。少康滅澆于過，后杼滅豷于戈，有窮由是遂亡，失人故也。」[43]

魏絳較少談到少康。伍員之言，見《左傳》〈哀公元年〉：

伍員曰：「不可，臣聞之：『樹德莫如滋，去疾莫如盡。』昔有過澆殺斟灌以伐斟鄩，滅夏后相，后緡方娠，逃出自竇，歸于有仍，生少康焉。為仍牧正，惄澆能戒之。澆使椒求之，逃奔有虞，為之庖正，以除其害。虞思於是妻之以二姚而邑諸綸，有田一成，有眾一旅。能布其德，而兆其謀，以收夏眾，撫其官職；使女艾諜澆，使季杼誘豷。遂滅過、戈，復禹之績。祀夏配天，不失舊物。」[44]

伍員談少康較詳細。蘇氏所謂《史記》、魏絳、伍員之言，就是上面所引文字。[45]蘇氏據此，認為仲康時，是「羿、浞專政僭位之年」，仲康無權派胤侯征羲和。蘇氏大概以為湎淫、廢時亂日罪不至於死，而且一法吏就能辦此事，不是出兵征伐的真正原因，只是個藉口，真正出兵原因是羲和忠於夏。此說一出之後，宋代學者有贊同者，有反對者。贊同東坡者，如：〔宋〕陳經說：

---

43 〔周〕左丘明傳，〔晉〕杜預注，〔唐〕孔穎達疏，陸德明音義：《春秋左傳注疏》（臺北市：臺灣商務印書館，1986年，《景印文淵閣四庫全書》），第144冊，卷29，頁17-18。

44 同上註，卷57，頁590-591。

45 按：蘇氏、伍氏說法與〈吳太伯世家〉對比，可以得知「虞思」後面，應該有「夏德」二字，是「有虞思夏德」，然後「妻之以二女而邑之於綸」。

胤侯即羿之黨，羲和乃夏之忠臣。……其所見甚高明，非常人
之所及，後之君子未敢以其說為正者，蓋其書已定于夫子之
手。[46]

又如：〔宋〕黃倫《尚書精義》引無垢（按：〔宋〕張九成，號無
垢。）之言：「東坡以事攷之，知羲和之為忠臣耳。誰知數千歲之冤
抑，至東坡而大明乎。」[47]這兩人都是贊同蘇氏看法。

　　林麗真將蘇軾《書傳》的疑古精神，分成：（一）對傳統經文不
可解處之懷疑。（二）對漢唐經說不合理處之批判。[48]在（一）的
（2）懷疑經義的不合理，〔例二〕中，林氏說：

蘇氏雖仍未識書序與偽古文之偽，然其能於無字句間讀書，疏
通經史之異，直指經書之不合理處，並曰「此是聖人之所不取
者。」則其立論之大膽、眼光之銳利，與夫能思能辨之精神，
實乃日後吳棫、朱熹、蔡沈漸疑偽書序甚或偽古文尚書之先
聲。[49]

林氏也贊同蘇氏說法，認為是「羿假仲康之命」，並讚許蘇氏疑古精
神。

（二）反對蘇軾說法者

　　反對蘇氏的人較多，有林之奇、蔡沈、史浩、金履祥等人，都認

46　〔宋〕陳經：《陳氏尚書詳解》（臺北市：臺灣商務印書館，1986年，《景印文淵閣
　　四庫全書》），第59冊，卷9，頁123。

47　〔宋〕黃倫：《尚書精義》（臺北市：臺灣商務印書館，1986年，《景印文淵閣四庫
　　全書》），第58冊，卷14，頁286。

48　林麗真：〈東坡書傳之疑古精神〉，《孔孟月刊》第21卷第3期（1982年11月），頁24。

49　同上註，頁27。

為應該是胤侯承王命出征。如：〔宋〕林之奇說：

> 羿雖廢太康而立仲康，然其篡也，乃在乎相之世。相，仲康之
> 子也。仲康不為羿所篡，至其子相，然後見篡於羿，是則仲康
> 之世，羿之強威卒不敢加無禮於其上。其所以不敢加無禮於其
> 上者，則仲康有以制之也。……仲康沈機先物，奮其獨斷，故
> 於即位之始，命嗣侯以掌六師。……羿之所以欲假借以為威
> 者，既為胤后所得，故羿雖有強悍之志，終仲康之世而不得逞
> 其不軌之謀也。義和之罪，雖主於廢時亂日，意其欲黨於后
> 羿，將與之同惡相濟，以共為不軌之謀，故胤后承王命以徂
> 征。[50]

他認為蘇氏說法是錯的，應該是后羿和義和同黨，所以仲康要命令胤
侯征伐義和。〔宋〕蔡沈贊同林之奇說，反對蘇氏之說，蔡沈並說：
「若果為篡羿之書，則亂臣賊子所為，孔子亦取之為後世法乎？」[51]
〔宋〕史浩也反對蘇氏之說，史氏說：

> 說者乃因《春秋傳》魏絳、伍員之言，推原其意，謂羿方專
> 政，義和實忠於夏，羿怨其背己，故使胤侯征之，非也。……
> 故復明言胤后承王命徂征，所以表仲康之能為君，政非專於羿
> 也。又以見胤侯之能承王命征，非出於羿也。[52]

---

50 〔宋〕林之奇：《尚書全解》（臺北市：臺灣商務印書館，1986年，《景印文淵閣四
　　庫全書》），第55冊，卷13，頁242-243。

51 〔宋〕蔡沈：《書經集傳》（臺北市：臺灣商務印書館，1986年，《景印文淵閣四
　　庫全書》），第58冊，卷2，頁42。

52 〔宋〕史浩：《尚書講義》（臺北市：臺灣商務印書館，1986年，《景印文淵閣四
　　庫全書》），第56冊，卷6，頁228。

〔宋〕金履祥有同樣看法，金氏說：

> 說者多稱羿廢太康而立仲康，失之矣。使羿廢太康而立仲康，仲康既立，使胤侯為司馬，兵柄有歸矣，而不討羿，是德羿也；不返太康，是紓兄也。不然權出於羿，是仲康為虛位，而胤侯為羿黨也。若是，則胤征之書，孔子奚取焉？且傳稱羿代夏政號帝夷，羿豈立仲康而為之臣者，其不然也明矣。仲康繼立於外，命胤侯掌六師，其規模舉錯，固已有大過人者，無幾何時，而使胤侯征羲和。羲和遐棄厥司，旅拒厥邑，蓋不共王職，而歸于有窮者，是以有徂征之師，有殲厥渠魁之命。然仲康迄不能移羲和之師而加之羿者，或者勢未可與，假之以年，安知其不能討羿？[53]

金氏認為仲康是繼立於外，不是羿立仲康，這和諸家說法不同，這是將羿和仲康切割開來。另外，〔清〕顧棟高評蘇軾說：「長公經學本膚淺，而又輕發議論，不深考本末，以羲和為忠於夏，是認賊作子也。」[54]也是反對蘇氏說法。

又有人認為，羲和廢時亂日的罪，已經可以去征伐，不需要和羿共謀不軌，才去征伐。如：〔宋〕夏僎說：「羲和之廢時亂日，仲康命胤侯征之。雖未必其與后羿共為不軌，六師征之，亦未為過。」[55]〔元〕鄒季友說：「考羲和之黨羿與否，亦未可知。然胤侯誓師之

---

53 〔宋〕金履祥：《資治通鑑前編》（臺北市：臺灣商務印書館，1986年，《景印文淵閣四庫全書》），第332冊，卷3，頁62。

54 〔清〕顧棟高：〈書蘇氏允征傳後〉，《尚書質疑》（臺北市：新文豐出版公司，1984年，《尚書類聚初集》），第8冊，頁332。

55 〔宋〕夏僎：《尚書詳解》（臺北市：臺灣商務印書館，1986年，《景印文淵閣四庫全書》），冊56，卷9，頁593。

辭，詳明嚴正，荒酒廢職，亦自當致討也。」⁵⁶兩人都認為廢時亂日，就是征伐理由。〔明〕王樵說：「羲氏、和氏世掌天地四時，至夏合為一官。其人蓋羿黨，其時尚未能正其誅。然即其荒酒廢職，亦當致討也。」⁵⁷王氏主張羲和是羿黨，但也認為荒酒廢職，就可致討。

還有一種說法，認為是羿命胤侯征伐羲和，不是假借仲康的命令。那胤侯征羲和，就和仲康無關了。〔宋〕錢時說：「胤往征也，實羿命之，非仲康之命也。」⁵⁸其理由在於：「孔子序書，獨曰：『胤征之』，不書王命，何哉？明非王命也。」⁵⁹錢氏信〈書序〉，不信《史記》之說。許兆昌也說：

> 今案胤受王命征羲、和之說，首先是由偽〈胤征〉提出的。《史記》和〈書序〉據前引文，都僅僅只是說胤征羲、和發生在帝仲康之世而已，並沒有說胤是受了某某王的命令才去征伐羲、和的。偽〈胤征〉之說，應是受了鄭玄《書序注》的影響。案鄭注云：「胤，臣名。」既然胤的身份僅只是一名臣子，其所作征討自然便需得到王的委命。⁶⁰

---

56 見〔清〕朱鶴齡：《尚書埤傳》（臺北市：臺灣商務印書館，1986年，《景印文淵閣四庫全書》），第66冊，卷7，頁815引。

57 〔明〕王樵：《尚書日記》（臺北市：臺灣商務印書館，1986年，《景印文淵閣四庫全書》），第64冊，卷6，頁385。

58 〔宋〕錢時：《融堂書解》（臺北市：臺灣商務印書館，1986年，《景印文淵閣四庫全書》），第59冊，卷4，頁507。

59 〔宋〕錢時：《融堂書解》，《景印文淵閣四庫全書》，第59冊，卷4，頁507。

60 許兆昌：〈胤征義和事實考〉，《吉林大學社會科學學報》2004年第2期（2004年3月），頁44。按：許氏論文中，「東晉時期，梅賾偽造孔安國《古文尚書傳》」，應該是「梅頤」，不是「梅賾」。「梅賾」是明代人。又按：網路上，「皂腳樹的BLOG」中，有篇文章〈「胤征義和」與夏初夷夏關係探析〉（網址：http://blog.sina.com.cn/s/blog_4c5110fc0100fqgl.html），發表於二〇〇九年十一月六日。該文分三部分：一、「胤征義和」事件背景分析。二、「胤征義和」事實辨析。三、「胤征義和」事件所折射出的夷夏關係。三部分中，一、二和許氏此文雷同，三談夷夏關係，和〈胤征〉無直接關係。

許氏認為太康失國之後，后羿實際上就統治夏王朝，是后羿命胤侯征討羲和。〔清〕張英則反對諸家之疑，張氏說：

> 後人因仲康為羿所立，或疑羲和為黨羿，而仲康翦其羽翼；或疑羲和貳於羿，羿特假天子之權而征之，於書皆未有明文。意當時羿因民弗忍，廢太康而立仲康，亦如霍光之廢昌邑立宣帝耳。此時篡奪未形，天子之大權未去，羲和有罪而征之，未見其黨羿，亦未見其貳於羿也。[61]

張氏之說，據〈胤征〉本文而言，說最妥當。〔清〕吳光耀也說：

> 羲和黨羿，經無明文，乃出後儒之說。為惡不同，烏知必黨羿？況經明言「胤侯命掌六師」，又曰：「胤后承王命徂征。」是兵在胤侯，命出天子，大權不在羿，羿烏能助之？[62]

吳氏所謂的「後儒之說」，應當就是指蘇軾。吳氏也反對蘇氏說法，認為經無明文。程元敏說：

> 蘇軾謂〈胤征〉〈書序〉「胤往征之，見征伐號令之出于胤」，同春秋之寓義褒貶，錢時從說，按序實據真〈胤征〉本經，蘇錢變亂史實，臆度胤侯矯命專征，謂序是孔子筆法，林之奇、夏僎已援古史籍以甄其失矣。[63]

---

61 〔清〕張英：《書經衷論》（臺北市：臺灣商務印書館，1986年，《景印文淵閣四庫全書》），第68冊，卷2，頁162。

62 〔清〕吳光耀：《古文尚書正辭》（臺北市：新文豐出版公司，1987年，《尚書類聚初集》），第6冊，卷11，頁499。

63 程元敏：《尚書學史》（臺北市：五南圖書出版公司，2008年），頁113。

蘇軾、錢時、林之奇、夏僎諸家之說，已見前。程氏亦反對蘇軾說
法，認為蘇氏「變亂史實」。

（三）胤侯征伐原因商榷

我的看法也是：應該以〈胤征〉本文為主，羲和失職，仲康命胤
侯征伐。至於，羲和究竟是否忠於夏，是和后羿同黨，或是和仲康同
黨，在〈胤征〉本文中完全沒有提到，也沒有其他文獻，可以證明誰
和誰同黨。同黨之說，是猜測之詞。

諸家或以為羲和失職，不至於出兵征討，這是以後世狀況去推測
古代狀況，並不妥當。在後代天文官失職，當然沒那麼嚴重，不至於
出兵征討。但在夏代時，應該極度重視農時、曆法，將曆法，尤其是
日食，視為國家大事。羲和沈湎於酒、怠忽職守，恐非一日，足以構
成征伐條件。另外，〈胤征〉記載羲和是「酒荒于厥邑」，羲和有封
地，不出兵征伐，無法「殺無赦」。

而且，夏代法律嚴酷。《國語》〈魯語〉：「仲尼曰：『丘聞之，昔
禹致群神於會稽之山，防風氏後至，禹殺而戮之，其骨節專車，此為
大矣。』」[64]防風氏只不過遲到，就被大禹殺戮。《尚書大傳》說：「夏
刑三千條。」[65]三千條分成：大辟兩百條、臏辟三百條、宮辟五百
條、劓刑一千條、墨刑一千條。[66]羲和所作所為，應該會引起征伐。

再說《史記》、〈書序〉都已經說的很清楚，確實是因為羲和廢時
亂日，出兵征伐。所以，最可靠的說法，還是應該解釋成為羲和失

---

64 〔吳〕韋昭注：《國語》（臺北市：臺灣商務印書館，1986年，《景印文淵閣四庫全
書》），第406冊，卷5，頁62。

65 〔唐〕長孫無忌等奉敕撰：《唐律疏義》（臺北市：臺灣商務印書館，1986年，《景
印文淵閣四庫全書》），第672冊，卷1，〈名例一〉，頁25。

66 見〔漢〕鄭玄注，〔唐〕賈公彥疏，陸德明音義：《周禮注疏》（臺北市：臺灣商務
印書館，1986年，《景印文淵閣四庫全書》），〈秋官〉〈司刑〉鄭注，第90冊，卷
35，頁645。

職，仲康命胤侯出征。

　　另外，還有個問題，常被忽略。《史記》、〈書序〉說是羲和酖酒，廢時亂日，事實上，除了失職之外，沈湎於酒，很可能也會引起征伐。如〔宋〕呂祖謙說：

> 　　說者多謂羲和一臣之失職，黜其爵可也，削其邑可也，何煩專行師征。不知羲和當時已遠棄厥司，保其所有之邑，負固而不服矣。古者人君務在導迪民性，酒尤亂德之源，故深禁之。如《周官》：「飲酒者殺。」如《書》〈酒誥〉一篇。[67]

酒能亂德，飲酒者會被殺。又如范開宏研究《尚書》〈酒誥〉，他說：

> 　　周公知道，戒酒僅靠說服教導是不行的，還必須輔以相關的行政手段與懲罰措施，才不至於使「剛制于酒」淪為空談，於是，周公又提出了對違令者的懲罰措施：「厥或誥曰：群飲，汝勿佚，盡執拘以歸于周，予其殺。……」周公十分明確地宣佈，對於違反禁酒令的人，所採取的措施：如果聚眾在一起飲酒，決不能放過他們，把他們全部逮捕送到我這裏，我要把他們全部殺掉。群飲者殺勿赦，戒酒令真可謂綱制（原誤。「綱」應作「剛」。）了。如此戒酒，何患不止。然而，周公並不是對飲酒者格殺勿論，他在戒酒令中特別指出，對於那些殷商舊臣和手工業勞動者過分飲酒，則用不著殺他們，但要對他們進行必要的教育。[68]

67　〔宋〕呂祖謙撰，時瀾增修：《增修東萊書說》（臺北市：臺灣商務印書館，1986年，《景印文淵閣四庫全書》），第57冊，卷6，頁206-207。

68　范開宏：〈《尚書》中的戒酒令——《酒誥》〉，〈卷海鈎沉〉，《圖書館建設》2002年第3期（2002年5月），頁106-107。

〈酒誥〉在《今文尚書》中,是周公以成王命告訴康叔。在〈酒誥〉中,周公明白的說:要「予其殺」,[69]可見在周代的時候,群聚飲酒是大罪,會引起殺身之禍。周公特別重視飲酒問題,應該是來自他的睿智和歷史經驗,〈酒誥〉中說:「天降威,我民用大亂喪德,亦罔非酒惟行。越小大邦用喪,亦罔非酒惟辜。」[70]在〈微子〉篇中微子說:「我用沉酗于酒,用亂敗厥德于下。」、「天毒降災荒殷邦,方興沈酗于酒。」[71]在〈無逸〉篇中周公說:「無若殷王受之迷亂,酗于酒德哉!」[72]可見飲酒會大亂喪德,甚至使國家滅亡,有非常嚴重後果,一定要限制飲酒,不准常飲酒,甚至不惜用嚴刑峻法。當然,我們不能百分之百肯定在夏代,喝酒也是重罪,但由周代情況看來,很有可能。

四 「乃季秋月朔」隱藏的問題

(一)日食在朔

就〈胤征〉本文來看,仲康日食是發生在「季秋月朔」。原文是:「乃季秋月朔,辰弗集于房,瞽奏鼓,嗇夫馳,庶人走。」[73]季秋是九月;朔是初一。「朔」字頗值得注意,由這個字可見夏代已經知道日食固定在朔日(農曆初一)發生。

---

69 〔漢〕孔安國傳,〔唐〕孔穎達疏,陸德明音義:《尚書注疏》,《景印文淵閣四庫全書》,第54冊,卷13,頁301。

70 同上註,頁295。

71 同上註,卷9,頁210。

72 同上註,卷15,頁344。

73 同上註,卷6,頁152。按:《左傳》〈昭公十七年〉,魯太史引文作:「〈夏書〉曰:『辰不集于房,瞽奏鼓,嗇夫馳,庶人走。』」。(〔周〕左丘明傳,〔晉〕杜預注,〔唐〕孔穎達疏,陸德明音義:《春秋左傳注疏》,《景印文淵閣四庫全書》,第144冊,卷48,頁404。)

　　日食為何只發生在朔日呢？從現代天文學知識，我們知道在太陽系中太陽只會自轉，約三十天轉一圈。地球、月亮會自轉，也會公轉。地球二十四小時自轉一圈，又會以橢圓軌道繞著太陽公轉（黃道），約三百六十五天轉一圈，大約每天轉一度。月亮約二十九天自轉一圈，又會以橢圓型軌道繞著地球公轉（白道），約二十九天轉一圈，大約每天轉十三度多。月亮自轉和公轉相同，都是約二十九天轉一圈。

　　農曆十五日，月亮是滿月，然後就以每天約十三度的速度，繼續公轉。等到公轉一百八十度時，也就是農曆初一（朔），月亮就轉到地球前面，變成太陽、月亮、地球的情況。

　　日食一定在農曆初一發生，一年有十二個月，有十二個農曆初一（如果有閏月，就有十三個農曆初一），但並不是一年會有十二次或十三次日食，主要原因是月亮的公轉有個五度夾角。遇到朔日時，雖然月亮在地球前面，但可能太陽、月亮、地球並沒有成一直線。這時雖然太陽照射月亮，月亮會有影子，但月亮的影子就會進入太空，不會落在地球上。必須要等到太陽、月亮、地球成一直線，月亮在太陽、地球中間，月亮遮住太陽，月亮影子落到地球上，才會發生日食。一年最多只有五次日食。以上就是日食在朔的原因。

　　「朔」字的意思，據孔穎達《尚書正義》：「朔者，蘇也。言月死而更蘇也。」[74]孔氏解釋是正確的。但甲骨文和金文都沒「朔」字，有人認為夏代沒有「朔」字的概念。〔日〕成家徹郎說：

> 然而從「朔」字的構成上看，這些含義（譬如「起始」或「不見月」等）都無從得出。遺憾的是甲骨文和西周金文中都不見

74　〔漢〕孔安國傳，〔唐〕孔穎達疏，陸德明音義：《尚書注疏》，《景印文淵閣四庫全書》，第54冊，卷6，頁153。

「朔」字。[75]

吳守賢〈夏代仲康日食記載再讀〉說：

> 經文中與日食有關的另一個「朔」字又具有不確定性，原因是
> 古文字學的研究認為夏代尚沒有「朔」字的概念。[76]

甲骨文和西周金文的字數有限，未必是當時所有的字，其中沒有
「朔」字，未必夏代就沒有「朔」字。吳氏未具體說出出處，無從查
證。當然還有一個可能，「季秋月朔」的「朔」字，是有了日食在朔
觀念後，後人補記的。

(二) 干支記日

　　古人在記載日食時，會有「朔」字、有干支。可是〈胤征〉記載
這次日食時，只說「季秋月朔」，並沒有用干支記日。為何不記干支
呢？其中一個理由，是發生在「既朔」，但「既朔」日食的可能性很
低。[77]還有個原因，就是夏代當時還沒有干支記日。

　　以《春秋經》為例。《春秋經》記載日食，一定會有干支。《春秋
經》所載，共有三十七次日食，[78]其中三十四次日食都有干支，只有

---

75 〔日〕成家徹郎著，許宏譯：〈「朔」字探源〉，《平頂山師專學報》（社會科學版）
　　第11卷第3期（1996年9月），頁7。

76 吳守賢：〈夏代仲康日食記載再讀〉，《自然科學史研究》第17卷第3期（1998年7
　　月），頁251。

77 陳遵媯認為「寫朔而不寫干支的日食，應當發生在既朔，如「桓公十七年冬十月
　　朔，日有食之」」（陳遵媯：《中國天文學史》，頁32，註③（2））。按：「既朔」日
　　食極為少見，實際上是曆法錯誤。

78 哀公十四年五月庚申朔，最後這次日食，只有《左傳》記載，《公羊傳》、《穀梁
　　傳》均未記載。如此次日食列入計算，《春秋經》共記載三十七次日食；如此次日
　　食不計算，《春秋經》只記載三十六次日食。

三次例外：桓公十七年冬十月朔，日有食之。《左傳》：「不書日，官失之也。天子有日官，諸侯有日御。」[79]；莊公十八年春王三月，日有食之。杜預注：「無傳。不書日，官失之。天子有日官。」[80]；僖公十五年夏五月，日有食之。《左傳》：「不書朔與日，官失之也。」[81]，這三年日食，沒有記干支。

這三次日食，只有桓公十七年冬十月朔日食，和本文討論的問題有關。此次日食，《穀梁傳》認為是食在「既朔」。[82]所謂「既朔」，是指農曆初二。春秋三十七次日食中，只有這一次「言朔不言日」的「既朔」日食。

上節已經指出日食發生在朔日（初一），「既朔」日食是因為古代曆法粗疏，不夠精確，誤以為是在初二發生日食，實際上，還是發生在朔日。這種曆法錯誤，通常是先日食一天，在晦日（三十）日食。至於曆法上後一日的「既朔」日食，極為罕見。到了宋代以後，曆法更為精細，晦日日食、「既朔」日食，都消失了。

《左傳》說是「官失之」，應該可信。[83]「官失之」的原因，是因

---

79 〔周〕左丘明傳，〔晉〕杜預注，〔唐〕孔穎達疏，陸德明音義：《春秋左傳注疏》，《景印文淵閣四庫全書》，第143冊，卷6，頁166。按：此次日食，不書干支。

80 同上註，卷8，頁201。《穀梁傳》〈莊公十八年〉：「不言日，不言朔，夜食也。」（〔晉〕范甯集解，〔唐〕楊士勛疏：《春秋穀梁傳注疏》（臺北市：臺灣商務印書館，1986年，《景印文淵閣四庫全書》），卷5，頁620）。按：此次日食，不書朔，不書干支。

81 〔晉〕范甯集解，〔唐〕楊士勛疏：《春秋穀梁傳注疏》，《景印文淵閣四庫全書》，第143冊，卷13，頁289。〔晉〕范甯集解：「夜食。」（〔晉〕范甯集解，〔唐〕楊士勛疏：《春秋穀梁傳注疏》，《景印文淵閣四庫全書》，第145冊，卷8，頁668）。按：此次日食，不書朔，不書干支。

82 《穀梁傳》〈桓公十七年〉：「冬十月朔，日有食之。言朔，不言日，食既朔也。」范甯集解：「既，盡也。盡朔一日，至明日乃食，是月二日食也。」（〔晉〕范甯集解，〔唐〕楊士勛疏：《春秋穀梁傳注疏》，《景印文淵閣四庫全書》，第145冊，卷4，頁598）。

83 何幼琦認為並不是「官失之」，而是有闕文。早期的簡策字迹殘損，後人未補正闕

為照魯國曆法，日食發生在初二，不是初一。史官知道日食應該在初
一，魯國曆法的初二是錯誤的，所以只寫朔，不寫日干支。

除了《春秋經》外，《詩經》日食也有干支。如《詩經》〈小雅〉
〈十月之交〉：「十月之交，朔月辛卯。日有食之，亦孔之醜。」[84]這
次日食發生在周幽王六年十月初一（西元前776年）。[85]這次日食記
載，也有干支。

從上面所舉例子看來，記載日食時，有固定格式：年＋月＋日干
支＋朔。可是〈胤征〉記載這次日食時，只說「季秋月朔」，並沒有
干支。為何沒干支呢？道理很簡單，因為夏代時並沒有干支記日，干
支記日是到了商代才有的，甲骨文裡就有干支表。[86]陳遵媯說：

> 在夏代帝王的世系中，有以日干做其名號者，如果可靠，這是
> 歷史上最初出現十二辰之名，說明在四千年前的夏代，可能已
> 有干支。[87]

陳氏用「如果」、「可能」等詞，只是推測，並不是定論。李學勤也認
為夏代有些君王是用天干命名，李氏說：

> 商朝的王大都是用天干命名的，其中有許多太、仲、少之稱，
> 如太丁、太甲、太庚、太戊，中壬、中丁，小甲、小辛、小乙

文，將上下文連寫，看不出奪失的痕迹。（何幼琦：〈《春秋》「日食」研究的新發
現〉，《管子學刊》1990年第3期（1990年10月），頁84）。

84 《元史》〈曆志二〉〈授時曆議下〉「《詩》、《書》所載日食二事」，「朔月辛卯」作
「朔日辛卯」。（〔明〕宋濂等撰：《新校本元史并附編二種》（臺北市：鼎文書局，
1977年），卷53，頁1154）。按：〈授時曆議〉，〔元〕李謙撰。

85 〔明〕宋濂等撰：《新校本元史并附編二種》，卷53，頁1154。

86 不著撰人：《中國天文史話》（臺北市：明文書局，1985年再版），頁10。

87 陳遵媯：《中國天文學史》，第1冊，頁186。

等等。這些在甲骨文裡都有記載，大等於太，中即仲，小就是少。在甲骨文裏，「康」就是「庚」，因此，太康、仲康、少康，實際上就是太庚、仲庚、少庚。夏王的世系中還有孔甲、胤甲、履癸（桀），也是用天干命名的。這種命名法不是造假的人能夠想像得出來的。周代的人已經不懂得這種名號是怎麼起的，怎麼用的，是什麼意思。[88]

這種說法只能證明夏朝有天干，不一定有地支，也不能證明夏朝已經用干支記日了。用天干命名和用干支記日，是不同的事。用天干命名比較容易，但要天干配合地支，發展出干支來記日，這就困難多了。就目前資料看來，大概要到商代才有干支記日，夏代應該還沒有干支記日。劉君燦說：

> 商代的曆法由甲骨卜辭中大約可見，……而最大的成就就是發明「天干地支」計日計年法，當然當時比較重視天干，帝王有以天干命名的，而十干的三旬記日法也流傳到今天。[89]

顯然在夏代還沒有干支記日法，從這裡可以看出「季秋月朔」，是夏代當時看到日食人的真實記載，不是後人偽造的。如果是偽造的文字，應該會加上干支，干支記日是後人的習慣，這種習慣不是輕易可以改變的。

另外，「季秋」二字，某些學者認為和《呂氏春秋》記載相似。如：李志超就說：

---

88 李學勤：〈夏商周與山東〉，《煙臺大學學報》（哲學社會科學版）第15卷第3期（2002年7月），頁333。
89 劉君燦：〈「曆法的起源和先秦四分曆」導介〉，《中國天文學新探》（臺北市：明文書局，1988年），頁132。

順便說，《尚書》〈胤征〉：「乃季秋月朔辰弗集于房」，與《呂
氏春秋》：「季秋之月，日在房」比較，二文太過相似。如果以
「季秋」為命月之詞只出于春秋中後期，且此月當呂氏之時而
日在房，則《尚書》〈胤征〉之文何可信耶？其文之「辰」只
能是引用《左傳》「日月之會」之義，「弗」字或為錯訛，或有
別解，抑或指義和失職，誤報為「弗集」，其「乃」字語氣也
合適作此解。[90]

李氏所引出自《呂氏春秋》〈季秋紀〉，《禮記》〈月令〉也出現同樣文
字。上文所舉《史記》〈夏本紀〉、〈書序〉，已證明原本《尚書》中確
實有〈胤征〉。那麼「二文太過相似」，也可能是《呂氏春秋》模仿
〈胤征〉，不一定是〈胤征〉襲用《呂氏春秋》。

五　夏禮、周禮異同

《左傳》〈昭公十七年〉「夏六月甲戌朔」日食，[91]祝史請所用
幣，昭子認為用幣、伐鼓救日，是合乎禮。可是平子反對，平子認為

---

90 李志超：〈歲時概念的早期演進〉初稿，《中華科技史同好會會刊》第1卷第2期
　（2000年7月），頁8。按：此處所引李氏文字，和初稿略有不同，李氏已修正初稿
　文字。

91 這次日食應該是在九月甲戌，不是六月甲戌。《元史》〈曆志二〉〈授時曆議下〉「春
　秋日食三十七事」：「姜氏云：『六月乙巳朔，交分不叶，不應食，當誤。』大衍
　云：『當在九月朔，六月不應食，姜氏是也。』今曆推之，是歲九月甲戌朔，加時
　在晝，交分二十六日七千六百五十分入食限。」（〔明〕宋濂等撰：《新校本元史并
　附編二種》，卷53，頁1159）。按：姜氏，〔晉〕姜岌，造《三紀甲子元曆》，校春秋
　日食。大衍，〔唐〕一行《大衍曆》。今曆，元·郭守敬《授時曆》。王化鈺說：「六
　月乃九月之誤。」（王化鈺：〈《春秋經》、《傳》日月食考〉，《吉林大學社會科學學
　報》1988年第2期（1988年3月），頁97）。說法相同。又：何幼琦認為這次日食是劉
　歆偽造的（何幼琦：〈「仲康日食」辨偽〉，《殷都學刊》，2001年第1期（2001年3
　月），頁46），但何氏並未說明劉歆偽造日食的動機與目的。

只有在正月（一月）日食才要伐鼓、用幣，其他月日食，不必救日。太史指出周的六月，是夏的四月，是正陽之月，也是正月，應該要救日。平子還是不肯救日。

太史在談救日之禮時，曾經說：「故〈夏書〉曰：『辰不集于房，瞽奏鼓，嗇夫馳，庶人走。』」這段文字，見於《古文尚書》〈胤征〉篇。〈胤征〉篇中，在這段文字前面，還有「乃季秋月朔」五個字。也就是說，〈胤征〉篇記載的仲康日食，發生在九月，是在九月日食救日。

因此，就有了爭議。爭議重點在於周禮和夏禮是否相同，周禮救日是在六月（夏四月、建巳之月），夏禮是只在四月救日，還是每個月日食，都可以救日。

這問題，牽涉到〈胤征〉篇的真偽。如果夏禮和周禮相同，只能在建巳之月（周六月、夏四月）救日，那〈胤征〉九月救日，時間就不對了，〈胤征〉可能是偽作。而如果夏禮和周禮不同，夏禮每月都可以救日，那〈胤征〉可能就是真書。下文將陸續討論這些問題。

（一）閻若璩、毛奇齡的看法

夏禮、周禮是否相同？夏代、周代都只在正月擊鼓救日，還是夏代只要有日食，就可以擊鼓救日？各家有不同看法。閻若璩說：

> 夫太史首言此禮在周之六月，繼即引〈夏書〉以證夏禮，亦即在周之六月朔。周之六月是為夏之四月，可謂反覆明切矣。此非二代同禮之一大驗乎？而偽作古文者畧知歷法，當仲康即位初，有九月日食之事，遂於〈胤征〉篇撰之曰：「乃季秋月朔，辰弗集於房，瞽奏鼓，嗇夫馳，庶人走。」不知瞽奏鼓等禮，夏家正未嘗用之於九月也。是徒知歷法而未知夏之典禮也。或又有曲為之說者，曰：「夏質周文，故禮亦異。」不知

三代典禮有從異者，亦有從同者；有當革者，亦有當沿者，此
正沿而同之禮也。[92]

劉善哉引《論語》，證明夏禮和周禮的異同。劉氏說：

閻若璩可算是千古絕有的武斷之夫。亦可謂之食而不化之人。
《論語》記有：「子曰夏禮吾能言之，杞不足徵也，殷禮吾能
言之，宋不足徵也，文獻不足故也，足則吾能徵知（原誤。
「知」應作「之」）。」又子曰：「殷因於夏禮，所損益，可知
也，周因於殷禮，所損益，可知也」。孔子生於周，《論語》出
其門人之手，是最正確的言論記載，從孔子對三代之禮的說法
中，即知夏與周二代之禮，是各有不同處，閻君用周禮來決定
夏禮的看法，則是不必有實證的武斷，這點已暴露其喪失其考
證的價值了。[93]

劉氏所引見〈八佾〉、〈為政〉。可見孔子之時，有關夏禮的文獻，已
經不足，夏禮不可考。而且，孔子既然分開講夏禮、殷禮，可見兩代
之禮，應有不同。夏禮、殷禮已不同，夏禮、周禮也應不同。閻氏離
孔子兩千多年，為何那麼肯定夏禮和周禮相同，有何證據？為何九月
日食，就不能「瞽奏鼓，嗇夫馳，庶人走」？一定是「沿而同」，不
是「革而異」呢？

關於《左傳》〈昭公十七年〉太史之言，毛奇齡有不同看法，在
毛氏《古文尚書冤詞》中說：

---

92 〔清〕閻若璩，閻詠輯：《尚書古文疏證》，《景印文淵閣四庫全書》，第66冊，卷
1，第8，頁146-147。
93 劉善哉：〈閻若璩疏證攻擊胤征的評議〉，《學園》第6卷第3期（1970年11月），頁16。

此夏、周異禮，而太史解說之詞也。夏禮日食每月皆鼓幣，而
周禮唯正月鼓幣，餘月則否。正月者，夏之四月也。四月方立
夏，陽氣正盛，日過春分而猶未至夏至，名為正月。此月有災，
則陽大弱矣。故唯此月日食則奏鼓用幣，而他月則否。……
按：〔隋〕顧彪云：「夏禮異于周禮。」而〈正義〉亦云：「先
代尚質，用幣無等。周禮極文，故有用不用之別。」[94]

毛氏以為夏禮日食每月皆鼓幣。戴君仁認為毛氏「常造臆說，以資辨
論」，並舉出幾個例子，其中一個例子就是「臆造夏禮日食每月皆鼓
幣之說」。[95]事實上，這並非毛氏所臆造，在毛氏之前，已經有學者提
出過這種說法。

（二）夏禮、周禮不同

歷代學者主張夏禮、周禮不同的比較多，如孔穎達、蘇軾、葉夢
得、蔡沈等人。分別述諸家之說於下：孔穎達說：

彼季秋日食，亦以此禮救之。傳言：唯正月朔日食，乃有伐鼓
用幣，餘月則否。引〈夏書〉而與〈夏書〉違者，蓋先代尚
質，凡有日食，皆用鼓幣。周禮極文，周家禮法，見事有差
降，唯正陽之月，特用鼓幣，餘月則否。[96]

又如：〔宋〕蘇軾說：

---

94 〔清〕毛奇齡：《古文尚書冤詞》（臺北市：臺灣商務印書館，1986年，《景印文淵
閣四庫全書》），第66冊，卷5，頁588。

95 戴君仁：《古文尚書冤詞再平議》，《東海學報》第2卷第1期（1960年6月），頁10。

96 〔周〕左丘明傳，〔晉〕杜預注，〔唐〕孔穎達疏，陸德明音義：《春秋左傳注疏》，
《景印文淵閣四庫全書》，第144冊，卷48，〈昭公十七年〉，頁404。

古有伐鼓用幣救日之事。《春秋》傳曰:「惟正陽之月則然,餘
否。」今季秋而行此禮,蓋夏禮與周異。[97]

蘇軾認為夏禮和周禮不同,夏代可以九月擊鼓救日。〔宋〕葉夢得說:

> 然魯人以為必正月之月舉之者,亦非是。《書》曰:「乃季秋月
> 朔,辰弗集于房,瞽奏鼓,嗇夫馳,庶人走。」則古者雖季秋
> 食亦鼓矣,何必正月。《春秋》于他月未有書者,而獨兩書之
> 于六月,正以見誤拘正月,而不及其餘,一失也。[98]

葉氏也認為夏禮應該是每月日食皆鼓,不一定要正月。夏禮和周禮不
同,周禮只在六月或九月日食伐鼓,在《春秋經》中,就有幾個例子,
比如:莊公二十五年六月日食,《春秋經》:「六月辛未朔,日有食之,
鼓、用牲于社。」《左傳》:「夏六月辛未朔,日有食之,鼓、用牲于
社。非常也。」杜預注:「非常鼓之月。長歷推此辛未為七月之朔,
由置閏失所,故致月錯。不應置閏而置閏,誤使七月為六月也。」[99]
這次擊鼓,《左傳》、杜預注都還有解釋。莊公三十年九月日食,《春
秋經》也記載「九月庚午朔,日又食之,鼓、用牲于社」,[100]這次就
無「傳」了,沒有任何解釋。文公十五年六月日食,《春秋經》:「六
月辛丑朔,日有食之,鼓、用牲于社。」[101]《左傳》:「六月辛未朔,

---

97 〔宋〕蘇軾:《書傳》,《景印文淵閣四庫全書》,第54冊,卷6,頁537。按:蔡沈說
   法與蘇軾相同。見蔡沈:《書經集傳》,《景印文淵閣四庫全書》,第58冊,卷2,頁43。
98 〔宋〕葉夢得:《春秋考》(臺北市:臺灣商務印書館,1986年,《景印文淵閣四庫
   全書》),第149冊,卷11,頁411。
99 〔周〕左丘明傳,〔晉〕杜預注,〔唐〕孔穎達疏,陸德明音義:《春秋左傳注
   疏》,《景印文淵閣四庫全書》,第143冊,卷9,頁219-220。
100 同上註,卷9,頁228。
101 同上註,卷19,頁429。

日有食之，鼓、用牲于社，非禮也。日有食之，天子不舉，伐鼓于社；諸侯用幣于社，伐鼓于朝。」[102]錢穆說：

> 惟春秋日食三十六，而記載鼓用牲於社者僅三次。（一次在莊公三十年九月，兩次如上舉。）則似乎伐鼓用牲，確是非常之事，並不每逢日食，即照例舉行。……而且春秋所載三次伐鼓用牲，兩次在六月，一次在九月。另有幾次在六月日食而亦並不見伐鼓用牲者，即左氏亦不譏其為失禮。（宣十七、成十六、昭十五、又十七，均六月日食，除昭十七年外，均無傳。）[103]

所謂「僅三次」，是指莊公二十五年六月、莊公三十年九月、文公十五年六月，可見不只六月，九月也可擊鼓、用牲。春秋六月日食共六次，只有兩次擊鼓、用牲，其餘四次並沒有儀式，不是所有六月日食都要救日。

（三）夏禮、周禮異同商榷

閻氏先認定夏禮、周禮同在正月（正陽之月，夏四月，周六月）救日，然後據此，說夏代九月日食不當救日。再以〈胤征〉「乃季秋月朔」為錯誤，是作古文人偽造的，因而論定〈胤征〉為偽。

閻氏說「偽作古文者略知歷法」（第八條），認為〈胤征〉九月日食，是偽作古文者推算出來的，不合夏、周禮制，應該改為四月。到第八十一條，閻氏自謂通歷法了，先是推算出仲康初年，是五月丁亥朔日食；又推算出仲康四年九月壬辰朔日食。但兩次日食時間，都和〈胤征〉記載不合。閻氏說：

---

102 〔周〕左丘明傳，〔晉〕杜預注，〔唐〕孔穎達疏，陸德明音義：《春秋左傳注疏》，《景印文淵閣四庫全書》，第143冊，卷19，頁433。

103 錢穆：〈周官著作時代考〉，《兩漢經學今古文平議》（香港：新亞研究所，1958年），「第九 論救日食月食」，頁323。

仲康始即位之歲，乃五月丁亥朔日食，非季秋月朔也。食在東
井，非房宿也。在位十三年中，惟四年九月壬辰朔，日有食之。
卻又與經文「肇位四海」不合。且食在氐末度，亦非房宿也。[104]

最後說「瞽奏鼓等禮的在十一年閏四月朔無疑矣」。[105]這有個問題，
如果是仲康十一年閏四月朔日食，那和經文「肇位四海」也不合。而
且，為何仲康即位時，不派胤侯出征羲和，要在十一年才出征。閻氏
沒談這個問題。閻氏又說：「偽作古文者苟知此，將『肇位四海』易
作『即位十一年』，『季秋月朔』易作『閏四月朔』，既合曆法，又協
典禮。」[106]這是閻氏最後結論。

　　如果前提是夏、周異禮，那〈胤征〉記載的九月日食擊鼓救日，
根本是對的，並沒有錯，不需要更改。閻氏堅持要以尚未證明的前提
（夏周同禮），來做推論，不得不改易出征時間、日食時間，是有邏
輯上的問題。

　　如果說〈胤征〉是偽作，那作〈胤征〉者，用「辰弗集于房，瞽
奏鼓，嗇夫馳」這幾個字，應該就是採自《左傳》〈昭公十七年〉太
史之言，也就是說作〈胤征〉者看過這段《左傳》文字，知道正月
（夏四月，周六月）日食要救日。那偽作的人為何不直接說四月「辰
弗集于房」，豈不是更讓人相信，不會露出破綻，何必說九月「辰
弗集于房」。〔清〕張崇蘭說：「此文若係偽作，必因於《左傳》。既因於

104 〔清〕閻若璩，閻詠輯：《尚書古文疏證》，《景印文淵閣四庫全書》，第66冊，卷6
　　上，第81，頁308。

105 〔清〕閻若璩，閻詠輯：《尚書古文疏證》，《景印文淵閣四庫全書》，第66冊，卷6
　　上，第81，頁310。按：在前文「閻若璩曆法推算的錯誤——以「仲康日食」為
　　例」中，已討論過仲康日食。

106 〔清〕閻若璩，閻詠輯：《尚書古文疏證》，《景印文淵閣四庫全書》，第66冊，卷6
　　上，第81，頁310。

《左傳》，豈不知係之建巳之月，而肯故與之違乎？」[107]即此義。作《古文尚書》者不說四月日食，而說九月日食，也可見此次日食是真，確實有九月日食。胡秋原說：

> 至於《左傳》引〈夏書〉作四月，乃因「瞽奏鼓」之禮在周代用於四月。蔡沈《書傳》云，「夏禮與周禮異也。」閻氏反謂「偽作古文者」「未知夏之典禮。」閻氏果以為「偽作者」竟未見《左傳》乎？胤征所記月份與《左傳》異，正見其不偽。[108]

胡氏認為「偽作者」應該見過《左傳》。陳遵嬀說：

> 如果〈胤征〉篇是偽作，當然是採自《左傳》，我們實在想不出有什麼理由使偽作者特意把「孟夏」改為「季秋」。……反不如直接採用《左傳》記為「孟夏月朔」比較簡單，而且的確沒有什麼足以非難之處。一望而知它和其他標準書籍不一致，這也許可以作為它不是偽作的一個證據。[109]

張氏、胡氏、陳氏都認為作古文者，看過《左傳》。其實，閻若璩也認為「偽作者」見過《左傳》，從《左傳》抄襲太史引〈夏書〉這段文字，但閻氏並未解釋為何「偽作者」要改成九月。

還有個可能，作古文者用九月，是根據《竹書紀年》。《竹書紀年》在晉武帝太康二年（西元281年）出土，如果作古文者是西晉人，可能看過《竹書紀年》。《竹書紀年》記載：「帝仲康……五年秋

---

107 見〔清〕洪良品：《古文尚書辨惑》（臺北市：新文豐出版公司，1984年，《尚書類聚初集》），第7冊，卷10，頁634-635引。

108 胡秋原：〈書經日食與中國歷史文化之天文學性——論閻若璩之虛妄與李約瑟中國科學史天文篇〉，《中華雜誌》第8卷1月號（總第78號）（1970年1月），頁34。

109 陳遵嬀：《中國天文學史》，冊3，頁11，註②。

九月庚戌朔，日有食之，命胤侯帥師征羲和。」[110]所以〔清〕惠棟
說：「棟按：梅賾據汲冢書，故不用左氏四月之說。」[111]但是，如果
梅頤或作古文者，是根據《竹書紀年》，所以用九月，那為何只有月
份，沒有日「干支」？不寫出「庚戌」二字？〔清〕洪良品說：「惠
氏謂梅賾據汲塚書，自是臆決之詞。」[112]洪氏說法很有道理。而且，
如果作古文者是根據《竹書紀年》，為何寫「仲康肇位四海」，不寫
「仲康五年」？由不寫「庚戌」、「仲康五年」，這兩點來看，用九月
應該和《竹書紀年》無關。

　　夏、周同禮或異禮，問題的根源是在《左傳》〈昭公十七年〉平
子與太史的對話。仔細看這段話，其中並未提到夏、周同禮或異禮，
也沒提到「辰不集于房」的時間。先錄這段對話如下，再做討論：

> 夏六月甲戌朔，日有食之。祝史請所用幣。昭子曰：「日有食
> 之，天子不舉，伐鼓於社，諸侯用幣於社，伐鼓於朝，禮
> 也。」平子禦之，曰：「止也。唯正月朔，慝未作，日有食
> 之，於是乎有伐鼓、用幣，禮也。其餘則否。」大史曰：「在
> 此月也。日過分而未至，三辰有災，於是乎百官降物，君不
> 舉，辟移時；樂奏鼓，祝用幣，史用辭。故〈夏書〉曰：『辰
> 不集于房，瞽奏鼓，嗇夫馳，庶人走』，此月朔之謂也。當夏
> 四月，是謂孟夏。」平子弗從，昭子退曰：「夫子將有異志，
> 不君君矣。」[113]

110 〔梁〕沈約注：《竹書紀年》（臺北市：臺灣商務印書館，1986年，《景印文淵閣四
　　庫全書》），第303冊，卷上，頁9。
111 〔清〕惠棟：《古文尚書考》，〔清〕阮元編刊，民國・王進祥重編：《重編本皇清經
　　解》（臺北市：漢京文化事業有限公司，未印出版時間），第5冊，卷352，頁3075。
112 〔清〕洪良品：《古文尚書辨惑》，《尚書類聚初集》，第7冊，卷10，頁635。
113 〔周〕左丘明傳，〔晉〕杜預注，〔唐〕孔穎達疏，陸德明音義：《春秋左傳注
　　疏》，《景印文淵閣四庫全書》，第144冊，卷48，頁403-405。

這段文字中，只提到「正月」要救日。平子以為「正月」是一月，太史解釋「正月」是指正陽之月，就是夏四月、周六月，並引〈夏書〉證明日食要救日及救日方法。張猛在談《詩經》〈小雅〉〈正月〉中「正月」的訓詁問題時，說：

> （俞樾）「所引《夏書》『辰不集于房』數語，亦無以明其在四月也。」《左傳》裡討論的是「日有食之」的問題，所以太史引《夏書》「辰不集于房」（杜預注：「日月不安其舍則食」），目的是說明遇到日食這類特殊天象就應有所行動以禳之，並不是為了說明時間問題。俞樾的看法似乎沒有對上題。[114]

讀了張氏這段話，再回頭來看《左傳》〈昭公十七年〉平子與太史的對話。太史只有在結尾說了句「當夏四月，是謂孟夏」，其他語句沒提到夏代日食的時間，太史重點顯然並不在時間。至於夏、周同禮或異禮，更是完全沒提到。

閻若璩誤以為太史說「辰不集于房」在夏代四月。細看太史的話，並沒有提到「辰不集于房」月份。而且，〈胤征〉原文是：「乃季秋月朔，辰弗集于房，瞽奏鼓，嗇夫馳，庶人走。」太史只引了後面四句，並沒有引「乃季秋月朔」，這也可以說明太史這段話，重點並不在時間。即使〈胤征〉是偽作，在《左傳》所引〈夏書〉「辰不集于房，瞽奏鼓，嗇夫馳，庶人走」這幾句話前面，應該也有時間，但太史並沒引用。所以我們無法從太史話中，得知是夏代「閏四月朔」（閻若璩語）日食，還是九月朔日食。當然也無法像閻若璩一樣，從「乃季秋月朔」，判定〈胤征〉真偽。

---

114 張猛：〈關於〈小雅〉〈正月〉中「正月」的訓詁問題〉，《古漢語研究》2004年第1期（總第62期）（2004年3月），頁18。

六　結論

　　閻若璩舉出一百二十八條證據，判定《古文尚書》為偽書，毛奇齡撰《古文尚書冤詞》駁斥。一九七〇年左右，臺灣有王保德等三人，反對閻若璩說法。一九九一年後，又有劉人鵬、許華峰等人，研究閻若璩《尚書古文疏證》，對閻說提出質疑。最近幾年，大陸學者張岩、楊善群、丁鼎（程奇立教授），網路上離揚、劉義峰、何焱林等人，都提出自己見解，認為《古文尚書》真偽問題，尚有討論空間。

　　在敘述諸家之說後，筆者討論了偽作《古文尚書》的時間問題、閻若璩用曆法推算「仲康日食」的錯誤。指出閻若璩說法中，一些值得商榷的問題。同時，也談了《古文尚書》的價值。

　　本文討論〈胤征〉篇中的三個問題，其結論如下：1.胤侯出征原因。我認應該以〈胤征〉本文為主，是羲和失職，仲康命胤侯征伐。2.「乃季秋月朔」隱藏的問題。〈胤征〉中只記載「季秋月朔」，並沒有用干支記日，這和後代習慣不合。最可能原因是，這就是夏代日食當時的記錄。3.夏禮、周禮異同。閻氏認為夏禮和周禮相同，都只在正月（周四月、夏六月）日食救日。並據此認為〈胤征〉九月救日是錯的，〈胤征〉是偽作。筆者結論是：夏禮和周禮應該不同。

　　本文的敘述和討論，並無意證明〈胤征〉為真，只是試圖指出以目前所見到的資料，想要證明《古文尚書》是偽書，〈胤征〉是偽作，證據是不夠的。比較妥當的方法，是以存疑的態度，謹慎使用《古文尚書》中的資料。等待李學勤等學者整理釋讀的「清華簡」，全部出版後，也許能知道《古文尚書》、〈胤征〉的真相。同時，在竹簡接連出土的狀況，或許有一天，會發現比「清華簡」更重要的竹簡，能直接證明《古文尚書》的真偽。

徵引文獻

一 古籍

〔周〕左丘明傳，〔晉〕杜預注，〔唐〕孔穎達疏，陸德明音義 《春秋左傳注疏》 臺北市 臺灣商務印書館 1986年 《景印文淵閣四庫全書》 第144冊

〔漢〕孔安國傳，〔唐〕孔穎達疏，陸德明音義 《尚書注疏》 臺北市 臺灣商務印書館 1986年 《景印文淵閣四庫全書》 第54冊

〔漢〕司馬遷，〔南朝宋〕裴駰集解，〔唐〕司馬貞索隱，〔唐〕張守節正義 《新校本史記三家注并附編二種》 臺北市 鼎文書局 1978年

〔漢〕鄭玄注，〔唐〕賈公彥疏，陸德明音義 《周禮注疏》 臺北市 臺灣商務印書館 1986年 《景印文淵閣四庫全書》 第90冊

〔晉〕范甯集解，〔唐〕楊士勛疏 《穀梁傳注疏》 臺北市 臺灣商務印書館 1986年 《景印文淵閣四庫全書》 第145冊

〔梁〕沈約注 《竹書紀年》 臺北市 臺灣商務印書館 1986年 《景印文淵閣四庫全書》 第303冊

〔唐〕長孫無忌等奉敕撰 《唐律疏義》 臺北市 臺灣商務印書館 1986年 《景印文淵閣四庫全書》 第672冊

〔宋〕蘇軾 《書傳》 臺北市 臺灣商務印書館 1986年 《景印文淵閣四庫全書》 第54冊

〔宋〕林之奇 《尚書全解》 臺北市 臺灣商務印書館 1986年 《景印文淵閣四庫全書》 第55冊

〔宋〕葉夢得 《春秋考》 臺北市 臺灣商務印書館 1986年 《景印文淵閣四庫全書》 第49冊

〔宋〕史浩 《尚書講義》 臺北市 臺灣商務印書館 1986年 《景印文淵閣四庫全書》 第56冊

〔宋〕夏僎 《尚書詳解》 臺北市 臺灣商務印書館 1986年 《景印文淵閣四庫全書》 第56冊

〔宋〕呂祖謙撰，時瀾增修 《增修東萊書說》 臺北市 臺灣商務印書館 1986年 《景印文淵閣四庫全書》 第57冊

〔宋〕蔡沈 《書經集傳》 臺北市 臺灣商務印書館 1986年 《景印文淵閣四庫全書》 第58冊

〔宋〕黃倫 《尚書精義》 臺北市 臺灣商務印書館 1986年 《景印文淵閣四庫全書》 第58冊

〔宋〕陳經 《陳氏尚書詳解》 臺北市 臺灣商務印書館 1986年 《景印文淵閣四庫全書》 第59冊

〔宋〕錢時 《融堂書解》 臺北市 臺灣商務印書館 1986年 《景印文淵閣四庫全書》 第59冊

〔宋〕金履祥 《資治通鑑前編》 臺北市 臺灣商務印書館 1986年 《景印文淵閣四庫全書》 第332冊

〔明〕宋濂等撰 《新校本元史并附編二種》 臺北市 鼎文書局 1977年

〔明〕王樵 《尚書日記》 臺北市 臺灣商務印書館 1986年 《景印文淵閣四庫全書》 第64冊

〔清〕閻若璩 《尚書古文疏證》 臺北市 臺灣商務印書館 1986年 《景印文淵閣四庫全書》 第66冊

〔清〕毛奇齡 《古文尚書冤詞》 臺北市 臺灣商務印書館 1986年 《景印文淵閣四庫全書》 第66冊

〔清〕毛奇齡 《經問》 臺北市 臺灣商務印書館 1986年 《景印文淵閣四庫全書》 第191冊

〔清〕朱鶴齡 《尚書埤傳》 臺北市 臺灣商務印書館 1986年 《景印文淵閣四庫全書》 第66冊

〔清〕張英　《書經衷論》　臺北市　臺灣商務印書館　1986年　
　　《景印文淵閣四庫全書》　第68冊

〔清〕顧棟高　《尚書質疑》　臺北市　新文豐出版公司　1984年　
　　《尚書類聚初集》　第8冊

〔清〕惠棟　《古文尚書考》　臺北市　漢京文化事業有限公司　未
　　印出版時間　《重編本皇清經解》　第5冊

〔清〕沈彤　《果堂集》　臺北市　臺灣商務印書館　1986年　《景
　　印文淵閣四庫全書》　第1328冊

〔清〕王鳴盛　《王光祿尚書後案》　〔清〕阮元編刊，民國・王進
　　祥重編　臺北市　漢京文化事業有限公司　未印出版時間　
　　《重編本皇清經解》　第4冊

〔清〕龔自珍　《定盦文集》　臺北市　中華書局　1981年　《四部
　　備要》　第556冊

〔清〕洪良品　《古文尚書辨惑》　臺北市　新文豐出版公司　1984
　　年　《尚書類聚初集》　第7冊

〔清〕吳光耀　《古文尚書正辭》　臺北市　新文豐出版公司　1984
　　年　《尚書類聚初集》　第6冊

二　專書

不著撰人　《中國天文史話》　臺北市　明文書局　1985年再版

古國順　《清代尚書學》　臺北市　文史哲出版社　1981年

屈萬里　《尚書釋義》　臺北市　華岡出版部　1972年增訂版

許華峰　《閻若璩《尚書古文疏證》的辨偽方法》　潘美月，杜潔祥
　　主編　《古典文獻研究輯刊初編》　臺北市　花木蘭文化工
　　作坊　2005年　冊21

程元敏　《尚書學史》　臺北市　五南圖書股份有限公司　2008年

劉君燦　《中國天文學新探》　臺北市　明文書局　1988年

劉人鵬　《閻若璩與古文尚書辨偽：一個學術史的個案研究》　潘美
　　　　月，杜潔祥主編　《古典文獻研究輯刊初編》　臺北市　花
　　　　木蘭文化工作坊　2005年　冊20

錢　穆　〈周官著作時代考〉　《兩漢經學今古文平議》　香港　新
　　　　亞研究所　1958年

錢　穆　《中國近三百年學術史》　臺北市　臺灣商務印書館　1972
　　　　年臺5版

錢　穆　《國史大綱》　臺北市　國立編譯館出版、臺灣商務印書館
　　　　發行　1980年修訂7版

陳遵嬀　《中國天文學史》　臺北市　明文書局　1988年再版

三　期刊論文

丁鼎（程奇立）　〈「偽古文〈尚書〉案」平議〉　《古籍整理研究
　　　　學刊》2010年第2期（2010年3月）

王保德　〈古文尚書非偽作的新考證〉　《文壇》第124期（1970年
　　　　10月）

王保德　〈古文尚書非偽作的新考證〉（六）　《文壇》第129期
　　　　（1971年3月）

林麗真　〈東坡書傳之疑古精神〉　《孔孟月刊》第21卷第3期
　　　　（1982年11月）

王化鈺　〈《春秋經》、《傳》日月食考〉　《吉林大學社會科學學
　　　　報》1988年第2期（1988年3月）

何幼琦　〈《春秋》「日食」研究的新發現〉　《管子學刊》1990年第
　　　　3期（1990年10月）

何幼琦　〈「仲康日食」辨偽〉　《殷都學刊》2001年第1期（2001年
　　　　3月）

吳守賢　〈夏代仲康日食記載再讀〉　《自然科學史研究》第17卷第
　　　　3期（1998年7月）

李勇、吳守賢 〈仲康日食古代推算結果的復原〉 《自然科學史研究》第18卷第3期（1999年7月）

李志超 〈歲時概念的早期演進〉初稿 《中華科技史同好會會刊》第1卷第2期（2000年7月）

李學勤 〈夏商周與山東〉 《煙臺大學學報》（哲學社會科學版）第15卷第3期（2002年7月）

〔日〕成家徹郎著，許宏譯 〈「朔」字探源〉 《平頂山師專學報》（社會科學版）第11卷第3期（1996年9月）

胡秋原 〈關於「古文尚書孔安國傳」之公案〉 《中華雜誌》第7卷9月號（總第74號）（1969年9月）

胡秋原 〈書經日食與中國歷史文化之天文學性——論閻若璩之虛妄與李約瑟中國科學史天文篇〉 《中華雜誌》第8卷1月號（總第78號）（1970年1月）

范開宏 〈《尚書》中的戒酒令——《酒誥》〉 〈卷海鈎沉〉 《圖書館建設》2002年第3期（2002年5月）

許兆昌 〈胤征羲和事實考〉 《吉林大學社會科學學報》2004年第2期（2004年3月）

張　猛 〈關於〈小雅〉〈正月〉中「正月」的訓詁問題〉 《古漢語研究》2004年第1期（總第62期）（2004年3月）

黃歷鴻、吳晉生 〈古代日食與三代紀年〉 （山東大學）《人文雜誌》第4期（1998年4月）

楊善群 〈論古文《尚書》的學術價值〉 《孔子研究》2004年第5期（2004年9月）

劉善哉 〈閻若璩疏證攻擊胤征的評議〉 《學園》第6卷第3期（1970年11月）

董立章 〈夏商斷代再研究〉 《中山大學學報》（社會科學版）第43卷第2期（2003年3月）

戴君仁　《古文尚書冤詞再平議》　《東海學報》第2卷第1期（1960
　　　　年6月）

簡博賢　〈孔穎達尚書正義補正〉　劉德漢等著　《尚書論文集》
　　　　臺北市　黎明文化事業股份有限公司　1981年

四　網路資源

何焱林　〈《古文尚書》不是偽書〉　「春秋戰國全球中文網」　2007
　　　　年1月5日　（http://bbs.cqzg.cn/redirect.php?fid=4&tid=34463
　　　　9&goto=nextnewset）

張　岩　〈閻若璩〈疏證〉偽證考〉　見「國學網站」　北京國學時
　　　　代文化傳播公司製作　（http://www.guoxue.com/zt/yrq/yrq.
　　　　htm）

〈「夏商周斷代工程」成果〉　〈夏商周年表〉　第16　2000年11月9
　　　　日　（http://www.china10k.com/Trad/history/1/12/12z/12z18/
　　　　12z1801.htm）

附錄
文學中的結璘

　　後人多以結璘為月亮代稱，普遍用在詩文當中，或和鬱儀合用，或單獨使用。自唐至清，詩中有結璘二字者，有下列數首。

　　唐人詩有：〔唐〕吳筠〈步虛詞〉第七首：「迴首邇結璘，傾眸親曜羅。」[1]曜羅即濯曜羅，道教或稱太陽為濯曜羅。《雲笈七籤》：「又按：《玄門論》及《大洞經》云：『九天真人，呼日為濯曜羅。』」[2]〔唐〕鄭畋〈初秋寓直〉：「曉星猶挂結璘樓，三殿風高藥樹秋。玉笛數聲飄不住，閒人依約在東頭。」[3]結璘樓考證，見〈結璘奔月研究〉。

　　宋人詩有：〔宋〕劉筠〈直夜〉：「綷羽欲棲溫室樹，金波先上結璘樓。」[4]又〈苦熱〉：「六幕雲收萬籟沈，結璘千尺倦登臨。」[5]這二首詩的結璘，都是指結璘樓。〔宋〕道潛〈子瞻赴守湖州〉：「何愧沈冥子，臥霞吞結璘。」[6]沈冥子，即莊君平（後避漢明帝諱，改為嚴君平），西漢時人，隱居成都，卜筮為業。吞結璘，是存思吞食月亮之精氣。〔宋〕朱翌〈八月十四夜對月效李長吉〉：「雨江洗出揉藍天，結

1　〔唐〕吳筠：《宗玄集》（臺北市：臺灣商務印書館，1986年《景印文淵閣四庫全書》），第1071冊，卷中，頁747。

2　〔宋〕張君房：《雲笈七籤》（臺北市：臺灣商務印書館，1986年，《景印文淵閣四庫全書》），第1060冊，卷21，「後四天」條，頁260。

3　〔宋〕洪邁元本，〔清〕王士禎選：《唐人萬首絕句選》（臺北市：臺灣商務印書館，1986年《景印文淵閣四庫全書》），第1459冊，卷6，頁159。按：三殿即麟德殿。

4　〔宋〕楊億編：《西崑酬唱集》（臺北市：臺灣商務印書館，1986年，《景印文淵閣四庫全書》），第1344冊，卷下，頁510。

5　同上註，卷下，頁518。

6　〔清〕陳焯輯：《宋元詩會》（臺北市：臺灣商務印書館，1986年，《景印文淵閣四庫全書》），第1464冊，卷58，頁120。

璘下鋪白玉筵。」⁷〔宋〕程公許〈題會慶建福宮長歌〉中有「寸田荊棘當鋤耘，鬱儀結璘時吐吞。」⁸這是鬱儀結璘合用，做為日月代稱。

元人詩有：〔元〕袁桷〈天師留公返真空洞步虛詞十章以導遊〉：「崑崙鎮鰲極，鬱儀交結璘。」⁹鬱儀交結璘，可能是指日月交會。〔元〕顧瑛〈玉鸞謠〉：「羿妻久閉結璘臺，弄玉求之遺蕭史。」¹⁰羿妻，即嫦娥。此詩以結璘代月亮。

明人詩有：〔明〕王偁〈遊仙曲為張真人予化而作〉共有四首，其三有：「朝遊扳曜羅，夕憩邇結璘」二句。¹¹這是日月對舉。〔明〕楊慎〈李文正母麻太夫人壽九十詩〉：「結璘不處，鬱儀屢遷。」¹²又有〈卜雲林篇〉：「射干獨立山椒，長松落落英摽，覆露玄雲素朝，結璘鬱儀相邀，景界一何參寥。」¹³〔明〕孫愚公〈遲月〉：「安得晨風鼓雙翼，結璘同駕飛雲車。」¹⁴這是想和結璘一起奔月。

清聖祖詩中，屢次出現結璘二字，如：〈秋夜泛月〉：「玉露金風醞早秋，結璘池館倍堪遊。」¹⁵這是秋夜遊賞。〈平湖秋月〉：「不辨天

7　〔宋〕朱翌：《灊山集》（臺北市：臺灣商務印書館，1986年，《景印文淵閣四庫全書》），第1133冊，卷1，頁823。

8　〔宋〕程公許：《滄洲塵缶編》（臺北市：臺灣商務印書館，1986年，《景印文淵閣四庫全書》），第1176冊，卷6，頁953。

9　〔元〕袁桷：《清容居士集》（臺北市：臺灣商務印書館，1986年，《景印文淵閣四庫全書》），第1203冊，卷4，頁50。

10　〔元〕顧瑛：《玉山璞稿》（臺北市：臺灣商務印書館，1986年，《景印文淵閣四庫全書》），第1220冊，頁129。

11　〔明〕王偁：《虛舟集》（臺北市：臺灣商務印書館，1986年，《景印文淵閣四庫全書》），第1237冊，卷1，頁14。

12　〔明〕楊慎：《升庵集》（臺北市：臺灣商務印書館，1986年，《景印文淵閣四庫全書》），第1270冊，卷38，頁263。

13　同上註，卷40，頁273。

14　〔清〕沈季友輯：《檇李詩繫》（臺北市：臺灣商務印書館，1986年，《景印文淵閣四庫全書》），第1475冊，卷21，頁493。

15　〔清〕高宗御製，蔣溥等奉敕編：《御製詩集》（臺北市：臺灣商務印書館，1986年，《景印文淵閣四庫全書》），第1302冊，初集卷10，頁213。

光與水光，結璘池館慶霄涼。」[16]平湖秋月，為圓明園四十景詩。〈中秋日侍皇太后萬善殿禮佛因遊瀛臺諸勝〉：「結璘簫管急，雲外一聲聲。」[17]〈關山月四首〉第四首〈氈廬月〉：「鈴索欄邊憶桂花，垂垂金粟幾枝斜。結璘獨不孤詩約，依舊光明映綠紗。」[18]〈題漢玉璧〉：「藉甚結璘車，飛來古月如。」[19]〈半月臺歌〉：「仙人結璘捧玉壺，以酒觴我我不須。」[20]

　　比較特殊的是明代劉基的一首古詩〈二鬼〉。[21]詩中提到鬱儀、結璘，卻視之為二鬼，而不是日神、月神。詩的開頭提到：盤古開天地，太過勞累，天帝命鬱儀、結璘二鬼守之。天帝又放二鬼到人間，後來二鬼犯錯，被天帝囚禁在銀絲鐵柵內。

　　詩中有「（鬱儀）身騎青田鶴，去採青田芝」，[22]劉基為浙江青田人，鬱儀可能是比喻劉基。詩中又提到「書易禮樂春秋詩」，[23]那結璘應該就是比喻宋濂（宋濂為文臣之首），兩人為明朝開國功臣。這首詩可能是敘述兩人之遭遇，所以不敢自稱為二神，以二鬼自喻。

　　賦中出現結璘二字的有：〔唐〕吳筠〈登真賦〉：「左盼夫鬱儀，右瞻乎結璘。」[24]〔明〕廖道南〈鳳山書院賦〉：「迺有結璘之樓，鬱

16　〔清〕高宗御製，蔣溥等奉敕編：《御製詩集》，第1302冊，初集卷22，頁364。

17　同上註，初集卷23，頁376。

18　同上註，初集卷27，頁442。

19　同上註，二集卷31，頁599。

20　同上註，二集卷87，頁559。

21　〔明〕劉基：《誠意伯文集》（臺北市：臺灣商務印書館，1986年，《景印文淵閣四庫全書》），第1225冊，卷10，頁253-255。

22　〔明〕劉基：《誠意伯文集》，第1225冊，卷10，頁253。

23　同上註，卷10，頁254。

24　〔唐〕吳筠：《宗玄集》（臺北市：臺灣商務印書館，1986年，《景印文淵閣四庫全書》），冊1071，卷中，頁733。亦見〔清〕康熙四十五年陳元龍奉敕編：《御定歷代賦彙》（臺北市：臺灣商務印書館，1986年，《景印文淵閣四庫全書》），第1422冊，外集卷13，頁237。《玉京山經》云：「……左顧提鬱儀，右盼攜結璘。」（〔宋〕張君房：《雲笈七籤》，《景印文淵閣四庫全書》，第1060冊，卷21，「天地部・後四

儀之堂。」²⁵〔明〕馮時可〈月賦〉:「飛廉為車,結璘為御。」²⁶

　　詩中較常見到結璘二字,文中相對較少出現此二字。目前文中可
看到結璘的只有:《聖祖仁皇帝御製文集》:「朝噏鬱儀,夕采結
璘。」²⁷,其他人文章中,都沒看到結璘二字。

　　天」。)《北極七元紫庭秘訣》:「左盼鬱儀,右攜結璘。」(〔宋〕張君房:《雲笈七
　　籤》,《景印文淵閣四庫全書》,第1060冊,卷25,「日月星辰部」。)

25 〔清〕夏力恕:《湖廣通志》(臺北市:臺灣商務印書館,1986年,《景印文淵閣四
　　庫全書》),冊534,卷83,頁201。

26 〔清〕康熙四十五年陳元龍奉敕編:《御定歷代賦彙》(臺北市:臺灣商務印書館,
　　1986年,《景印文淵閣四庫全書》),冊1419,卷4,頁165。

27 〔清〕聖祖御製,〔清〕允祿等奉敕編:《聖祖仁皇帝御製文集》(臺北市:臺灣商
　　務印書館,1986年,《景印文淵閣四庫全書》),冊1299,第四集卷25,「雜著‧七
　　詢」,頁562。亦見〔清〕陳廷敬等奉敕編、張廷玉等奉敕續編:《皇清文類》(臺北
　　市:臺灣商務印書館,1986年,《景印文淵閣四庫全書》),冊1449,卷首3,「雜
　　著‧七詢」,頁150-151。

徵引文獻

〔唐〕吳筠　《宗玄集》　臺北市　臺灣商務印書館　1986年　《景
　　印文淵閣四庫全書》　第1071冊

〔宋〕張君房　《雲笈七籤》　臺北市　臺灣商務印書館　1986年
　　《景印文淵閣四庫全書》　第1060冊

〔宋〕楊億編　《西崑酬唱集》　臺北市　臺灣商務印書館　1986年
　　《景印文淵閣四庫全書》　第1344冊

〔宋〕朱翌　《灊山集》　臺北市　臺灣商務印書館　1986年　《景
　　印文淵閣四庫全書》　第1133冊

〔宋〕洪邁元本，〔清〕王士禎選　《唐人萬首絕句選》　臺北市
　　臺灣商務印書館　1986年　《景印文淵閣四庫全書》　第
　　1459冊

〔宋〕程公許　《滄洲塵缶編》　臺北市　臺灣商務印書館　1986年
　　《景印文淵閣四庫全書》　第1176冊

〔元〕袁桷　《清容居士集》　臺北市　臺灣商務印書館　1986年
　　《景印文淵閣四庫全書》　第1203冊

〔元〕顧瑛　《玉山璞稿》　臺北市　臺灣商務印書館　1986年
　　《景印文淵閣四庫全書》　第1220冊

〔明〕劉基　《誠意伯文集》　臺北市　臺灣商務印書館　1986年
　　《景印文淵閣四庫全書》　第1225冊

〔明〕王偁　《虛舟集》　臺北市　臺灣商務印書館　1986年　《景
　　印文淵閣四庫全書》　第1237冊

〔明〕楊慎　《升庵集》　臺北市　商務印書館股份有限公司　1986
　　　年　《景印文淵閣四庫全書》　第1270冊

〔清〕聖祖御製，〔清〕允祿等奉敕編　《聖祖仁皇帝御製文集》
　　　臺北市　臺灣商務印書館　1986年　《景印文淵閣四庫全
　　　書》）　第1299冊

〔清〕康熙四十五年陳元龍奉敕編　《御定歷代賦彙》　臺北市　臺
　　　灣商務印書館　1986年　《景印文淵閣四庫全書》　第
　　　1419、1422冊

〔清〕高宗御製，蔣溥等奉敕編　《御製詩集》　臺北市　臺灣商務
　　　印書館　1986年　《景印文淵閣四庫全書》　第1302、
　　　1303、1304冊

〔清〕陳廷敬等奉敕編，張廷玉等奉敕續編　《皇清文類》　臺北市
　　　臺灣商務印書館　1986年　《景印文淵閣四庫全書》　第
　　　1449冊

〔清〕陳焯輯　《宋元詩會》　臺北市　臺灣商務印書館　1986年
　　　《景印文淵閣四庫全書》　第1464冊

〔清〕夏力恕　《湖廣通志》　臺北市　臺灣商務印書館　1986年
　　　《景印文淵閣四庫全書》　第534冊

〔清〕沈季友輯　《檇李詩繫》　臺北市　臺灣商務印書館　1986年
　　　《景印文淵閣四庫全書》　第1475冊

經學研究叢書·經學史研究叢刊 0501026

日月胤征六論

作　　者	王家歆	
責任編輯	呂玉姍	
特約校對	龔家祺	
發 行 人	林慶彰	
總 經 理	梁錦興	
總 編 輯	張晏瑞	
編 輯 所	萬卷樓圖書股份有限公司	
排　　版	林曉敏	
印　　刷	百通科技股份有限公司	
封面設計	菩薩蠻數位文化有限公司	

發　　行　萬卷樓圖書股份有限公司
　　　　臺北市羅斯福路二段 41 號 6 樓之 3
　　　　電話 (02)23216565
　　　　傳真 (02)23218698
　　　　電郵 SERVICE@WANJUAN.COM.TW
香港經銷　香港聯合書刊物流有限公司
　　　　電話 (852)21502100
　　　　傳真 (852)23560735

ISBN 978-986-478-316-8
2020 年 2 月初版
定價：新臺幣 380 元

如何購買本書：

1. 劃撥購書，請透過以下郵政劃撥帳號：
　帳號：15624015
　戶名：萬卷樓圖書股份有限公司

2. 轉帳購書，請透過以下帳戶
　合作金庫銀行 古亭分行
　戶名：萬卷樓圖書股份有限公司
　帳號：0877717092596

3. 網路購書，請透過萬卷樓網站
　網址 WWW.WANJUAN.COM.TW

大量購書，請直接聯繫我們，將有專人為
您服務。客服：(02)23216565 分機 610

如有缺頁、破損或裝訂錯誤，請寄回更換

國家圖書館出版品預行編目資料

日月胤征六論 / 王家歆著.-- 初版.-- 臺北
市 : 萬卷樓, 2020.02
　面 ; 　公分.-- (經學研究叢書. 經學史研究
叢刊 ; 501026)
ISBN 978-986-478-316-8(平裝)
1.書經 2.中國神話 3.研究考訂

621.117　　　　　　　　　　108017012